高等职业教育铁道工程专业规划教材

高速铁路施工组织管理

主　编　邹　勇　邹　伟
副主编　王　莹　张少铖　刘贤贤
参　编　梁世川

西南交通大学出版社
·成　都·

图书在版编目（CIP）数据

高速铁路施工组织管理/邹勇，邹伟主编. —成都：西南交通大学出版社，2019.1
ISBN 978-7-5643-6525-7

Ⅰ.①高… Ⅱ.①邹… ②邹… Ⅲ.①高速铁路–铁路工程–施工组织 Ⅳ.①U238

中国版本图书馆 CIP 数据核字（2018）第 243013 号

高速铁路施工组织管理
主编 邹 勇 邹 伟

责 任 编 辑	杨 勇
封 面 设 计	SA 工作室
出 版 发 行	西南交通大学出版社 （四川省成都市二环路北一段 111 号 西南交通大学创新大厦 21 楼）
发行部电话	028-87600564　028-87600533
邮 政 编 码	610031
网　　　址	http://www.xnjdcbs.com
印　　　刷	四川森林印务有限责任公司
成 品 尺 寸	185 mm × 260 mm
印　　　张	16.25
字　　　数	346 千
版　　　次	2019 年 1 月第 1 版
印　　　次	2019 年 1 月第 1 次
书　　　号	ISBN 978-7-5643-6525-7
定　　　价	45.00 元

课件咨询电话：028-87600533
图书如有印装质量问题　本社负责退换
版权所有　盗版必究　举报电话：028-87600562

前 言

高速铁路是指通过改造原有线路，使营运速率达到每小时 200 km 以上，或者专门修建新的"高速新线"，使营运速率达到每小时 250 km 以上的铁路系统。

1964 年 10 月 1 日，最高时速达 210 km 的日本东海道新干线开通，标志着真正意义的高速铁路诞生。此后，法国、德国、意大利等国相继开工建设高速铁路，促成了高速铁路建设的第一次高潮，到 20 世纪 90 年代初，建成了 3 216 km 高速铁路。高速铁路运营取得了明显的社会经济效益，促使欧洲在 20 世纪 90 年代再次形成高速铁路的建设热潮。欧洲议会还批准了泛欧高速铁路网的规划，规划新建线路 12 500 km，改造既有线 14 000 km，形成连接欧洲所有主要城市的高速铁路网。到 90 年代中期，高速铁路在经济、节能、环保等方面的优势得到了各国政府的认可，开始被大力发展。

中国高速铁路的发展有其自身的特点。历史和实践证明，发展高速铁路不仅适合我国国情，而且是我国铁路走向复兴的需要与选择。

1994 年，我国广州—深圳准高速铁路建设成功并投入运营，其旅客列车速度为 160～200 km/h，不仅在技术上实现了质的飞跃，更主要的是通过科研与试验、引进和开发，为建设我国高速铁路做好了前期的准备，被称为我国高速铁路化的起点。

2012 年 10 月 8 日，世界上首条穿越高寒地区的高铁，也是中国东北地区第一条高速铁路——哈大高铁开始全线试运营，并于 2012 年年底正式开通。2012 年，我国有 1.3 万千米时速达 250～350 km 的客运专线建成投产，以"四纵四横"为骨架的快速客运网基本形成，标志着中国铁路全面进入高速铁路时代。

目前，中国高铁运营总里程达到 11 028 km，居世界第一位，已成为世界上高速铁路发展最快、系统技术最全、集成能力最强、运营里程最长、运行速度最高、在建规模最大的国家。现在，中国每天开行的动车组就有 1 000 多列，运送旅客约百万人次。中国用 6 年左右的时间跨越了世界铁路发达国家一般需时 30 年的历程，形成具有完整自主知识产权的高速铁路技术体系。中国高速铁路在工程建造技术、动车组技术、列车运行控制技术、系统集成与运营管理技术等许多方面都有一系列技术创新。

未来几年，中国高铁建设将进入全面收获期。当我国高速铁路系统初具规模时，相邻的省会城市或者大城市将形成 1～2 h 交通圈，而省会城市与地级市之间将形成

1 h甚至半小时交通圈，届时，"人便其行，货畅其流"的目标将成为现实。

高速铁路具有以下一些基本特点：

（1）高速铁路非常平顺，以保证行车安全和舒适性，高速铁路都是无缝钢轨，而且时速300 km以上的高速铁路采用的是无砟轨道，就是没有石子的整体式道床来保证平顺性。

（2）高速铁路的弯道少，弯道半径大，道岔都是可动心高速道岔。

（3）大量采用高架桥梁和隧道，以保证平顺性和缩短距离。

（4）高速铁路的接触网，就是火车顶上电线的悬挂方式也与普通铁路不同，以保证高速动车组的接触稳定和耐久性。

（5）高速铁路的信号控制系统比普通铁路高级，因为发车密度大，车速快，安全性一定要高。

（6）高性能混凝土对粗细骨料、水泥、掺和料、外加剂等都有严格要求，混凝土结构裂纹控制难度大。

（7）路基强度、沉降和纵向刚度的控制，桥梁结构的沉降和变形的控制是施工的关键问题。

这就决定了高速铁路施工组织管理具有的特点：

（1）施工装备，特别是专用设备投入大、安装调试周期长。

（2）大临设施的布局及规模直接影响工期和投入，且优化难度大。

（3）路基应作为土工构筑物施工，填料应作为工程材料控制，混凝土结构耐久性及结构工后沉降等高质量标准，各项工程应进行施工工艺设计，并进行工艺试验。

（4）隧道断面大，桥梁架设和现灌施工均为高处作业，应进行危险源判释，采取系统的有针对性的施工安全措施。

（5）专业种类多，工程量大，工期紧张，加大了施工组织的难度。

（6）各专业及各项工序间联系紧密，应采用系统工程理论和数学模型，运用网络技术，进行工期、资源、成本最优化分析。

（7）对施工期间粉尘、废水、噪声等应采取环境保护措施。

基于上述特点，本书编写时遵循由浅入深、循序渐进、层次分明、重点突出、理论联系实际的思路，融入建筑行业职业标准、最新技术规范、建筑领域"四新"技术等内容，充分反映高速铁路施工组织管理的各个环节的详细内容，按照知识够用、实用，部分拓展的原则，力求更好、更高、更全面地培养高速铁路施工组织管理领域的应用人才。

教材内容的选定以专业能力的培养为导向，以满足后续课程的学习和职业发展为基本要求，主要选取了高速铁路项目施工管理规划与施工组织设计、项目施工准备工作、施工技术管理、施工质量控制、进度控制、成本管理、安全管理、信息资料管理、合同管理等基本内容。

全书共分为11章，作者包括新疆铁道职业技术学院一线教师多名，由邹勇、邹伟担任主编，王莹、张少铖、刘贤贤担任副主编。编写人员分工如下：第一至四章和八、九章由邹勇、邹伟编写，第五、六、七章由王莹、张少铖编写，第十、十一章由刘贤贤、梁世川编写。

在编写本书的过程中，编者参考了国内外同行学者和同类教材的相关资料，在此表示深深的谢意！同时对为本书的出版付出艰辛劳动的编辑们表示衷心的感谢！由于编者水平有限，加之时间仓促，书中难免有不妥之处，恳请读者批评指正。

编 者
2018 年 10 月

目 录

第一章 绪 论 ·· 1
　第一节 项目与项目管理 ··· 1
　第二节 工程项目管理的基本内容和方法 ··· 5
第二章 高速铁路施工组织设计 ·· 8
　第一节 高速铁路施工组织设计概述 ·· 8
　第二节 施工项目管理组织 ·· 14
　第三节 施工项目管理规划与施工组织设计 ·· 22
第三章 项目施工准备工作 ·· 29
　第一节 施工准备工作概述 ·· 29
　第二节 施工调查 ·· 31
　第三节 技术资料准备 ·· 36
　第四节 施工队伍和施工物资准备 ·· 38
　第五节 施工现场准备 ·· 39
　第六节 劳动组织准备 ·· 40
第四章 施工技术管理 ·· 42
　第一节 总 则 ·· 42
　第二节 技术管理机构及职责 ·· 44
　第三节 施工技术管理内容 ·· 47
　第四节 现场施工技术管理 ·· 54
第五章 施工项目施工质量控制 ·· 56
　第一节 施工项目质量控制的内涵 ·· 56
　第二节 施工项目质量控制体系 ·· 70
　第三节 建设工程项目施工质量控制 ·· 82

第四节　建设施工项目质量验收 ·· 101
　　第五节　建设项目施工质量不合格的处理 ·· 106
　　第六节　施工质量控制分析与改进 ··· 114

第六章　工程施工进度管理 ·· 121
　　第一节　施工进度管理概述 ·· 121
　　第二节　施工进度计划的编制 ··· 122
　　第三节　施工过程的时间组织 ··· 128
　　第四节　施工项目进度控制措施 ·· 134

第七章　施工项目成本管理 ·· 157
　　第一节　施工项目成本管理的概念 ··· 157
　　第二节　施工成本计划 ·· 166
　　第三节　施工成本控制 ·· 180
　　第四节　施工成本分析 ·· 195

第八章　施工安全管理 ·· 204
　　第一节　施工安全管理概述 ·· 204
　　第二节　施工项目健康安全与环境管理 ··· 211

第九章　施工项目信息资料管理 ·· 224

第十章　施工项目合同管理 ·· 237
　　第一节　合同管理概述 ·· 237
　　第二节　工程项目施工中合同管理的现状和存在的问题分析 ···························· 238
　　第三节　加强施工合同管理的对策措施 ··· 242

第十一章　高速铁路工程竣工验收 ··· 245

参考文献 ·· 252

第一章 绪 论

第一节 项目与项目管理

一、项目的概念和特征

项目是由一组有起止时间的、相互协调的受控活动所组成的特定过程，该过程要达到符合规定要求的目标，包括时间、成本和资源的约束条件。

项目具有以下共同的特征：

（1）项目的特定性。项目的特定性也可称为单件性或一次性，是项目最主要的特征。每个项目都有自己的特定过程，都有自己的目标和内容，都有开始时间和完成时间，因此，也只能对它进行单件处置（或生产），不能批量生产，不具有重复性。只有认识到项目的特定性，才能有针对性地根据项目的具体特点和要求进行科学管理，以保证项目一次成功。

（2）项目具有明确的目标和一定的约束条件。项目的目标有成果性目标和约束性目标。成果性目标指项目应达到的功能性要求，如兴建一所学校可容纳的学生人数、医院的床位数、宾馆的房间数等；约束性目标是指项目的约束条件，凡是项目都有自己的约束条件，包括时间、质量、成本和资源。项目只有满足约束条件才能成功，因而约束条件是项目成果性目标实现的前提。

（3）项目具有特定的生命期。项目过程的一次性决定了每个项目都具有自己的生命期，任何项目都有其产生时间、发展时间和结束时间，在不同的阶段都有特定的任务、程序和工作内容。如建设项目的生命期包括项目建议书、可行性研究、设计工作、建设准备、建设实施、竣工验收与交付使用。施工项目的生命期包括：投标与签订合同、施工准备、施工、交工验收、用后服务。概括地说，项目的生命期一般包括：决策阶段、规划设计阶段、实施阶段和结束阶段。

（4）项目作为管理对象的整体性。一个项目，是一个整体管理对象，在按其需要配置生产要素时，必须以总体效益的提高（增值）为标准，做到数量、质量、结构的整体化。由于内外环境是变化的，所以管理和生产要素的配置是动态的，项目中的一切内在因素是相关的，构成一个整体。

（5）项目的不可逆性。项目按照一定的程序进行，其过程不可逆转，失败了便不可挽回，因而项目的风险很大，与批量生产过程（重复的过程）有区别。

二、项目的分类

项目的种类应当按其最终成果或专业特征为标志进行划分,包括:科学研究项目、开发项目、工程项目、航天项目、维修项目、咨询项目等。分类的目的是有针对性地进行管理,以提高完成任务的效果水平。对每类项目还可以进一步分类。工程项目是项目中数量最大的一类,既可以按专业分为建筑工程、铁路工程、公路工程、水电工程等类项目,又可以按管理者的不同划分为建设项目和施工项目等,凡最终成果是"工程"的项目,均可称为工程项目。原建设部曾将工程项目按专业划分为十余类。

(一)建设项目

一个建设项目就是一个固定资产投资项目。固定资产投资项目又包括基本建设项目(新建、扩建等扩大生产能力的项目)和技术改造项目。以改进技术、增加产品品种、提高质量、治理"三废"劳动安全、节约资源为主要目的的项目。建设项目的定义是:需要一定量的投资,按照一定程序,在一定时间内完成,应符合质量要求,以形成固定资产为明确目标的特定性任务。建设项目有以下特征:

建设项目在一个总体设计或初步设计范围内,是由一个或若干个互相有内在联系的单项工程所组成的,在建设中实行统一核算、统一管理的建设单位。

建设项目在一定的约束条件下,以形成固定资产为特定目标。约束条件有以下三方面:一是时间约束,即一个建设项目有合理的建设工期目标;二是资源约束,即一个建设项目有一定的投资总量目标;三是质量约束,即一个建设项目都有预期的生产能力、技术水平或使用效益目标。

建设项目需要遵循必要的建设程序和经过特定的建设过程。即一个建设项目从提出建设的设想、建议、方案拟订、可行性研究、评估、决策、勘察、设计、施工,一直到竣工、试运行和交付使用,是一个有序的系统过程。

建设项目按照特定的要求,进行一次性组织,表现为建设机构的一次性设置,建设过程的一次性实施,建设地点的一次性固定,项目经理的一次性任命。

建设项目具有投资限额标准。只有达到一定限额投资的才作为建设项目,不满限额标准的称为零星固定资产购置。

(二)工程施工项目

工程施工项目(后文简称施工项目)是施工企业自施工承包投标开始到保修期满为止的全过程中完成的项目。施工项目具有下述特征:

(1)施工项目是建设项目或其中的单项工程或单位工程的施工任务。
(2)施工项目是以施工企业为管理主体的。
(3)施工项目的范围是由工程施工合同界定的。

从上述特征来看,只有单位工程、单项工程和建设项目的施工任务,才称得上施工项目，由于分部分项工程的结果不是施工企业的最终产品，故不能称作施工项目。

三、项目管理与工程项目管理

（一）项目管理

项目管理是为使项目取得成功（实现所要求的质量、所规定的时限、所需要的费用预算）进行的计划、组织、协调和控制等专业化活动。项目管理的对象是项目，项目管理的职能同所有管理的职能均是相同的。想要特别指出的是，项目的一次性，要求项目管理具有程序性、全面性和科学性，主要是用系统工程的观念、理论和方法进行管理。项目管理是知识、智力、技术密集型的管理。

（二）工程项目管理

1. 工程项目管理的概念

工程项目管理是项目管理的一大类，其管理对象是有关种类的工程项目。工程项目管理的本质是工程建设者运用系统的现点、理论和方法，对工程的建设进行全过程和全面的管理，实现生产要素在工程项目上的优化配置，为用户提供优质产品。它是一门综合学科，实用性强，有很强的应用性和发展潜力。

2. 工程项目管理的分类

由于工程项目可分为建设项目、工程设计项目、工程施工项目和工程咨询项目，故工程项目管理亦可据此分类，分成建设项目管理、工程设计项目管理、工程咨询项目管理和工程施工项目管理，它们的管理者分别是建设单位、设计企业、咨询（监理）企业和施工企业。建设工程项目管理企业可以接受建设单位的委托进行建设项目管理。

1）建设项目管理

建设项目管理是站在项目法人（建设单位）的立场对项目建设进行的综合性管理工作，建设项目管理是通过一定的组织形式，采取各种措施、方法，对投资建设的一个项目的所有工作的系统实施过程进行计划、协调、监督、控制和总结评价，以达到保证建设项目质量、缩短工期、提高投资效益的目的。广义的建设项目管理包括投资决策的有关管理工作，狭义的建设项目管理只包括项目立项以后至交付使用的全过程的管理。

2）工程设计项目管理

工程设计项目管理是由设计单位对自身参与的建设项目设计阶段的工作进行自我管理。设计项目管理同样需进行质量管理、进度管理、投资管理，对工程的实施在技术上和经济上进行全面而详尽的安排，引进先进技术和科研成果，形成设计图纸和说明书以供实施,并在实施的过程中进行监督和验收。所以工程设计项目管理包括以下阶段:设计投标、签订设计合同、设计条件准备、设计计划、设计实施阶段的目标控制、设计文件收集与归档、设计工作总结、建设实施中的设计控制与监督、竣工验收。工程设计项目管理不仅仅局限于设计阶段,而是延伸到了施工阶段和竣工验收阶段。

3)工程施工项目管理

工程施工项目管理(后文简称施工项目管理)有以下特征:

(1)施工项目管理的主体是工程施工企业。由建设单位或监理单位进行的工程项目管理中涉及的施工阶段管理仍属于建设项目管理,不能算作施工项目管理。

(2)施工项目管理的对象是施工项目。施工项目管理的周期也就是施工项目的周期,包括工程投标、签订工程项目施工合同、施工准备、施工实施阶段、竣工验收及总结评价阶段。

(3)施工项目管理的任务包括进度管理、质量管理、成本管理、安全管理、环境管理、资源管理、信息管理、沟通管理、风险管理、组织协调等。施工项目的项目管理带来了特殊性,主要是生产活动与市场交易活动同时进行。先有交易后有"产成品"(竣工项目);买卖双方都投入管理,生产活动和交易活动很难分开。施工项目管理是对特殊的生产活动、在特殊的市场上进行的特殊的交易活动的管理,其复杂性和艰难性都是一般生产管理难以比拟的。

(4)施工项目管理要求强化组织协调工作,施工项目具有生产活动的单件性,对产生的问题难以补救或虽可补救但后果严重。参与施工人员不断在流动,需要采取特殊的流水方式,组织工作量很大。施工在露天进行,工期长,需要的资金多。施工活动涉及复杂的经济关系、技术关系、法律关系、行政关系和人际关系等。以上原因使施工项目管理中的组织协调工作艰难、复杂、多变,必须通过强化组织协调的办法才能保证施工顺利进行。主要强化方法是优选项目经理,建立调度机构,配备称职的调度人员,努力使调度工作科学化、信息化,建立起动态的控制体系。

(5)施工项目管理与建设项目管理在管理主体、管理任务、管理内容和管理范围方面都是不同的。第一,建设项目的管理主体是建设单位或受其委托的建设工程项目管理企业,施工项目管理的主体是施工企业。第二,建设项目管理的结果是取得符合要求的、能发挥应有效益的固定资产,施工项目管理的结果是把项目施工搞好并取得利润。第三,建设项目管理的内容是涉及投资周转和建设的全过程的管理,而施工项目管理的内容涉及从投标开始到回访保修为止的全部生产组织管理。第四,建设项目管理的范围是一个建设项目,是由可行性研究报告确定的所有工程,而施工项目管理的范围是由工程施工合同约定的承包范围,是建设项目或单项工程或单位工程施工过程的管理。

4)工程咨询(监理)项目管理

工程咨询项目是由咨询单位进行中介服务的工程项目。咨询单位是中介组织,它具有相应的专业服务知识与能力,可以接受建设单位的委托进行项目管理,也就是进行智力服务。通过咨询单位的智力服务，提高工程项目管理水平，并作为政府、市场和企业之间的联系纽带。在市场经济体制中，由咨询单位进行工程项目管理已经形成了一种国际惯例。

工程监理项目管理是由监理企业进行的项目管理。一般是监理企业受建设单位的委托，签订监理委托合同，为建设单位进行建设项目管理。监理企业也是中介组织，是依法成立的专业化的、高智能型的组织，它具有服务性、科学性与公正性，按照有关监理法规进行项目管理。监理企业是一种特殊的工程咨询机构，它受建设单位的委托。对设计、施工单位在承包服务活动中的行为和责权利进行必要的协调与约束，对建设项目进行投资管理、进度管理、质量管理、合同管理、信息管理与组织协调。实行建设监理制度，是我国为了发展生产力、提高工程建设质量和投资效益、建立市场经济、对外开放与加强国际合作的需要。

第二节　工程项目管理的基本内容和方法

一、工程项目范围管理

工程项目范围管理就是对从项目建议书开始到竣工验收交付使用为止的全过程中所涉及的活动范围进行界定和管理的过程。它主要包括 5 个过程：

（1）启动一个新的项目或启动项目的一个新的阶段。

（2）编制范围计划（或规划），即指工程项目可行性研究报告推荐的方案、各种项目合同、设计、各种任务书、有关范围说明书等。

（3）界定项目范围，即工程项目范围定义。该过程把范围计划中确定的可交付成果分解成便于管理的组成单元。

（4）由投资人或建设单位等客户或利益相关者确定工程项目范围，也称为范围核实，即对工程项目范围给予正式认可或同意。

（5）控制项目范围的变更，即在工程项目实施的过程中，控制工程变更，包括建设单位提出的变更、设计变更和计划变更等。

以上过程是相互联系和相互影响的，甚至发生一定程度的搭接。在工程项目启动后，以上工作会从大到小不断反复进行，形成大环套小环，小环、大环一起转的工程项目实施过程。在这个过程中，范围的控制是重要的，通过控制及时纠偏或及时确定（或调整）各项活动范围，直至工程项目交付使用。

二、工程项目组织管理

"组织"有两种含义，即组织机构和组织行为。组织机构是按一定的领导体制、部门设置、层次划分、职责分工、规章制度和信息系统等构成的有机整体，是社会人的结合形式，可以完成一定的任务，并为此而处理人与人、人与事、人与物的关系。组织行为亦即组织活动，指通过一定的权力和影响力，为达到一定目标所进行的活动过程。组织职能是通过两种含义的有机结合而实现的。

工程项目组织管理，是指为实现工程项目组织职能而进行的组织系统的设计、建立、运行和调整。组织系统的设计与建立，是指经过筹划与设计，建成一个可以完成工程项目管理任务的组织机构，建立必要的规章制度，划分并明确岗位、层次、部门、责任和权力，通过一定岗位和部门内人员的规范化的活动和信息流通，实现组织目标。高效率的组织体系的建立是工程项目管理取得成功的组织保证。组织运行就是按分担的责任完成各自的工作，组织运行有三个关键：一是人员配置；二是业务联系；三是信息反馈。组织调整是指根据工作的需要和环境的变化，分析原有的项目组织系统的缺陷、适应性和效率，对原有组织系统进行调整或重新组合，包括组织形式的变化，人员的变动，规章制度的修订和废止，责任系统的调整，以及信息流通系统的调整等。

工程项目管理组织机构的建立程序是：首先，采用适当的方式选聘称职的项目经理。然后，根据工程项目组织原则和工程任务目标，选用适当的组织形式，在企业的支持下组建工程项目管理机构，明确责任、权限和利益。再次，在遵守企业制度的前提下制定工程项目管理制度。不同的工程项目管理，其组织机构是不相同的，且具有完成后即行解体的特点。

三、工程项目管理规划与决策

规划是制订目标及按计划内容如何完成这些目标的过程。通常进行规划的目的是指出努力的方向和标准，降低环境变化对任务的完成造成冲击，最大限度地减少浪费。规划可以导致较高的绩效。工程项目管理者必须很好地利用规划的手段，编制科学、严密、有效的工程项目管理规划，通过实施该规划达到提高工程项目管理绩效的目的。在进行工程项目管理规划时，大致应按下列内容和程序进行工作：

进行工程项目分解，形成由大到小的项目分解体系，以便由细部到整体地确定管理目标及阶段控制目标。

建立工程项目组织体系，绘制工程项目组织体系图和信息流程图。

编制工程项目管理规划文件，确定管理内容、方式、手段、目标和标准，明确管理点。

工程项目管理规划既是对合同目标的贯彻，又是进行管理决策的依据。

施工阶段建设工程质量控制的主要任务是通过对施工投入、施工和安装过程、产出品进行全过程控制，以及对参加施工的单位和人员的资质、材料和设备、施工机械和机具、施工方案和方法、施工环境实施全面控制，以期按标准达到预定的施工质量目标。

施工阶段建设工程投资控制的主要任务是通过工程付款控制、工程变更费用控制、预防并处理好费用索赔、挖掘节约投资潜力来努力实现实际发生的费用不超过计划投资。

施工阶段建设工程进度控制的主要任务是通过完善建设工程控制性进度计划、审查施工单位施工进度计划、做好各项动态控制工作、协调各单位关系、预防并处理好工期索赔，以求实际施工进度达到计划施工进度的要求。

目标控制是工程项目管理的核心内容。控制的目标是工程项目管理规划决策的目标。

（一）工程项目控制目标的内容

施工项目管理控制目标包括：进度、质量、成本、安全和环境目标。
建设项目管理与工程建设监理控制目标包括：功能、投资、质量和进度目标。

（二）工程项目目标控制的基本理论

工程项目目标控制的概念：所谓目标控制，是指在实现计划目标的过程中，行为主体通过检查，收集实施状态的信息，将它与原计划（标准）比较，发现偏差，采取措施纠正这些偏差，从而保证计划的正常实施，达到预定目标。从这个定义可以看出，工程项目目标控制问题的要素包括：工程项目、控制目标、控制主体、实施计划与信息、偏差数据、纠偏措施、纠偏行为。工程项目控制的直接目的是实现规划目标或计划目标，其最终目的是实现合同目标。因此可以说，工程项目目标控制是排除干扰、实现目标的手段，是工程项目管理的核心，如果没有控制，便谈不上工程项目管理。

（三）工程项目控制原理

控制的需要产生于社会化的生产活动，法约尔把它作为管理的职能之一，其原意是指：注意是否一切都按制定的规章和下达的命令进行。1948年，美国的诺伯特·维纳创立了控制论，并应用于蓬勃发展的自动化技术、信息论和计算机，使控制论发展成为一门应用广泛、效果显著的现代科学理论。控制的基本理论如下：

控制者进行控制的过程是从反馈过程得到控制系统的信息后，便着手制订计划，采取措施，输入受控系统，在输入资源转化为产品的过程中，对受控系统进行检查、监督，并与计划或标准进行比较，发现偏差进行直接修正，或通过（报告等）信息反馈纠正计划或标准，开始新一轮控制循环。

控制是按事先拟订的计划或标准进行的。控制活动就是要检查实际发生的情况与计划（或标准）是否存在偏差，偏差是否在允许范围之内，是否应采取控制措施及采取何种措施来纠正偏差。

第二章 高速铁路施工组织设计

第一节 高速铁路施工组织设计概述

一、施工项目管理的全过程

高速铁路施工项目管理的对象是施工项目寿命期各阶段的工作。施工项目寿命期可分为五个阶段,构成了施工项目管理有序的全过程。

(一)投标签约阶段的管理

项目发包人对建设项目进行设计和建设准备、具备了招标条件以后,便发出招标公告(或邀请函),施工企业见到招标公告或邀请函后,从做出投标决策至中标签约,实质上便是在进行施工项目管理的工作。这是施工项目寿命期的第一阶段。本阶段的最终管理目标是签订工程承包合同。这一阶段主要进行以下工作:

施工企业从经营战略的高度做出是否投标争取承包该项目的决策。

决定投标以后,从多方面(企业自身、相关单位、市场、现场等)掌握有关信息。

编制既能使企业盈利,又有竞争力、可望中标的投标书。

如果中标,则与招标方进行谈判,依法签订工程施工合同,使合同符合国家法律、法规和国家计划,符合平等互利、等价有偿的原则。

(二)施工准备阶段的管理

施工企业与招标单位签订了工程施工合同、交易关系正式确立以后,便应组建项目经理部,然后以项目经理部为主,与企业经营层和管理层、发包人配合,进行施工准备,使工程具备开工和连续施工的基本条件。这一阶段主要进行以下工作:

根据工程管理的需要成立项目经理部,建立机构,配备管理人员。

制订施工项目管理实施规划(或施工组织设计),以指导施工项目管理活动。

进行施工现场准备,使现场具备施工条件,以利于进行连续的文明的施工。编写开工申请报告,待批开工。

(三)施工阶段的管理

这是一个自开工至竣工的实施过程。在这一过程中,项目经理部既是决策机构,又是责任机构,经营管理层、发包人、监理单位的作用是服务、监督与协调。这一阶

段的目标是完成合同规定的全部施工任务,达到竣工验收的条件。这一阶段主要进行以下工作:

按施工项目管理实施规划(或施工组织设计)的安排进行施工。

在施工中努力做好动态控制,保证质量目标、进度目标、造价目标、安全目标和现场目标的实现。

严格履行工程施工合同,处理好内外关系,管好合同变更,搞好索赔。做好记录、协调、检查、分析工作。

(四)竣工验收阶段的管理

这一阶段是建设工程项目建设期的最后一道程序。施工项目竣工验收的交工主体应是承包人,验收主体应是发包人。实行竣工验收制度,是全面考核建设工程、检查工程是否符合设计文件要求、工程质量是否符合验收标准、能否交付使用、投产、发挥投资效益的重要环节,本阶段主要进行以下工作:

竣工验收准备。

编制竣工验收计划。

组织现场验收。

进行竣工结算。

移交竣工资料。

办理交工手续。

(五)回访保修阶段的管理

工程交工后回访用户是一种"售后服务"方式。工程交工后保修是我国一项基本法律制度,回访保修的责任应由承包人承担,承包人应建立施工项目交工后的回访与保修制度,提高工作质量,听取用户意见,改进服务方式在该阶段主要进行以下工作:

瞄准建设市场,提高工程质量,与发包人建立良好的关系,并将回访保修工作纳入计划实施。

适时召开一些易于融洽、有益双方交流的座谈会、经验交流会、佳庆茶话会,以加强联系,增进双方友好感和信赖感。

及时研究解决施工问题、质量问题,听取发包人对工程质量、保修管理、在建工程的意见,不断改善项目管理,树立承包人的社会信誉。

为发包人提供各种跟踪服务,不断满足提出的各种变更修改要求,建立健全工程项目登记、变更、修改等技术质量管理基础资料,把管理工作做得扎扎实实。

妥善处理与发包人、监理单位和外部环境的关系,捕捉机会,创造有利条件,精心组织,细心管理,形成"我精心,你放心,他安心"的"三位一体"工程质量保证机制。

组织发放有关工程质量保修、维修的注意事项等资料,切实贯彻企业服务宗旨,进行工程质量问卷调查，收集反映工程质量保修信息。对实施效果应有验证和总结报告。

综上所述，施工项目管理的程序见图 2-1 所示。

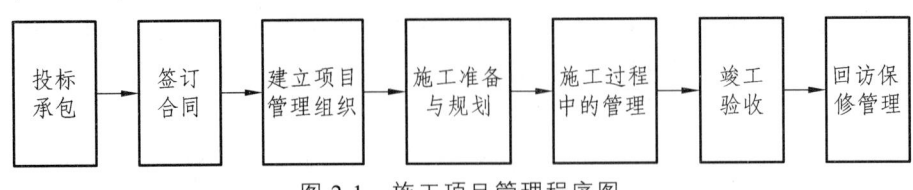

图 2-1　施工项目管理程序图

二、施工项目管理的指导思想

（一）科学技术是第一生产力的思想

科学技术的发展，促成了项目管理理论的产生和发展，给生产实践以巨大的推动力，使大量的工程项目获得成功。工程项目管理理论反映了项目运行和项目管理的客观规律，反映了科学技术作为第一生产力的巨大作用。因此，进行施工项目管理必须坚持科学技术是第一生产力的观点，依靠科学技术强化项目管理，把各种生产要素科学地组合起来，加强项目实施过程中的目标控制和协调，使设计出来的工程项目通过施工活动和项目管理活动的共同作用，实现最终产品。研究、实践、创新、发展工程项目管理理论，使之形成强大的生产力，是施工项目管理的首要指导思想。

（二）依靠市场，推动市场发展的思想

市场经济是用市场关系管理经济的体制，这种体制的基本特征是利用市场运行规律实行社会资源的分配。发展市场经济的实质是解放生产力。我们推行的工程项目管理，是市场经济的产物。市场是施工项目管理的载体与环境，没有市场经济，也就没有施工项目管理；施工项目管理要取得成果，就必须充分依靠市场经济下的建筑市场；施工项目管理应在发展建筑市场方面起推动作用，施工项目管理的实践证明了这一指导思想的实际意义。施工企业通过市场竞争（投标）取得施工任务，在市场的大环境下实施，不断从市场上取得生产要素并进行优化组合，认真地进行履约经营。工程项目的竣工、验收、交工、结算等，实质上是建筑市场的一种特殊交易行为。进行施工项目管理，应尊重市场经济的竞争规律、价值规律和供求规律等，既利用和依靠市场，又建设和发展市场，靠市场取得施工项目管理效益。

（三）系统管理的思想

建设项目是一个系统，施工项目是其中的一个分系统。建设项目管理是一个系统，施工项目管理是一个分系统。如果把施工项目管理作为一个大系统，则其中又包含了许多分系统，如：组织管理系统、经济管理系统、技术管理系统、质量管理系统等。所谓"系统"，是由多维相关体组成的一个整体。建立系统管理的思想，就是要真正

认识到施工项目管理是系统性的管理，必须重视它与总系统及同等级别的子系统的关系，也要重视本系统内部各子系统之间的关系，特别要重视各系统之间的"结合部"的管理，它是项目和项目管理的重点和难点，是项目经理协调管理的工作焦点。施工项目管理利用系统的方法，就是进行分析和综合的方法。要围绕"系统综合满意化"这个核心，善于对大系统进行分解和分析，找出结合部和管理的焦点，然后制定措施，实施管理和控制，也要善于使分系统目标的实现对大系统目标的实现起保证作用，使局部不脱离全局，各子系统目标综合成完整的总目标体系，提高管理成效，发挥整体功能。在施工项目管理中坚持系统管理思想，就是要贯彻四项原则：第一是目标体系的分解与综合原则，既在综合的基础上进行分解，从而实现专业化，以求高质量和高效率，又通过进行系统综合提高管理成效，发挥整体功能。第二是协调控制的相关性原则，即协调和控制各项管理工作之间的关系、各生产要素之间的关系、目标和条件的关系，保证系统整体功能的优化。第三是有序性原则，即施工项目和施工项目管理在时间上、空间上、分解目标上、实施组织上都具有有序性，必须尊重这种有序性才能保证施工项目管理的成功。第四是动态性原则，即要随时预测和掌握系统内外各种变化，提高应变能力以取得工作的主动权，加强战略研究以取得驾驭未来的主动权。

（四）树立科学化管理思想

现代化管理，即科学化管理，把管理当作科学加以研究和应用，科学技术发展到现在，足以使施工项目管理实现高度科学化，服务于管理的现代化。

现代化的管理思想，一是管理观念的现代化，二是管理原理的科学化。现代化的管理观念，已经突破传统的生产性内向管理观念，强调经营性外向管理观念。从这个前提出发，在进行施工项目管理中，第一要强调战略观念，即全面系统的观念和面向未来的发展观念。面向未来，包括市场的未来、技术的未来、组织的未来和施工项目管理科学的未来。第二是市场观念，即要搞好施工项目管理，首先要了解市场，其次要以自身的优势去占有市场、赢得市场。第三是用户观念，即一切为了用户的观念，全心全意地为用户服务，以对用户高度负责求得信誉，以信誉求得项目管理的成功。第四是效益观念，即进行施工项目管理要精打细算，少投入；在进行产品交易以后，所获得的收益要大于投入，形成利润，为此要首先赢得市场和信誉，向管理求效益。第五是竞争观念，即：以质量好、工期合理、服务周到、造价适当取胜。有市场就有竞争，有竞争就要加强管理，进行目标控制，取得竞争的优势。因此，树立竞争观念必然会促进施工项目管理提高水平。第六是时间观念，即要把握决策时机，缩短施工工期，加快资金周转，讲究资金的时间价值，讲究工作效率和管理效率，从而赢得时间，赢得效益。第七是变革和创新观念，即没有不变的施工项目管理模式，要根据工程和环境的变化进行调整和变革，故要讲预测，有对策。光有变革观念不成，还要有创新观念。赢得竞争胜利的关键在创新，广泛采用新工艺、新技术、新材料、新设备、新的管理组织、新方法和手段。

现代科学管理原理对施工项目管理而言是具有根本指导性的道理，它是施工项目管理必须遵循的，贯穿全过程的。主要包括系统原理、分工协作原理、反馈原理、能级原理、封闭原理和弹性原理等。系统原理就是施工项目管理要实施系统管理。分工协作原理是说管理要分工，以提高效率，但也要讲协作，使分工不失有序，不离整体。反馈原理即将生产和管理中的偏差信息反馈到原控制系统，使它影响管理活动过程，进行有效控制，实现管理目标。能级原理是说在施工项目管理中，管理能力是随管理组织的层次而变化的，因此要根据能级确定责权利，分别确定目标，以发挥每个能级人员的作用。封闭原理是指管理活动是循环活动，该循环按 P（计划）、D（执行）、C（检查）、A（处置）的顺序展开，并在管理的整个过程中不断循环。如果不进行每个循环的封闭，则不是完整的管理，因而也不是有效的管理。弹性原理指管理活动必须保持充分的弹性，以适应客观事物各种可能的变化，有应变打算，不搞绝对化。计划工作中的"积极可靠，留有余地"就是应用弹性原理的典型。信息时代的到来，对施工项目管理的信息化提出了更高的要求，必须实现施工项目管理全过程的计算机辅助管理。

（五）绿色施工思想

为了人类社会持续发展的长远利益，我国已经确立了建设资源节约型、环境友好型社会的大目标，建设工程是实现这一大目标的重要责任领域，必须建立绿色建设理念。所谓绿色施工，就是在建设工程的施工阶段，严格按照建设工程规划、设计要求，通过建立管理体系和管理制度，采取有效的技术措施，全面贯彻国家关于资源节约和环境保护的政策，最大限度地节约资源，少消耗资源，降低施工活动对环境造成的不良影响，提高施工人员的职业健康安全水平，保护施工人员的安全与健康。

绿色施工的实现，既需要有相应的施工行为，又要有相应的管理。因此，项目管理人员应以绿色施工的思想为指导思想，搞好绿色施工规划，执行相关标准，执行《绿色施工导则》《绿色建筑评估标准》《绿色施工管理规程》等文件，执行相关政策和制度，将绿色施工思想落实在项目管理的全过程，确保工程施工项目管理取得全面的绩效。

三、施工项目目标管理

（一）施工项目目标管理的概念

目标管理（MBO）指集体中的成员亲自参加工作目标的制定，在实施中运用现代管理技术和行为科学，借助人们的事业感、能力、自信、自尊等实行自我控制，努力实现目标。

目标管理是 20 世纪 50 年代由美国的德鲁克提出的。其基本特点是以被管理活动的目标为中心，把经济活动和管理活动的任务转换为具体的目标加以实施和控制，通过目标的实现，完成经济活动的任务。目标管理以目标指导行动。由于目标有未来属性,故目标管理是面向未来的主动管理。目标管理是组织的系统功能的集中体现,是评价管理效果的基本标准,是组织全体人员参加管理的有效途径,故目标管理是系统整体的管理。目标管理重视过程管理、成果的管理和人的管理,它实际上是参与管理和自主管理。由于它的以上特点和科学性,故它是一种很重要的现代化管理方法,被广泛应用于各经济领域的管理之中,也适用于施工项目管理。

施工项目目标管理是指为实现项目全过程目标和计划中确定的管理目标而实施的收集数据、与计划目标对比分析、采取措施纠正偏差等活动,包括项目进度管理、项目质量管理和项目成本管理。

施工项目管理应用目标管理方法,可大致划分为以下几个阶段:

(1)确定施工项目组织内各层次、各部门的任务分工,既对完成施工任务提出要求,又对工作效率提出要求。

(2)把项目组织的任务转换为具体的目标。

(3)落实制订的目标。一是要落实目标的责任主体,即谁对目标的实现负责;二是落实目标主体的责、权、利;三是要落实对目标责任主体进行检查、监督的上一级责任人及手段;四是要落实目标实现的保证条件,对目标的执行过程进行调控,即监督目标的执行过程,进行定期检查,发现偏差后,分析产生偏差的原因,及时进行协调和控制。对目标执行好的主体进行适当奖励。

(4)对目标完成的结果进行评价。即把目标执行结果与计划目标进行对比,评价目标管理的好坏。

(二)施工项目的目标管理体系

施工项目的总目标是企业目标的一部分。施工企业的目标体系应以施工项目为中心,形成纵横结合的目标体系结构。

企业的总目标是一级目标,其经营层和企业管理层的目标是二级目标,项目管理层的目标是三级目标。对项目而言,需要制定成果性目标;对职能部门而言,需要制定效率性目标。不同的时间周期,要求有不同的目标,故目标有年、季、月度目标。不同的管理主体、不同的时期、不同的管理对象,其目标值不同。

(三)施工项目的目标实施和经济责任

项目管理层的目标实施和经济责任一般有以下几方面:

第一,根据工程施工合同要求,树立用户至上的思想,完成施工任务;在施工过程中按企业的授权范围处理好施工过程中所涉及的各种外部关系。

第二,努力节约各种生产要素,降低工程成本,实现施工的高效、安全、文明。

第三,努力做好项目核算,做好施工任务、技术能力、进度的优化组合和平衡,发挥施工潜力并做好原始记录。

第四,做好精神文明建设工作。

第五，及时向决策层、经营层和企业管理层提供信息和资料。

（四）施工项目目标管理的共性问题

施工项目目标管理的共性问题强调以下几点：

项目管理的责任主体是项目经理，且应由项目经理和相应的专业人员及各专业的相关人员组成各目标管理分体系，集体履行目标管理的责任。

项目管理应遵循 PDCA 循环法则，以实现目标管理的持续改进。因此，目标管理应按规定程序依次操作。

项目管理的基本方法是"目标管理方法"（MBO），其本质是"以目标指导行动"。因此，首先要确定管理总目标，然后自上而下地进行目标分解（WBS），落实责任，制定措施，按措施控制实现目标的活动，从而自下而上地实现项目管理目标责任书中确定的责任目标。

项目管理措施是在项目管理实施规划（或施工组织设计，下同）的基础上确定的。项目管理实施规划以项目管理目标责任书中确定的目标为依据编制。因此，项目管理实施规划的编制质量极大地影响着管理的效果。

进度、质量、成本三项目标是各自独立的，也是平等的，其管理不需围绕着某个"核心"，但是它们之间却有着对立统一的关系。过于强调任何一个都会影响到其他，因此，确定目标必须进行认真设计和科学决策。要进行动态控制，搞好协调。总的精神是：不求全优，只求综合为优，要在保证质量和安全的前提下，使进度合理、成本节约。

项目管理要以执行法律、法规、标准、规范、制度等作保证。

实行总分包的项目，管理由总包人全面负责，分包人进行分包任务的管理并向总包人负责。对分包人发生的问题，总包人和分包人对发包人承担连带责任。

实施施工项目管理应执行《建设工程项目管理规范》GB/T50326—2006 相应章节的规定，并按其中"项目沟通管理"一章的规定搞好组织协调。

在施工项目管理中充满了风险，因此要进行风险管理，防止风险对实现目标产生干扰或造成损失。

第二节　施工项目管理组织

一、施工项目管理组织机构

1. 组织机构的作用

组织机构是施工项目管理的组织保证。项目经理在启动项目管理之前，首先要进行组织准备，建立一个能完成管理任务、使项目经理指挥灵便、运转自如、效率很高的项目组织机构——项目经理部，其目的就是提供进行施工项目管理的组织保证。一个好的组织机构,可以有效地完成施工项目管理目标,有效地应付环境的变化,供给组织成员生理、心理和社会需要,形成组织力,产生集体思想和集体意识,使组织系统正常运转,完成项目管理任务。

形成一定的权力系统以便进行集中统一指挥。权力由"法定"和"拥戴"产生。"法定"来自授权,"拥戴"来自信赖。"法定"或"拥戴"都会产生权力和组织力。组织机构的建立,首先是以法定的形式产生权力。权力是工作的需要,是管理地位形成的前提,是组织活动的反映。没有组织机构,便没有权力,也没有权力的运用。权力取决于组织机构内部是否团结一致,越团结,组织越有权力,越有组织力。所以施工项目组织机构的建立要伴随着授权,以便使权力的使用能够实现施工项目管理的目标。要合理分层。所以要在规章制度中把施工项目管理组织的权力阐述明白,固定下来。

形成责任制和信息沟通体系。责任制是施工项目组织中的核心问题。没有责任也就不成其为项目管理机构,也就不存在项目管理。一个项目组织能否有效地运转,取决于是否有健全的岗位责任制。施工项目组织的每个成员都应肩负一定责任,责任是项目组织对每个成员规定的一部分管理活动和生产活动的具体内容。信息沟通是组织力形成的重要因素。信息产生的根基在组织活动之中。下级(下层)以报告的形式或其他形式向上级(上层)传递信息。同级不同部门之间为了相互协作而横向传递信息。越是高层领导,越需要信息,越要深入下层获得信息。领导离不开信息,有了充分的信息才能进行有效决策。

综上所述,组织机构在项目管理中是一个焦点。一个项目经理建立了理想有效的组织系统,他的项目管理就成功了一半。

2. 施工项目管理组织机构的设置原则

(1)目的性原则。施工项目组织机构设置的根本目的,是产生组织功能,实现施工项目管理的总目标。从这一根本目的出发,就会因目标设事,因事设机构、定编制,按编制设岗位、定人员,以职责定制度、授予权力。

(2)精干高效原则。施工项目组织机构的人员设置,以能实现施工项目所要求的工作任务(事)为原则,尽量简化机构,做到精干高效。人员配置要从严控制二三线人员,力求一专多能,一人多职。同时还要增加项目管理班子人员的知识含量,着眼于使用和学习锻炼相结合,以提高人员素质。

(3)管理跨度和分层统一原则。管理跨度是指一个主管人员直接管理的下属人员数量。跨度大,管理人员的接触关系增多,处理人与人之间关系的数量随之增大。

组织机构设计时,必须使管理跨度适当。然而跨度大小又与分层多少有关。层次多,跨度会小,层次少,跨度会大。这就要根据领导者的能力和施工项目的大小进行权衡。美国管理学家戴尔曾调查41家大企业,管理跨度的正常数是6~7人。对施工项目管理层来说,管理跨度更应尽量少些,以集中精力于施工管理。在项目经理在组建组织机构时,必须认真设计切实可行的跨度和层次,画出机构系统图,以便讨论、修正、按设计组建。

（4）业务系统化管理原则。由于施工项目是一个开放的系统，由众多子系统组成一个大系统。各子系统之间，子系统内部各单位工程之间，不同组织、工种、工序之间，存在着最大结合部，这就要求项目组织也必须是一个完整的组织结构系统，恰当分层和划分部门，以便在结合部上能形成一个相互制约、相互联系的有机整体，防止产生职能分工、权限划分和信息沟通上相互矛盾或重叠。在设计组织机构时以业务工作系统化原则作指导，周密考虑层间关系、部门划分、授权范围、人员配备及信息沟通等，使组织机构自身成为一个严密的、封闭的组织系统，能够为完成项目管理总目标而实行合理分工及协作。

（5）弹性和流动性原则。施工项目的单件性、阶段性、露天性和流动性是施工项目生产活动的主要特点，必然带来生产对象数量、质量和地点的变化，带来资源配置的品种和数量变化。于是要求管理工作和组织机构随之进行调整，以使组织机构适应施工任务的变化，这就是说，要按照弹性和流动性的原则建立组织机构，不能一成不变。要准备调整人员及部门设置，以适应工程任务变动对管理机构流动性的要求。

（6）项目组织与企业组织一体化原则。项目组织是企业组织的有机组织部分，企业是它的母体，归根结底，项目组织是由企业组建的。从管理方面来看，企业管理层是项目管理的外部环境，项目管理的人员全部来自企业，项目管理组织解体后，其人员仍回企业。即使进行组织机构调整，人员也是进出于企业人才库的。施工项目的组织形式与企业的组织形式有关，不能离开企业的组织形式去谈项目的组织形式。

3. 施工项目组织机构的设置程序

根据上述原则要求，施工项目组织应按图 2-2 所示的程序进行设置。

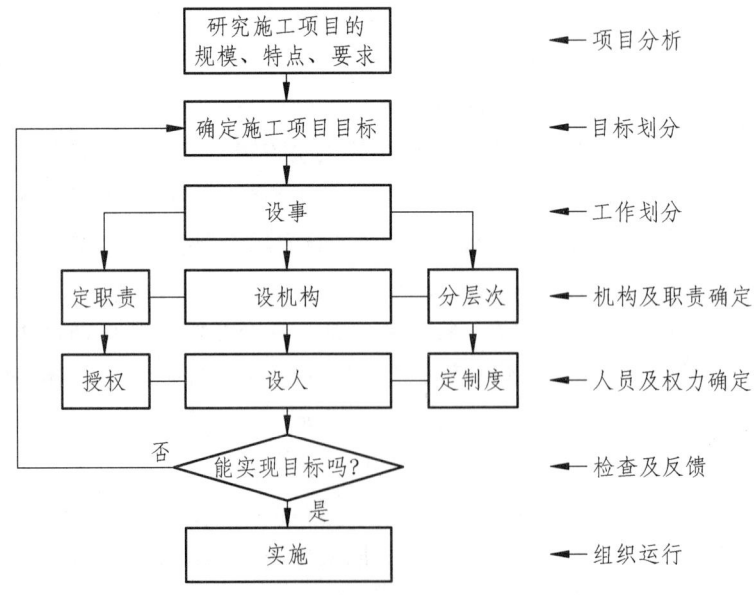

图 2-2　施工项目组织机构设置流程图

二、施工项目组织形式

组织形式亦称组织结构的类型，是指一个组织以什么样的结构方式去处理层次、跨度、部门设置和上下级关系。施工项目组织形式与企业的组织形式是不可分割的。

施工项目组织形式有许多种，主要包括：工作队式、部门控制式、矩阵式、事业部式和直线职能式。

（一）工作队式项目组织

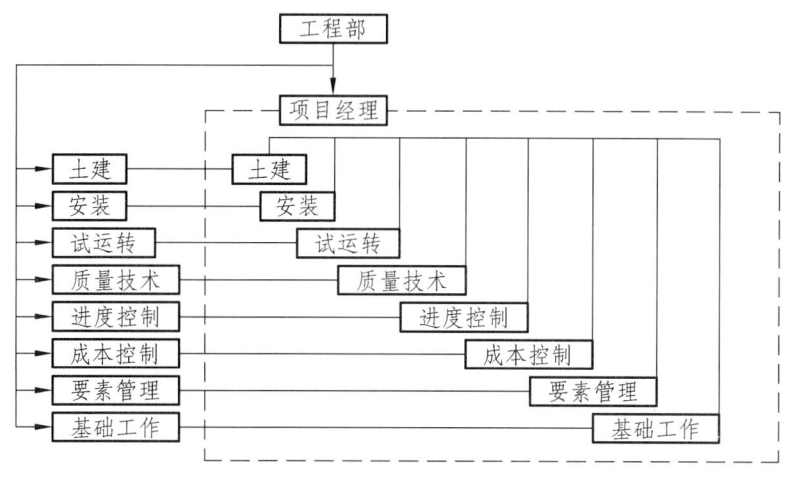

图 2-3　工作队式项目组织构成示意图

如图 2-3 所示。其人员与原部门脱离。该组织结构类型有以下特征：

项目经理在企业内部聘用职能人员组成管理机构（工作队），由项目经理指挥。

项目组织成员在工程建设期间与原所在部门脱离领导与被领导关系，原单位负责人负责业务指导及服务，但不能随意干预其工作或调回人员。

项目管理组织与项目同寿命。项目结束后机构撤销，所有人员仍回原所在部门和岗位。

（二）适用范围

这是按照对象原则组织的项目管理机构，可独立地完成任务。企业职能部门只提供一些服务。这种项目组织适用于工期要求紧迫的项目、要求多工种多部门密切配合的项目。因此，它要求项目经理素质要高，指挥能力要强，有快速组织队伍及善于指挥来自各方人员的能力。

（三）优　　点

项目经理从职能部门聘用的是一批专家，他们在项目管理中配合，协同工作，可以取长补短，有利于培养一专多能的人才并充分发挥其作用。

各专业人才集中在现场办公，减少了扯皮和等待时间，办事效率高，解决问题快。

项目经理权力集中，干扰少，决策及时，指挥灵活。

由于减少了项目与职能部门的结合部，项目与企业的职能部门关系简化，易于协调关系，减少了行政干预，使项目经理的工作易于开展。

不打乱企业的原建制，传统的直线职能式组织仍可保留。

（四）缺　　点

各类人员来自不同部门，具有不同的专业背景，配合不熟悉，初期难免配合不力。

各类人员在同一时期内所担负的管理工作任务可能有很大差别，因此很容易产生忙闲不均，可能导致人员浪费，稀缺专业人才难以在企业内调剂使用。

职工长期离开原单位，即离开了自己熟悉的环境和工作配合对象，容易影响其积极性的发挥。而且由于环境变化，容易产生临时观念和不满情绪。

职能部门的优势无法发挥。由于同一部门人员分散，交流困难，也难以进行有效的培养、指导，削弱了职能部门的工作。当人才紧缺而同时又有多个项目需要按这一形式组织时，或者对管理效率有很高要求时，不宜采用这种项目组织形式。

三、施工项目管理制度

（一）施工项目管理制度的作用

管理制度是组织为保证其任务的完成和目标的实现，对例行性活动应遵循的方法、程序、要求及标准所做的规定，是根据国家和地方法规及上级部门（单位）的规定制定的内部法规。施工项目管理制度是由施工企业或施工项目经理部制定的，对项目经理部及其作业组织全体职工有约束力。施工项目管理制度的作用主要有两点：一是贯彻国家与施工项目有关的法律、法规、方针、政策、标准、规程等，指导本施工项目的管理。二是规范施工项目组织及职工的行为，使之按规定的方法、程序、要求、标准进行施工和管理活动，从而保证施工项目组织按正常秩序运转，避免发生混乱，保证各项工程的质量和效率，防止出现事故和纰漏，从而确保施工项目目标的顺利实现。

（二）建立施工项目管理制度的原则

项目经理部组建以后，作为组织建设内容之一的管理制度应立即着手制定。制定管理制度必须遵循以下原则：

制定施工项目管理制度必须贯彻国家法律、法规、方针、政策以及部门规章，且不得有抵触和矛盾，不得危害公众利益。

制定施工项目管理制度必须实事求是，即符合本施工项目的需要。施工项目最需要的管理制度是有关工程技术、计划、统计、核算、分配以及各项业务管理等的制度，它们应是制定管理制度的重点。

　　管理制度要配套，不留漏洞，形成完整的管理制度和业务体系。

　　各种管理制度之间不能产生矛盾，以免职工无所适从。

　　管理制度的制定要有针对性，任何一项条款都必须具体明确，词语表达简洁、明了。

　　管理制度的颁布、修改和废除要有严格程序。

　　项目经理部制定的制度，由项目经理签字，应报公司法定代表人批准方可生效。

（三）项目经理部管理制度的内容

项目经理部的管理制度应包括以下各项。

1. 项目管理人员的岗位责任制度

项目管理人员的岗位责任制度是规定项目经理部各层次管理人员的职责、权限以及工作内容和要求的文件。具体包括项目经理岗位责任制度、项目副经理岗位责任制度以及经济、财务、安全和材料、设备等管理人员的岗位责任制度。通过各项制度做到分工明确，责任具体，标准一致，便于管理。

2. 项目技术管理制度

项目技术管理制度是规定项目技术管理的系列文件，具体应包括图纸会审制度、施工项目管理规划文件的编制和审查制度、技术组织措施制度，新材料、新工艺和新技术、新设备的推广制度等。

3. 项目质量管理制度

项目质量管理制度是保证项目质量的管理文件，其具体内容包括质量管理规定、质量检查制度、质量事故处理制度以及质量控制体系等。

4. 项目安全管理制度

项目安全管理制度是规定和保证项目安全生产的管理文件，其主要内容有安全教育制度、安全保证措施、安全生产制度以及安全事故处理制度等。

5. 项目计划、统计与进度管理制度

项目计划、统计与进度管理制度是规定项目资源计划、统计工作与进度控制工作的管理文件。其内容包括生产计划、劳务和资金等的使用计划及统计工作制度，进度计划和进度控制制度等。

6. 项目成本核算制度

项目成本核算制度是规定项目成本核算的原则、范围、程序、方法、内容、责任及要求的管理文件。

7. 项目材料、机械设备管理制度

项目材料、机械设备管理制度是规定项目材料和机械设备的采购、运输、仓储保管、维修保养以及使用和回收等工作的管理文件。

8. 项目现场管理制度

项目现场管理制度是规定项目现场平面布置，材料、设备、设施的放置，运输线路规划，文明施工要求等内容的一系列管理文件。

9. 项目分配与奖励制度

项目分配与奖励制度是规定项目分配与奖励的标准、依据以及其兑现等工作的管理文件。

10. 项目例会、施工日志与档案管理制度

项目例会、施工日志与档案管理制度是规定项目管理日常工作例会、现场施工日志和施工记录及资料存档等工作的管理文件。

11. 项目分包及劳务管理制度

项目分包管理制度是规定项目分包类型、形式、范围以及合同签订和履行等工作的管理文件。劳务管理制度是规定项目劳务的组织方式、渠道、待遇、要求等工作的管理文件。

12. 项目组织协调制度

项目组织协调制度是规定项目内部组织关系——近外层关系和远外层关系等的沟通原则、方法以及关系处理标准等的管理文件。

13. 项目信息管理制度

项目信息管理制度是规定项目信息的采集、分析、归纳、总结和应用等工作的程序、方法、原则和标准的管理文件。

（四）项目经理部管理制度的建立和执行

施工项目经理部管理制度的建立应围绕计划、责任、监督、核算、奖惩等内容。计划是为了使各方面都能协调一致地为施工项目总目标服务，它必须涵盖项目施工的全过程和所有方面；计划的制订必须有科学的依据；计划的执行和检查必须落实到人。责任制度建立的基本要求是：一个独立的职责，必须由一个人全权负责，应做到人人有责可负、事事有人负责。监督制度和奖惩制度的目的是保证计划制度和责任制度贯彻落实，对项目任务完成进行控制和激励。它应具备的条件是：有一套公平的绩效评价标准和评价方法，有健全的信息管理制度，有完整的监督和奖惩体系。核算制度的

目的是给上述四项制度提供基础,了解各种制度执行的情况和效果,并进行相应的控制。要求核算必须落实到最小的可控制单位,即班组中,要把按人员职责落实的核算与按生产要素落实的核算、经济效益和经济消耗结合起来,建立完整的核算工作体系。项目经理部执行企业的管理制度,同时根据本项目管理的特殊需要建立自己的管理制度。

项目管理制度一经制定,就应严格实施。在项目实施过程中应严格对照各项制度检查执行情况,并对制度进行及时的修改、补充和完善,以便于更好地规范项目管理。

需要修订制度时,应报送企业或其授权的职能部门批准。

四、工程项目管理的主要方式

(一)项目管理服务(PM)

项目管理服务是指工程项目管理企业按照合同约定,在工程项目决策阶段,为业主编制可行性研究报告,进行可行性分析和项目策划在工程项目实施阶段,为业主提供招标代理、设计管理、采购管理、施工管理和试运行(竣工验收)等服务,代表业主对工程项目进行质量、安全、进度、费用、合同、信息等管理和控制。工程项目管理企业一般应按照合同约定承担相应的管理责任。

(二)项目管理承包(CPMC)

项目管理承包是指工程项目管理企业按照合同约定,除完成项目管理服务(PM)的全部工作内容外,还可以负责完成合同约定的工程初步设计(基础工程设计)等工作。对于需要完成工程初步设计(基础工程设计)工作的工程项目管理企业,应当具有相应的工程设计资质。项目管理承包企业一般应当按照合同约定承担一定的管理风险和经济责任。根据工程项目的不同规模、类型、风险大小和业主要求,还可采用其他项目管理方式。

(三)我国推行工程总承包和工程项目管理的措施

鼓励具有工程勘察、设计或施工总承包资质的勘察、设计和施工企业,通过改造和重组,建立与工程总承包业务相适应的组织机构、项目管理体系,充实项目管理专业人员,提高融资能力,发展成为具有设计、采购、施工(施工管理)综合功能的工程公司。在其勘察、设计或施工总承包资质等级许可的工程项目范围内开展工程总承包业务。

工程勘察、设计、施工企业也可以组成联合体对工程项目进行联合总承包。

鼓励具有工程勘察、设计、施工、监理资质的企业,通过建立与工程项目管理业务相适应的组织机构、项目管理体系,充实项目管理专业人员,按照有关资质管理规定在其资质等级许可的工程项目范围内开展相应的工程项目管理业务。

打破行业界限，允许工程勘察、设计、施工、监理等企业，按照有关规定申请取得其他相应资质。

工程总承包企业可以接受业主委托，按照合同约定承担工程项目管理业务，但不应在同一个工程项目上同时承担工程总承包和工程项目管理业务，也不应与承担工程总承包或者工程项目管理业务的另一方企业有隶属关系或者其他利害关系。

对于依法必须实行监理的工程项目，具有相应监理资质的工程项目管理企业受业主委托进行项目管理，业主可不再另行委托工程监理，该工程项目管理企业依法行使监理权利，承担监理责任。没有相应监理资质的工程项目管理企业受业主委托进行项目管理，业主应当委托监理。

各级建设行政主管部门要加强与有关部门的协调，使有关融资、担保、税收等方面的政策落实到重点扶持发展的工程总承包企业和工程项目管理企业，增强其国际竞争实力。

鼓励大型设计、施工、监理等企业与国际大型工程公司以合资或合作的方式，组建国际工程公司或项目管理公司，参加国际竞争。

提倡具备条件的建设项目，采用工程总承包、工程项目管理方式组织建设。

鼓励有投融资能力的工程总承包企业，对具备条件的工程项目，根据业主的要求，按照建设—转让（BT）、建设—经营—转让（BOT）、建设—拥有—经营（BOO）、建设—拥有—经营—转让（BOOT）等方式组织实施。

充分发挥行业协会和高等院校的作用，进一步开展工程总承包和工程项目管理的专业培训，培养工程总承包和工程项目管理的专业人才，适应国内外工程建设的市场需要。有条件的行业协会、高等院校和企业等，要加强对工程总承包和工程项目管理的理论研究，开发工程项目管理软件，促进我国工程总承包和工程项目管理水平的提高。

第三节　施工项目管理规划与施工组织设计

一、施工项目管理规划概述

（一）施工项目管理规划的种类

1. 施工项目管理规划大纲（或称"标前设计"）

它是项目管理全面性和客观性的指导文件，它由组织的管理层或组织委编制；群体工程的施工组织总设计也属于此类。

2. 施工项目管理实施规划（或称"标后设计"）

它对项目管理规划大纲进行细化，使其具有可操作性。项目管理实施规划由项目经理组织编制。

（二）施工项目管理实施规划与施工组织设计和质量计划的关系

大中型项目应单独编制项目管理实施规划。承包人的项目管理实施规划可以用施工组织设计或质量计划代替，但应能满足项目管理实施规划的要求。这就要求注意三者的相容性，避免重复性的工作。

不论称为施工组织设计或质量计划，都应按项目管理规划的内容要求进行编制。施工组织总设计可参照施工项目管理规划大纲编制；单位工程施工组织设计可参照施工项目管理实施规划编制。

（三）施工项目管理规划大纲

1. 施工项目管理规划大纲的性质

施工项目管理规划大纲是项目管理工作中具有战略性、全面性和宏观性的指导文件。所谓战略性，主要指其内容高屋建瓴，具有原则、长期、长效的指导作用。所谓全面性，是指它所考虑的是项目的整体管理而不是某一部分或局部，是全过程而不是某个阶段的。所谓宏观性，是指该规划涉及客观环境、内部管理、相关组织的关系、项目实施等，都是重要的、关键的、大范围的，而不是微观的。

2. 施工项目管理规划大纲的作用

（1）作为编制投标文件的战略指导与依据。
（2）在投标、合同谈判和签订合同中贯彻执行。
（3）作为中标后编制施工项目管理实施规划的依据。

3. 施工项目管理规划大纲的编制依据

施工项目管理规划大纲的编制依据如下：

招标文件（含设计文件、标准、规范与有关规定等）及发包人对招标文件的解释。

招标文件是编制项目管理规划大纲的最重要的依据。在招标过程中，发包人常会以补充、说明的形式修改、补充招标文件的内容；在标前会议上发包人也会对承包人提出的问题，对招标文件不理解的地方进行解释。承包人在规划大纲的编写过程中一定要注意这些修改、变更和解释。

4. 施工项目管理规划大纲的内容

施工项目管理规划大纲的内容包括：施工项目概况、施工项目范围管理规划、施工项目管理目标规划、施工项目管理组织规划、施工项目成本管理规划、施工项目进度管理规划、施工项目质量管理规划、施工项目职业健康安全与环境管理规划、施工项目采购与资源管理规划、施工项目信息管理规划、施工项目沟通管理规划、施工项目风险管理规划、施工项目收尾管理规划。

（四）施工项目管理实施规划

1. 施工项目管理实施规划的作用

施工项目管理实施规划应作为整个工程施工管理的执行计划，作为施工项目的管理规范。在施工过程中它还要做进一步的分解，由施工项目经理、经理部各部门和各工程分区负责人、分包人，在施工项目的各阶段中执行。它比施工项目管理规划大纲更具体、更细致，更注重操作性。

2. 施工项目管理实施规划的编制过程

工程施工合同和施工条件分析。

确定施工项目管理实施规划的目录及框架。

分工编写。施工项目管理实施规划必须按照专业和管理职能分别由施工项目经理部的各部门（或各职能人员）编写。有时还要承包人的工程分区负责人、企业管理层的一些职能部门参与。

汇总协调。由施工项目经理协调上述各部门（人员）的编写工作，给他们指导，最后由施工项目经理汇总编写内容，形成初稿。

统一审查。企业管理层出于对施工项目控制的需要必须对施工项目管理实施规划进行审查，并在执行过程中进行监督和跟踪。审查、监督和跟踪具体的职能部门（如总工程师办公室）负责。

二、施工组织设计概述

（一）施工组织设计的概念

1. 施工组织设计的定义

施工组织设计是以施工项目为对象编制的，用以指导施工的技术、经济和管理的综合性文件。

该定义说明：施工组织设计的编制对象是施工项目，施工项目分为单体项目和群体项目；施工组织设计的性质是综合文件，其内容应涵盖技术、经济和管理三个方面；施工组织设计的作用是用以指导施工项目的技术工作、经济工作和项目管理工作。

根据《建设工程施工项目管理规范》的规定，施工组织设计可以代替承包人的施工项目管理实施规划，并应满足施工项目管理实施规划的要求。

2. 施工组织设计的分类

施工组织设计按照编制对象的不同可分为以下四类。

1）施工组织纲要

它是工程施工项目招标投标阶段，投标单位根据招标文件、设计文件及工程特点编制的有关施工组织的纲要性文件，即投标文件中的技术标。在项目管理规划文件中，施工组织纲要可以代替施工项目管理规划大纲。

2）施工组织总设计

它是以多个单位工程组成的群体工程或特大型项目为主要对象编制的施工组织设计，对整个项目的施工过程起统筹规划、重点控制的作用。

3）单位工程施工组织设计

它是以单位（子单位）工程为主要对象编制的施工组织设计，对单位（子单位）工程的施工过程起指导和制约作用。

单位工程和子单位工程的划分原则按照《建筑工程施工质量验收统一标准》执行。已经编制了施工组织总设计的项目，单位工程施工组织设计应是施工组织总设计的具体化，直接指导单位工程的施工管理和技术经济活动。

4）施工方案

它是以分部（分项）工程或专项工程为对象编制的施工技术与组织方案，以具体指导其施工过程。

施工方案是施工组织设计的进一步细化，也是施工组织设计的补充，施工组织设计的某些内容在施工方案中不需赘述。

国务院规定，对下列达到一定规模的危险性较大的分部（分项）工程编制专项施工方案，并附具安全验算结果。

（1）基坑支护与降水工程。

（2）土方开挖工程。

（3）模板工程。

（4）起重吊装工程。

（5）脚手架工程。

（6）拆除爆破工程。

（7）国务院建设行政主管部门规定或其他危险性较大的工程。

（二）施工组织设计的编制应遵循的原则

（1）符合施工合同或招标文件中有关工程进度、质量、安全、环境保护、造价等方面的要求。

（2）积极开发、使用新技术和新工艺，推广应用新材料和新设备。

（3）坚持科学的施工程序和合理的施工顺序，采用流水施工和网络计划等方法，科学配置资源，合理布置现场，采取季节性措施，实现均衡施工，达到合理的技术经济指标。

（4）采取技术和管理措施，推广建筑节能和绿色施工。

（5）与质量、环境和职业健康安全三个管理体系有效结合。为保证持续满足过程能力和质量保证的要求，国家鼓励企业执行质量、环境和职业健康安全管理体系的认证制度，建立企业管理体系文件，编制施工组织设计时，不应违背管理体系文件的要求。

（三）施工组织设计的编制依据

施工组织设计的编制依据包括下列内容：

（1）与工程建设有关的法律、法规和文件。

（2）国家和地方现行有关标准和技术经济指标。

（3）工程所在地区行政主管部门的批准文件，建设单位对施工的要求。

（4）工程施工合同或招标投标文件。

（5）工程设计文件。

（6）工程施工范围内的现场条件，工程地质及水文地质、气象等自然条件。

（7）与工程有关的资源供应情况。

（8）施工企业的生产能力、机具设备状况、技术水平等。

（四）施工组织设计的基本内容

施工组织设计应包括下列基本内容：

（1）编制依据。

（2）工程概况。

（3）项目管理组织机构。

这是指施工单位为完成施工项目建立的项目施工管理机构、项目管理组织或项目团队（项目经理部）。

（4）施工部署。

这是指对项目实施过程做出的统筹规划和全面安排，包括项目施工主要目标、施工顺序及空间组织、施工组织安排等。施工部署是施工组织设计的纲领性内容，其他施工组织设计的内容都应该围绕施工部署的原则编制。

（5）施工进度计划。

这是指为实现项目设定的工期目标，对各项施工过程的施工顺序、起止时间和相互衔接关系所做的统筹策划和安全保证。

（6）施工准备与资源配置计划。

施工准备是在项目施工前为保证施工及管理进行所需要的主要条件的筹备和提供。施工资源是指为完成施工项目所需要的人力、物资等生产要素。

（7）主要施工方法。

施工方法主要是指技术方法，也可包括必要的组织管理方法。

（8）施工现场平面布置。

这是指在施工用地范围内对各项生产、生活设施及其他辅助设施等进行的规划和布置。

（9）主要施工管理计划。

这是指为完成施工项目管理目标而编制的管理计划，包括：进度管理计划、质量管理计划、安全管理计划、环境管理计划、成本管理计划等。

（五）施工组织设计的编制职责和审批职权

施工组织设计由项目负责人主持编制，可一次编制和审批，也可根据情况分阶段编制和审批。

施工组织总设计由总承包单位技术负责人审批。

单位工程施工组织设计应由施工单位技术负责人或技术负责人授权的技术人员审批。施工方案由项目技术负责人审批。

重点、难点分部（分项）工程和专项施工方案由施工单位技术部门组织相关专家评审，施工单位技术负责人批准。

由专业承包单位施工的分部（分项）工程或专项工程的施工方案，由专业承包单位技术负责人或技术负责人授权的技术人员审批；有总承包单位时，由总承包单位项目技术负责人核准备案。

规模较大的分部（分项）工程和专项工程的施工方案，按单位工程施工组织设计进行编制和审批。

专项施工方案及其安全验算结果，经施工单位技术负责人、总监理工程师签字后实施。深基坑工程、地下暗挖工程、高大模板工程的专项施工方案，施工单位还应当组织专家进行论证审查。

经过修改或补充的施工组织设计，原则上需经原审批级别重新审批。

（六）施工组织设计的动态管理

（1）在项目施工过程中，发生下列情况之一时，应该及时修改或补充施工组织设计：

① 工程设计有重大修改如地基基础或主体结构的形式发生变化，装修材料或做法发生重大变化，机电设备系统发生大的调整。需要对施工组织设计进行修改；对工程设计图纸的一般性修改，视变化情况对施工组织设计进行补充；对工程设计图纸的细微修改或更正，施工组织设计则不用调整。

② 有关法律、法规、规范和标准实施、修订和废止。

③ 主要施工方法有重大调整。

④ 主要施工资源配置有重大调整，对施工进度、质量安全、环境、造价等造成潜在的重大影响时。

⑤ 施工环境有重大改变，如施工延期造成季节性施工方法变化，施工场地变化造成现场布置和施工方式改变等，致使原来的施工组织设计已不能正确地指导施工。

（2）经修改或补充的施工组织设计应重新审批后才能付诸实施。

（3）项目施工前，要对施工组织设计进行逐级交底；项目施工过程中，要对施工组织设计的执行情况进行检查、分析并适时调整。

（4）竣工验收后，应按照建设工程资料归档的有关规定归档。

第三章　项目施工准备工作

本章重点介绍施工准备工作的内容和要求。通过对本章内容的学习，掌握施工高速铁道施工准备工作的相关基本知识，熟悉技术资料准备及原始资料的调查分析，了解施工现场准备、施工队伍及物资准备、季节施工准备等工作。

第一节　施工准备工作概述

一、施工准备工作的意义

施工准备工作是指从组织、技术、经济、劳动力、物资等各方面为了保证建筑工程施工能够顺利进行，事先应做好的各项工作。施工准备工作是保证施工生产顺利完成的战略措施和重要前提，它不仅存在于开工之前，而且贯穿于施工的全过程。现代的高速铁路施工是一项十分复杂的生产活动，它不但需要耗用大量的材料、使用许多机具设备、组织安排各种工人进行生产劳动，而且还要处理各种复杂的技术问题、协调各种协作配合关系，可以说涉及面广、情况复杂、千头万绪。如果事先缺乏统筹安排和准备，势必会形成某种混乱，使工程施工无法正常进行。而事先全面细致地做好施工准备工作，则对调动各方面的积极因素、合理组织人力和物力、加快施工进度、提高工程质量、节约资金和材料、提高经济效益都会起到重要的作用。

大量实践经验已证明，凡是重视和做好施工准备工作并能够事先细致周到地为施工创造一切必要的条件，则该工程的施工任务就能够顺利完成；反之，如果违背施工程序，忽视施工准备工作，工程仓促上马，则虽有加快工程施工进度的良好愿望，也往往造成事与愿违的实际效果。因此，严格遵守施工程序，按照客观规律组织施工，做好各项准备工作，是施工顺利进行和工程圆满完成的重要保证。一方面可以保证拟建工程施工能够连续、均衡、有节奏、安全地进行，并在规定的工期内交付使用；另一方面在保证工程质量的条件下能够做到提高劳动生产率和降低工程成本。

二、施工准备工作的分类与内容

（一）施工准备工作的分类

施工准备工作的分类方式有多种，常见的分类方式有如下两种。

1. 按准备工作范围分

（1）全场性施工准备。它是以一个建筑工地为对象而进行的各项施工准备，目的是为全场性施工服务，也是兼顾单位工程施工条件的准备。

（2）单位工程施工条件准备。它是以一个建筑物为对象而进行的施工准备，目的是为该单位工程施工服务，也是兼顾分部分项工程施工作业条件的准备。

（3）分部分项工程作业准备。它是以一个分部分项工程或冬、雨季施工工程内容为对象而进行的作业条件准备。

2. 按工程所处施工阶段分

（1）开工前的施工准备。它是在拟建工程正式开工前所进行的一切施工准备，目的是为正式开工创造必要的施工条件。

（2）开工后的施工准备。它是在拟建工程开工后各个施工阶段正式施工之前所进行的施工准备，目的仍是为施工生产活动创造必要的施工条件。

（二）施工准备工作的内容

施工准备工作的内容一般可以归纳为以下 5 个方面：
（1）调查研究。
（2）技术经济资料的准备。
（3）施工现场的准备。
（4）施工队伍及物资的准备。
（5）季节施工的准备。

三、施工准备工作的要求

为了做好施工准备工作，应注意以下几方面的具体措施。

（1）编制施工准备工作计划。

要编制详细的计划，列出施工准备工作的内容以及要求完成的时间和责任人等。由于各项准备工作之间有相互依存的关系，单纯的计划难以表达清楚，还可以编制施工准备工作网络计划明确关系并找出关键工作。利用网络图进行施工准备期的调整，尽量缩短时间。

施工准备工作计划，应当在施工组织设计中予以安排，作为施工组织设计的基本内容之一，同时注重施工过程中的统筹安排。

（2）建立严格的施工准备工作责任制与检查制度。

由于施工准备工作项目多、范围广，有时施工准备工作的期限比正式施工期限还要长，因此必须有严格的责任制。要按计划将责任明确到有关部门甚至个人，以保证按计划要求的内容及完成时间进行工作。同时明确各级技术负责人在施工准备工作中应负的领导责任，以便推动和促使各级领导认真做好施工准备工作。

（3）施工准备工作应取得建设单位、设计单位及各有关协作配合单位的大力支持，将建设、设计、施工三方面结合在一起，并组织土建、专业协作配合单位，统一步调，分工协作，以便共同做好施工准备工作。

（4）施工准备工作应做好的4个结合：

① 设计与施工相结合。

设计与施工两方面的积极配合，对加速施工准备是非常重要的。双方应互通情况，通力协作，为准备工作快速、准确创造有利条件。

设计单位出图时，尽可能按施工程序出图。对规模较大的工程和特殊工程，首先提供建筑总平面图、单项工程平面图、基础图，以利于及早规划施工现场，提前进行现场准备。对于地下管道多的工程，先设计出主要的管网图及交通道路的施工图，以利于现场尽快实现"三通一平"，便于材料进场和其他准备工作。

② 室内准备与室外准备相结合。

室内准备与室外准备应并举，相互创造条件。室内准备工作主要抓熟悉施工图纸和图纸会审，编制施工组织设计、设计概算、施工图预算等。室外准备工作要加紧对建设地区的自然条件和技术经济条件进行调查分析，尽快为室内准备工作提供充分的技术资料。同时要做好现场准备工作、现场平面布置及临时设施等，施工组织设计确定一项，准备一项，以争取时间。

③ 土建工程与专业工程相结合。

施工准备工作必须注意土建工程与专业工程相结合。在明确施工任务，拟订出施工准备工作的初步规划以后，应及时通知水电设备安装等专业施工单位及材料运输等部门，组织他们研究初步规划，协调各方面的行动。使准备工作规划更切合实际，各有关单位都能做到心中有数，并及时做好必要准备，以利于互相配合。

④ 前期准备与后期准备相结合。

由于施工准备工作周期长，有一些是开工前所做的，有一些是在开工后交叉进行的。因此，既要立足于前期的准备工作，又要着眼于后期的准备工作。要统筹安排好前期、后期的准备工作，把握时机，及时做好近期的施工准备工作。

第二节　施工调查

一、调查研究的目的

由于高速铁路工程施工涉及的单位多、内容广、情况多变、问题复杂，其地区特征、技术经济条件各异，原始资料上的某些差错往往会导致严重的后果。此外，只有使用正确的原始资料才能够做好施工方案、合理确定施工进度,才能正确地做出各项资源计划和施工现场的安排。因此,为了编制出一个符合实际情况、切实可行、质量较高的施工组织设计,必须首先通过实地勘察与调查研究,掌握正确的原始资料,并对这些原始资料进行细致认真的分析研究,以便为解决各项施工组织问题提供正确的依据。

调查工作开始之前,应拟订调查提纲,使之有目的、有计划地进行。调查范围的大小,应根据拟建工程的规模、复杂性和对当地情况的熟悉程度的不同而定。对新开辟地区应调查得全面些,对熟悉地区或掌握了大量情况的部分,则可酌情从略。

二、调查研究的主要内容

调查研究与收集资料就是对高速铁路工程建设情况以及有关的技术经济条件做出全面的了解并为掌握有关的原始资料而进行的准备工作。其主要内容有以下几个方面。

1. 高速铁路工程建设情况和有关设计概况的调查

高速铁路工程建设情况和有关设计概况的调查是向建设单位与勘察设计单位进行的调查工作。工程建设情况和有关设计概况的调查内容和目的见表3-1。

表3-1 建设单位与施工单位调查表

序号	调查单位	调查内容	调查目的
1	建设单位	1. 建设项目设计任务书、有关文件; 2. 建设项目的性质、规模、生产能力; 3. 生产工艺流程、主要工艺设备名称及来源、供应时间、分批和全部到货时间; 4. 建设期限、开工时间、交工先后顺序、竣工投产时间; 5. 总概算投资、年度建设计划; 6. 施工准备工作内容、安排、工作进度	1. 施工依据; 2. 项目建设部署; 3. 主要工程施工方案; 4. 规划施工总进度; 5. 安排年度施工计划; 6. 规划施工总平面; 7. 占地范围
2	设计单位	1. 建设项目总平面规划; 2. 工程地质勘察资料; 3. 水文勘察资料; 4. 项目建筑规模、建筑、结构、装修概况、总建筑面积、占地面积; 5. 单项(单位)工程个数; 6. 设计进度安排; 7. 生产工艺设计、特点; 8. 地形测量图	1. 施工总平面图规划; 2. 生产施工区、生活区规划; 3. 大型暂设工程安排; 4. 概算劳动力、主要材料用量、选择主要施工机械; 5. 规划施工总进度; 6. 计算平整场地土石方量; 7. 地基、基础施工方案

2. 工程所在地自然条件的调查

工程所在地自然条件的调查就是对工程所在地区的自然条件进行的调查工作，如对当地的气候、地址、地貌等条件的调查。工程所在地自然条件的调查内容和目的见表 3-2。

表 3-2　工程所在地自然条件调查表

序号	调查单位	调查内容	调查目的
1	气温	1. 年平均、最高、最低、最冷、最热月逐日平均温度； 2. 冬季室外计算温度； 3. -3 ℃、0 ℃、5 ℃的天数、起止时间	1. 确定防暑降温的措施； 2. 确定冬季施工措施； 3. 估计混凝土、砂浆强度
2	雨（雪）	1. 雨季起止时间； 2. 月平均降雨（雪）量、最大降雨（雪）量、一昼夜最大降雨（雪）量； 3. 全年雷暴天数	1. 确定雨期施工措施； 2. 确定工地排水、防洪方案； 3. 确定工地防雷措施
3	风	1. 主导风向及频率（风玫瑰图）； 2. ≥8 级风的全年天数	1. 确定临时设施的布置方案； 2. 确定高空作业及吊装的技术安全措施
4	地形	1. 区域地形图：1/10 000～1/25 000； 2. 工程位置地形图：1/1 000～1/2 000； 3. 该地区城市规划图； 4. 经纬坐标桩、水准基桩位置	1. 选择施工用地； 2. 布置施工总平面图； 3. 场地平整及土方量计算； 4. 了解障碍物及其数量
5	地质	1. 钻孔布置图； 2. 地质剖面图，土层类别、厚度； 3. 物理力学指标：天然含水率、空隙比、塑性指标、渗透系数、压缩试验及地基土强度； 4. 地基的稳定性：断层滑块、流沙； 5. 最大冻结深度； 6. 地基土破坏情况，钻井、古墓、防空洞及地下构筑物	1. 土方施工方法的选择； 2. 地基土的处理方法； 3. 基础施工方法； 4. 复核地基基础设计； 5. 拟订障碍物拆除方案

3. 工程所在地技术经济条件的调查

工程所在地技术经济条件的调查，就是对工程所在地的有关资源、经济、运输、供应、生活等方面技术经济条件进行全面的了解，使企业能够根据这些技术经济条件来合理安排施工生产和职工生活。

4. 建设地区的能源调查

能源一般指水源、电源、蒸汽等。能源资料可向当地城建、电力、电话（报）局及建设单位等进行调查，主要用作选择施工用临时供水、供电和供汽的方式，提供经济分析比较的依据。

5. 建设地区交通条件的调查

交通条件一般包括铁路、公路、水路、航空等多种运输方式。交通资料可向当地铁路、交通运输和民航等管理单位的业务部门进行调查，主要用作组织施工运输业务、选择运输方式、提供经济分析比较的依据。建设地区交通条件的调查内容和目的见表3-3。

表 3-3　建设地区交通条件调查表

序号	调查单位	调查内容	调查目的
1	铁路运输	1. 邻近铁路专用线、车站至工地的距离及沿途运输条件； 2. 站场卸货长度，超重能力和储存能力； 3. 装卸单个货物的最大尺寸、重量的限制； 4. 运费、装卸费和装卸力量	1. 选择施工运输方式； 2. 拟订施工运输计划
2	公路运输	1. 主要材料产地至工地的公路等级，路面构造宽度及完好情况，允许最大载重量； 2. 当地专业运输机构附近村镇能够提供的装卸、运输能力，运输工具的数量及效率、运费、装卸费； 3. 当地有无汽车修配厂，修配能力和至工地距离	
3	水路运输	1. 货源、工地至邻近河流、码头渡口的距离，道路情况； 2. 洪水、平水、枯水期时，通航的最大船只及吨位，取得船只的可能性； 3. 码头装卸能力，最大起重量，增设码头的可能性； 4. 渡口的渡船能力：同时可载汽车数量，能为施工提供的能力；运费、渡口费、装卸费	
4	航空运输	1. 航空运输的班次、运输能力； 2. 运费、手续费、机场建设费	

6. 主要材料等调查

主要材料的调查内容包括水泥、钢材、木材、特殊材料和主要设备。这些资料一般可向当地计划、经济等部门进行调查，主要用作确定材料供应、储存和设备订货、租赁的依据。

7. 地方资源和地方建筑施工企业调查

地方资源和地方建筑施工企业的基本情况，一般可向当地计划、经济及建设行政主管部门进行调查,主要用作确定材料、构配件、制品等货源的加工供应方式、运输计划和规划临时设施等。

8. 高速铁路施工地区社会劳动力和生活设施的调查

工程施工地区社会劳动力和生活设施的调查就是了解当地的社会劳动力、生活条件和房屋建设情况。这些资料一般可向当地劳动管理部门、商业部门、文教管理部门进行了解。

9. 气象、雨期及冬期参考资料

气象、雨期及冬期参考资料一般可向当地气象部门进行了解,可作为确定冬雨季施工的依据。

10. 机械台班产量参考指标

常见的土方施工机械、混凝土机械、起重机械及装修施工机械等,其台班产量指标见表3-4。

表3-4 土方施工机械台班产量参考指标

序号	机械名称	型号	主要性能				理论生产率		常用台班产量	
							单位	数量	单位	数量
1	单斗挖土机		斗容量/m³	反铲时最大挖深/m			m³/h		m³	
	蟹斗式	W-301	0.2	2.6(基坑),4(沟)			m³/h		m³	80~120
	履带式	W₂-30	0.3	4			m³/h	72	m³	150~250
	轮胎式	W₁-50	0.3	5.56			m³/h	63	m³	200~300
	履带式	W₂-60	0.5	5.2			m³/h	120	m³	250~350
	履带式	W₂-100	0.6	5.0			m³/h	240	m³	300~400
	履带式	W₁-100	1.0	6.5			m³/h	180	m³	400~600
	履带式		1.0						m³	350~550
2	拖式铲运机		斗容量/m³	铲土宽/m	铲土深/m	铲土厚/m				运距200~300 m时
		2.25	2.25	1.86	15	20	m³/h	22~28(运距100 m)	m³	80~120
		C₆-2.5	2.5	1.9	15	30	m³/h		m³	100~150
		C₈-6	6	2.6	15	38	m³/h		m³	250~350
		6-8	6	2.6	30	38	m³/h		m³	300~400
		C₄-7	7	2.7	30	40	m³/h		m³	250~350
3	推土机		功率/马力①	铲土宽/m	铲土深/m	铲土厚/m				
		T₁-54	54	2.28	78	15	m³/h	运距50 m		运距15~25 m

续表

序号	机械名称	型号	主要性能				理论生产率		常用台班产量	
							单位	数量	单位	数量
3	推土机	T_2-60	75	2.28	78	29	m^3/h	28	m^3	150~200
		东方红-75	75	2.28	78	26.8	m^3/h	30	m^3	200~300
		T_1-100	90	3.03	110	18	m^3/h	60~65	m^3	250~400
		移山80	90	3.10	96	18	m^3/h	45	m^3	300~500
		移山80		3.69			m^3/h	40~80	m^3	300~500
		湿地	90	可在水深40~80 cm处推土				75~80		300~500
		T_2-100	90	3.80	86	65	m^3/h	80	m^3	400~600
		T_2-120	120	3.76	100	30	m^3/h		m^3	

注：① 马力 745.699 9 W。

第三节 技术资料准备

主要学习熟悉与会审施工图纸、编制施工组织设计和标志施工图预算和施工预算等内容。技术经济资料的准备也就是通常所说的内业技术工作，其准备工作的内容一般包括熟悉与会审施工图纸、编制施工组织设计、编制施工图预算和施工预算。

在开工前及时收集各种技术资料，包括工程地质资料、施工图、工程量清单、材料工本分析或成本分析等前期准备工作。

一、熟悉与会审施工图纸

一个建筑物或构筑物的施工依据就是施工图纸。要"按图施工"，就必须在施工前熟悉施工图纸中各项设计的技术要求所在。在熟悉施工图纸的基础上，由建设、施工、设计单位共同对施工图纸组织会审。一般先由设计人员对设计施工图纸的技术要求和有关问题先做介绍和交底，在此基础上，对施工图纸中可能出现的错误或不明确的地方做出必要的修改或补充说明。

（一）熟悉施工图纸的要点

1. 基础部分

核对高速铁路施工图中关于基础留洞的位置及标高以及边坡排水方向、变形缝及防水体系的包圈及收头要求等。

2. 主体结构部分

各层所用的砂浆、混凝土强度等级,墙柱与轴线的关系,梁、柱的配筋及节点做法,钢筋的锚固要求,设备施工图和土建施工图上洞口尺寸及位置的关系。

(二)施工图纸会审的要点

(1)有无越级设计或无证设计的现象,图纸是否经设计单位正式签署。
(2)设计是否符合高速铁路规划的要求。
(3)地质勘探资料是否齐全,是否需要进行补充勘探。
(4)图纸是否齐全,图纸与图纸之间、图纸与说明之间有无矛盾和不清楚的地方,如建筑图、结构图中的标高、尺寸、轴线、坐标、预留孔洞、钢筋、预埋件、混凝土强度等级、构件数量等有无"错、漏、碰、缺"等现象。
(5)设计图纸与所选用的标准图有无矛盾。
(6)设计是否与现行规范一致,在技术上和经济上是否可行,特别是新技术的应用是否可行和必要。
(7)某些结构在施工过程中有无足够的强度和稳定性,如钢筋混凝土构件吊装时的强度和稳定性。
(8)设计是否考虑了施工技术的条件,能否按图施工,保证工程质量。
(9)设计图纸中所选用的材料在市场上能否采购到。
(10)设计是否考虑了安全施工的需要,能否保证施工的安全。
(11)设计图纸的要求和施工单位的能力是否吻合。

图纸会审后,应将会审中提出的问题、修改意见等用会审纪要的形式加以明确,必要时由设计单位另出修改图纸。会审纪要由参加会审的建设单位、设计单位、施工单位等三方签字后下发,它同施工图纸一样具有同等的效力,是组织施工、编制施工图预算的重要依据。

二、编制施工组织设计

施工组织设计是规划和指导拟建工程施工全过程的一个综合性的技术经济文件,编制施工组织设计本身就是一项重要的施工准备工作。

三、编制施工图预算和施工预算

在签订施工合同并进行了图纸会审的基础上,施工单位就应结合施工组织设计和施工合同编制施工图预算和施工预算,以确定人工、材料和机械费用并制订各种计划。有关内容详见施工预算课程。

第四节　施工队伍和施工物资准备

建筑施工生产需要消耗大量的劳动力和物资，根据准备工作计划，应积极地做好施工队伍及物资的准备工作。

一、施工队伍的准备

1. 施工现场管理人员的配备

现场管理人员是施工生产活动的直接组织者和管理者，其人员数量和素质应根据施工项目组织机构的需要，结合工程规模和实际情况而进行配备。一般规模的单位工程，设项目经理一名，施工员（即工长）一名，技术员、材料员、预算员各一名即可。对于大中型施工项目工程，则需配备完整的领导班子，包括各类管理人员。

2. 基本施工队伍的准备

基本施工队伍的准备应根据工程规模、特点，选择合理的劳动组织形式。对于高速铁路工程施工来说，一般以混合班组的形式比较合适，其特点是：班组人员较少，工人提倡"一专多能"，以某一专业工种为主，兼会其他专业工种，工序之间搭接比较紧凑，劳动效率较高。

3. 专业施工队伍的准备

对于大型工程项目一般来说其专业技术要求都比较高，应由专业的施工队伍来负责施工。如大型施工项目中机电设备安装、消防、空调、通信等系统，一般可由生产厂家负责安装和调试，而大型土石方工程、吊装工程等则可以由专业施工企业负责施工。这些都应在准备工作计划中加以落实。

4. 外包施工队伍的准备

由于建筑市场的开放，对于一些大型施工项目来说，光靠自身的施工队伍来完成施工任务已不能满足生产的需要，因而往往需要组织一些外包施工队伍来共同承担施工任务。利用外包施工队伍大致有以下三种方式：独立承担某单位工程的施工、承担某分部分项工程的施工、以劳务形式参与本施工单位的班组施工。

以上各类人员均应通过员工培训持证上岗，逐步完善管理人员资格认证及专业工种资格认证制度。

二、施工物资的准备

高速铁路建筑工程项目的施工需耗用大量的各种物资，为保证施工生产的顺利进行，必须根据物资需用量计划及时组织好货源，办理有关的订购手续，落实有关的运输和储备，及早做好物资的准备工作。

（1）根据物资需用量计划并安排好货源。

施工物资准备的依据是物资需用量计划，物资需用量计划又是根据建筑物的规模、特征、建筑面积等通过计算而得到有关数据。对于使用量大的各种材料（如：钢材、水泥、木材、沙、石、砌块等）应尽早落实有关货源、办理有关的订购手续，并落实有关的运输条件和运输工具。各种材料入场后应进行品种、规格、数量、质量等的检查和验收，并按指定的地点进行堆放和入库。

（2）各种预制构件、钢构件，以及加工铁件的准备。

各种钢筋混凝土预制构件、钢构件以及加工铁件等，都需要及时提出品种、规格及数量的加工申请，委托有关加工单位或部门进行加工并及时组织运输到现场，以免影响正常的施工生产。

（3）施工机械和机具的准备。

此项工作应根据施工机械和机具需用量计划进行准备。施工生产所需的各种施工机械和机具，可以采取订购、租赁和自行制造等方式来进行，但无论采取哪种方式都应以满足生产要求为依据。

（4）工业生产设备的订货与加工。

对于一些需要安装工业用生产设备的建设项目，应尽早做好有关工业生产设备的落实、运输、存放以及保管等工作。对于非标准的生产设备，应组织有关部门进行加工；对于引进的国外生产设备，则需要组织人员进行技术资料的翻译和学习，并对进口设备、材料等进行检验和核对。此项工作一般由建设单位自行负责完成。

第五节　施工现场准备

施工现场准备就是一般所说的室外准备工作，它包括建立测量控制网及测量放线、拆除障碍物、"五通一平"工作、临时设施的搭设等工作内容。

一、建立测量控制网及测量放线

为了使建筑物的平面位置和高程严格符合设计要求，施工前应按总平面图的要求测出占地面积，并按一定的距离布点，组成测量控制网，以利施工时按总平面图准确地定出各建筑物的位置。控制网一般采用方格网，建筑方格网多由边长为 100~200 m 的正方形或矩形组成。如果土方工程需要，还应测绘地形图。通常，这一工作由专业测量队完成，但施工单位还需根据施工的具体需要做一些加密网点和进行建筑物的测量放线工作。

二、拆除障碍物

这一工作通常由建设单位完成，但有时也委托施工单位完成。拆除时，一定要摸清情况，尤其是原有障碍物复杂或资料不全时，应采取相应措施，防止发生事故。

架空电线、埋地电缆、自来水管、污水管道、煤气管道等的拆除，都应与有关部门取得联系并办好手续后，方可进行。场内的树木需报请有关部门批准后方可砍伐。房屋只要在水源、电源、气源等截断后即可进行拆除。

三、"五通一平"工作

"五通一平"是指在施工现场范围内平整场地、接通施工用水用电和用气及通信线路、修通施工道路等工作。"五通一平"工作一般是在施工组织设计的规划下进行的。一个新建工地如果完全等到整个工地的"五通一平"工作做完再进行施工往往是不可能的，所以，全场性的"五通一平"工作是有计划、分阶段进行的。

四、临时设施的搭设

施工现场的临时设施是为满足施工生产和职工生活所需的临时建筑物，它包括现场办公室、职工宿舍、食堂、材料仓库、钢筋棚、木材加工棚等。

临时设施的搭设，应尽量利用原有的建筑物，或先修建一部分永久性建筑加以利用，不足部分修建临时建筑。尽量减少临时设施的搭设数量，以节约费用。

第六节　劳动组织准备

根据施工进度计划，组织施工班组继续进场，并对技术性工种的施工人员进行岗位培训，实行挂证上岗，为保证工程质量和工期，派强有力的项目班子及抽调有丰富经验的班组进场施工。

建立拟建工程项目的领导机构，设立现场项目部，建立精干施工队伍，集合施工力量，组织劳动力进场，向施工队伍、工人进行施工组织设计、计划技术交底并建立健全各项管理制度。对特殊及技术工种必须持有统一考核颁发的操作作业证及技术等级证书。

一、设立现场项目部

（1）充分认识组建施工项目经理部的重要性，成立项目组织机构。

（2）施工项目经理部工人选拔思想素质高、技术能力强、一专多能的人，既能实际操作又能胜任管理。

（3）工程项目经理、项目工程师、技术总负责等均有大中专学历、中高级职称。确保使本工程项目管理机构的设置知识化、专业化，满足本工程项目的各项目要求。

（4）在劳务队伍的选择上，挑选施工经验丰富、勤劳苦干的优秀施工班组组织本项目工程的施工；对特殊及技术工种均保证持证上岗。

二、明确项目经理部领导成员职责

1. 项目经理

直接与甲方、监理、公司总部密切联系，及时请示汇报施工中有关情况，按要求及时报送每旬施工总结简报。全面负责工程实施过程，确保项目顺利建成。全面负责工程资材配备，协调理顺各部门关系。制定工程质量方针、目标，采取必要的组织、管理措施保证质量方针的贯彻执行。管理项目资金的运转，主持每月经济活动分析。直接参与对甲方的协调工作。

2. 技术总负责

全面负责工程技术、质量和安全工作，协调各专业施工技术管理。参与制定、贯彻工程质量方针。解决施工过程中出现的技术问题。负责施工过程中的质量监控。技术资料的管理。

3. 财务总负责

负责日常生产的财务管理及各种材料、设备的资金计划安排。协助项目经理做好成本控制，管理项目资金运转。负责项目经理部后勤管理工作。

第四章 施工技术管理

第一节 总 则

为强化和规范本项目的施工技术管理工作，有效地发挥科学技术在施工生产中的作用，促进施工生产，保障施工顺利进行及现场作业人员的人身安全，确保本合同段工程按期优质交付，结合项目工程实际，需制定施工技术管理办法。

一、施工技术管理的原则

（1）技术管理必须立足现实，联系实际，适应环境，增强活力，正确贯彻国家各项技术政策、规范和规程。

（2）技术管理必须围绕公司的经营管理总目标进行。

（3）技术管理必须按照客观规律办事，凡是新材料、新工艺、新技术都必须经过试验后再应用。

（4）讲究经济效益，坚持技术先进性与经济合理性相结合。

二、施工技术管理的作用

（1）保证现场施工生产符合技术规律要求，建立规范的技术工作秩序，保证施工的高效进行。

（2）通过技术管理使施工生产始终建立在先进的技术基础上，保证工程质量不断提高。

三、施工技术管理的工作流程（图 4-1）

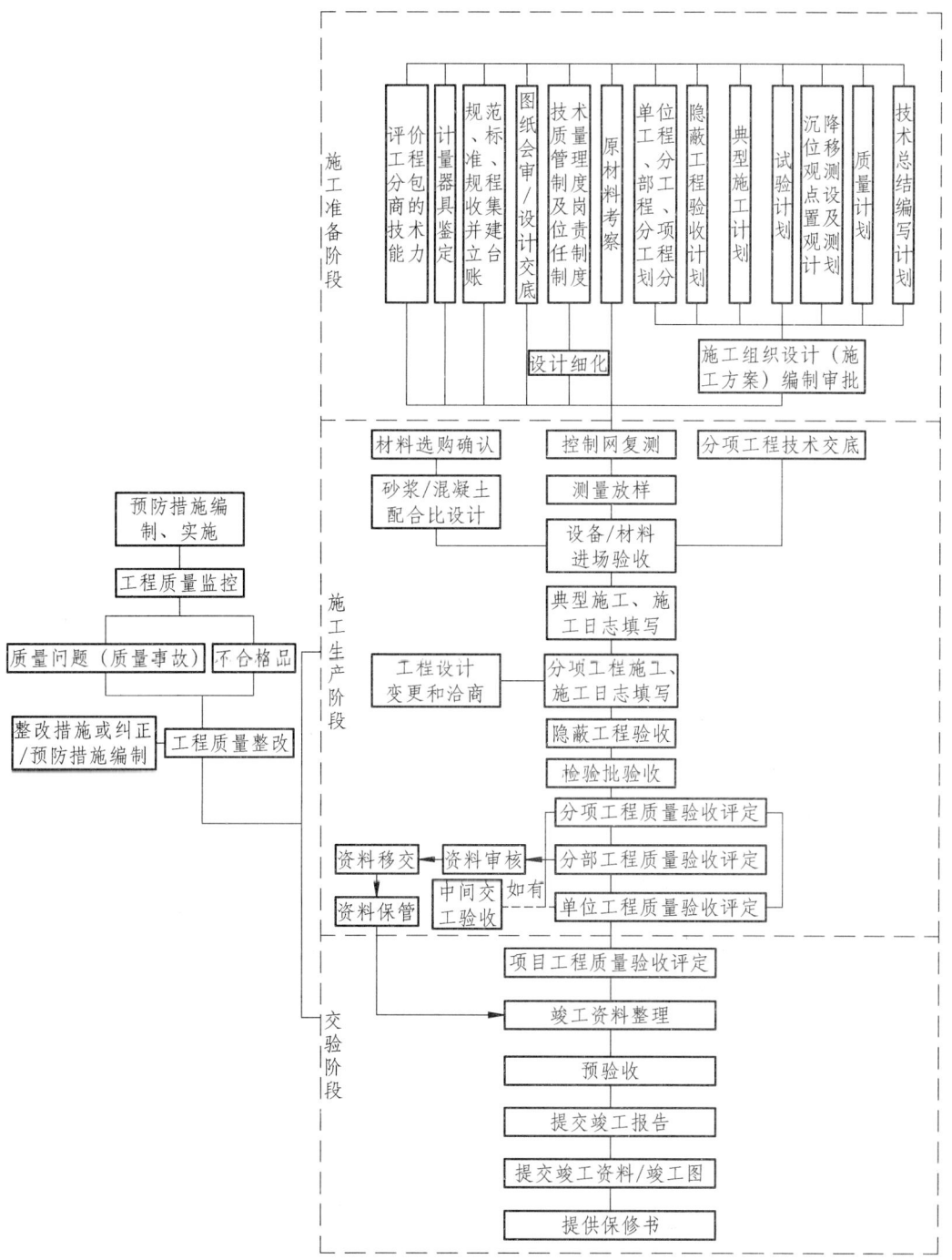

图 4-1 施工技术管理工作流程

第二节 技术管理机构及职责

一、项目部的技术管理实行两级管理体制

项目部技术管理工作由总工程师总体负责,项目部工程部对段内路基、箱涵、路面工程和桥梁工程实施技术监控和管理,并负责其关键过程、关键施工的指导和监控,各工区由其技术主办负责落实项目部技术管理。项目部与各工区对口业务人员之间,在业务上是指导、督促、检查的关系。项目部下达的通知、要求,各工区技术主办要认真落实,并督促按要求实施。

二、施工项目技术质量职责分工(表4-1)

表4-1 施工项目技术质量职责分工

项目		职责分工						
		施工员	试验员	技术员	质量员	测量员	材料员	资料员
施工准备阶段	评价工程分包商的技术能力			☆	☆			
	计量器具鉴定		★		☆			
	规范、标准、规程收集并建立台账			★				☆
	图纸会审/设计交底	☆		★	☆			
	技术质量管理制度及岗位责任制制定	☆	☆	★	☆	☆	☆	
	原材料考察		☆		☆		★	
	单位工程、分部工程、分项工程划分	★		☆	☆			
	隐蔽工程验收计划	☆		☆	★			
	典型施工计划	★		☆	☆			
	试验计划		★	☆				
	沉降位移观测点设置及观测计划	★		☆	☆	☆		
	质量计划	☆	☆	☆	★			
	技术总结编写计划	☆	☆	★	☆	☆		
	设计细化	★		☆	☆			
	施工组织设计(施工方案)编制审批	★	☆	☆	☆			
施工生产阶段	材料选购确认	☆	☆	★	☆			
	砂浆、混凝土配合比设计		★	☆	☆			
	控制网复测	☆		☆		★		
	测量放样	☆				★		

续表

项 目		职责分工						
		施工员	试验员	技术员	质量员	测量员	材料员	资料员
施工生产阶段	技术交底	★		☆	☆			
	设备/材料进场验收	☆	☆		☆		★	
	新技术的开发及推广应用	☆	☆	★	☆	☆	☆	
	典型施工、施工日志填写	★	☆	☆	☆	☆		
	工程设计变更和洽商	☆		★				
	分项工程施工、施工日志填写	★	☆	☆	☆	☆		
	施工工序交接记录	★			☆			
	隐蔽验收	★			☆			
	检验批验收	★			☆			
	分项工程质量验收评定	★			☆			
	分部工程质量验收评定	★			☆			
	单位工程质量验收评定	★			☆			
	资料审核	☆	☆	☆	★			
	资料移交	☆	☆	☆	☆	☆		★
	资料保管	☆	☆	☆	☆	☆		★
	中间交工验收	★	☆	☆	☆	☆		☆
	项目工程质量验收评定	☆	☆	☆	☆	☆		☆
	不合格品控制	★	☆		☆		☆	
交验阶段	竣工资料整理	☆	☆	☆	★	☆		☆
	预验收	☆	☆	☆	☆	☆		
	提交竣工报告	☆		☆	☆			
	提交竣工资料/竣工图				☆			★
	提供保修书	☆			☆			

注：1. "★"为主要职责部门/责任人，"☆"为相关部门/责任人。
2. 典型施工包含：道路工程的试验段施工；房屋建筑工程的样板施工。
3. 设计细化包含：道路工程的土石方调配；房屋建筑工程的细部节点设计。

1. 项目部工程管理部职责

（1）认真贯彻执行国家和地方制定的技术政策、上级及业主、设计、监理单位颁发的管理规定和办法。贯彻执行上级颁发的技术规范及规则、标准以及项目管理计划中的有关规定。

（2）组织工程实施及施工技术、进度管理，对现场安全、质量、文明施工负责。

（3）《施工组织设计》及《专项施工方案》的编制、申报及调整。

（4）工程计划统计、工程量计算与签认。

（5）图纸会审、施工技术交底、安全技术交底、典型施工、工艺研讨与优化、工艺纪律落实、工序交验、施工记录等项目过程控制工作。

（6）推广新工艺、新技术、新材料的应用。

（7）工程量清单及图纸核查、设计变更及资料呈报、过程记录及保存工作。

（8）分包队伍的现场施工管理。

（9）参与组织工程验收，交（竣）工资料的编制及归档工作。

（10）编写施工技术总结。

（11）对隐蔽工程、重点工序进行过程控制，确保施工质量。

（12）组织技术人员进行业务学习，学习规范，临时工程设计，临时结构计算，开展讨论交流活动。明确施工中各个分项、分部施工技术要求、施工方法和质量标准等要求，并以此组织施工、检验、评定和验收，确保安全施工。

2. 各工区技术主办职责

（1）认真贯彻执行国家制定的技术政策、业主、设计、监理单位及上级颁发的技术规范及规则、标准以及项目管理计划中的有关规定。

（2）协助项目经理部抓好施工现场管理，负责各工区施工生产的组织指挥与技术管理。

（3）落实工程部编写的实施性施组、典型施工方案及技术交底书。

（4）落实安质部对危险性较大的分部、分项工程编制的安全专项施工方案。

（5）落实项目部制定的工程质量规划，协同项目部处理施工过程中的一般不合格品，产生严重不合格品时，负责纠正和预防措施的实施。

（6）根据项目部对现场质量、环境、职业健康安全、施工进度进行的检查和评比结果，落实各项具体的整改措施。

（7）处理好同业主、设计、监理单位之间的关系，组织做好变更、索赔相关资料的收集和整理。

（8）做好施工现场技术管理和原始技术资料的搜集、完善和归档工作，并按要求报工程部。

（9）按施工设计图、设计规范和具体的操作规程向所属各班组作业层进行交底，及时处理施工中出现的技术问题。检查督促技术工作开展情况，保证施工生产顺利进行。

（10）协同工程部审核施工设计图，发现问题及时向工程部反映。

（11）组织工区技术人员和现场操作人员进行有关工序和工艺的技术革新，达到节约成本和减轻劳动强度的目的，提高技术水平。

（12）负责对现场工程地质、水文地质进行复核和预报，实施信息化管理，确保施工安全。对隐蔽工程、重点工序进行过程控制,确保工程质量。

(13)参与编制竣工文件、竣工验收。

第三节　施工技术管理内容

一、审核设计文件

接到设计文件和施工资料,要办理交接手续。收到施工资料、施工图应进行审核。

1. 审核目的

了解设计标准及设计意图,熟悉设计内容,对设计文件中的错、碰、漏或与实际不符之处,及时向总工汇报。

2. 审查内容

(1)图纸是否为正式施工图并经有关各方正式签章。

(2)设计是否符合国家有关经济政策、技术标准;消防和环保是否满足要求。

(3)工程地质和水文地质资料是否齐全,是否符合实际;设计地震烈度是否符合项目所在地要求。

(4)设计图纸与说明是否齐全完整;所采用的标准图与设计图有无矛盾;各种材料、构件的标记(材质、规格、尺寸等)有无错误;现场地形(线路方案、结构物位置、孔跨)与设计图有无矛盾。

(5)几个单位共同设计的,相互之间有无矛盾;专业之间的衔接及平、立、剖面图之间是否有矛盾;标高是否有遗漏、差错等。

(6)平、纵面与施工图的几何尺寸、平面位置、标高等是否一致。

(7)线路控制桩施工复测情况。

(8)征用地界限,拆迁、补偿数量与实际是否相符。

(9)有关合理化建议等。

3. 审核要求

(1)审核设计文件必须与施工组织设计相结合,使设计中所要求的技术标准,在施组中从工期、质量、安全等方面得以保证。

(2)校对、计算并列出材料数量汇总表,并根据施工组织提交分阶段的材料消耗数量。

(3)设计文件到达后,项目部组织人员应在一周内完成设计文件审核工作,并将《设计文件审核记录》整理归档。

二、施工图现场核对

为最大限度地纠正和避免因施工图与现场实际不一致及工点设置不合理而造成的损失乃至造成工程隐患，在工点开工前进行施工图现场核对，完善施工图设计，确保工点设置合理，强化使用功能，合理使用投资。

1. 组　织

由总工牵头，工程部组织各技术员及各工区分包单位负责人参加，共同现场考察。

2. 核对条件

在设计、施工单位完成现场交接桩，经现场复测无误，且段内的施工图纸已到位的情况下，才具备现场核对条件。

3. 核对内容

路基：现场地形、地貌与设计图纸是否有重大出入，是否预留相应的人行、机耕、过水通道。

桥梁：主要是结合现场地形地质条件，核对优化桥台位置、梁底标高、承台顶标高、桥墩坡比、桥梁孔/跨长度及桩位坐标的准确性。

4. 核对程序

（1）先按照施工图现场放样。要求桥梁应放出墩台（跨越潮白新河河堤、入塘输水管线及其他障碍物两侧的墩台）位置，轮廓线。

（2）对现场核对情况及时优化，并向业主上报核对优化申请报告。

5. 具体要求

（1）经现场核对无需完善的工点才能申请开工。已确定需完善的工点均纳入变更设计管理。

（2）如现场需要补充地形资料，3日内提交复测结果给业主、设计单位。

（3）填写各专业现场核对表，参加核对的各执一份，并作为技术管理文件的依据之一，妥善保存。

三、施工组织设计

（1）施工组织设计是指导施工活动、保证基本建设工作正常进行的主要技术文件之一，是围绕一个工程项目或一个单项工程规划施工进程、协调各施工环节相互关系、决定主要施工方法的战略性或战术性部署。

（2）开工前必须编制实施性施工组织设计，提出项目施工安排，并根据施工工序编制工序作业指导书。

（3）编制内容说明：

① 编制依据。

A. 国家和项目主管部门批准的建设文件（名称及文号）。

B. 甲乙双方签订的合同、有关协议及补充文件。

C. 设计文件（名称及文号）。

D. 本工程采用的技术规范及标准（名称及文号）。

E. 公司综合管理体系的要求。

F. 适用于本工程的有关职业健康安全及环保的法律法规等。

② 编制说明。

A. 工程概况。

a. 工程的地理位置。

b. 工程概述：主要叙述该工程的用途、规模、结构型式等。

c. 主要工程数量（应分类汇总）。

d. 工程的开工、竣工日期，工程质量要求。

e. 自然条件概述：水文条件、工程地质情况、气象情况、地震情况等。

B. 总体施工部署。

a. 工程任务划分和施工组织机构（以框图表示）。

b. 施工总体安排。

c. 主要施工总流程（以框图表示）。

d. 工程的主要目标。

e. 施工测量、试验。

f. 施工程序：征地拆迁、场地清理、测量放线、现场核对及优化、开工报告、工程实施、施工自检、报验签证、质量评定、工程验收、土地复耕、工程保修。

C. 各"单位工程施工组织设计"编制计划安排。

D. 工程项目总体进度计划安排。

a. 各单位工程的节点工期及总工期。

b. 关键工序的节点工期。

c. 不同类别工程交叉、衔接工期及具体要求。

E. 施工总平面布置。

根据投标阶段施工组织设计的总平面图进行必要的细化，并应有文字说明，阐述布置的原则。施工总平面图应包括并标明：

a. 已有建筑物、构筑物、电缆等（用虚线绘制）。

b. 拟建永久性建筑物、构筑物、电缆等（用细实线绘制）。

c. 临时供水、供电、施工道路、排水系统等（用粗实线绘制）。

d. 施工大小临时建筑物（用粗实线绘制）。

e. 施工基线（平面控制网）、施工水准点（高程控制网）等（用粗实线绘制）。

f. 文字说明。

F. 主要分项或关键工序施工方法简述。

G. 其他需要说明的问题。

H. 冬雨季施工方案。

I. 工期保证措施。

J. 安全保证措施及应急预案。

K. 环境保护、文明施工措施。

（4）施组编制完毕后，总工应组织技术人员、试验人员、安质人员、计合人员对方案进行评审，并进行修改、完善后报分公司审批，通过后报监理单位、业主批准。

四、技术交底

技术交底是技术管理工作的一项重要内容，项目各分部分项工程开工前，结合具体技术标准，提前向下属各工区进行技术交底。

（1）设计单位对本标段进行技术交底时，项目部要做好记录。目的在于弄懂设计意图及工程特点，以便发现问题、提出改善意见。交底过程和有关部门处理意见应做详细记录，写成正式文件或会议纪要，作为交底工作和处理有关问题的依据。技术交底会议纪要妥善保管，并作为竣工资料列入工程档案。

（2）各工区在工程开工前，项目部工程管理部应根据设计文件编制相关技术交底，并负责向下属各工区进行技术交底，其主要内容为：工程分布、工程名称、工程数量、结构尺寸、施工大样图、质量标准、操作方法、施工顺序和工序衔接；工程技术标准、技术要求；施工中的注意事项；保证质量和安全的措施；施工准备；施工计划；施工安全措施；工地布置；辅助工作的安排；重、难点工程的施工方法，保证措施，并应现场示范指导，重要工序要有工序作业指导书。

（3）技术交底必须以书面文字和图表形式进行，坚持复核制度，交底书应交至作业层，并对交底过程留下签字及影像记录。没有进行技术交底的工程，不准施工。

（4）为有效地理解设计意图，事先发现设计问题，掌握施工控制细节，特做如下要求：技术人员在施工现场进行技术交底和技术指导时，事先应做到对技术交底内容相关的施工设计图纸、施工相关资料了如指掌，并做好有关内容的书面记录，为现场工作打好基础。严禁直接携带施工设计图上工地进行技术交底和技术指导工作。

现场技术管理必须坚持深入一线、服务一线的指导思想。

技术人员指导施工队技术人员进行工作，必要时，直接指导现场施工，坚持三工制度，做到工前有讲解，工中有指导，工后有讲评。项目部根据各工区管辖范围内施工进展情况，按需要指派技术人员检查指导现场技术工作。做到每项工程、每道工序均有具体人员分工负责，实行全方位的技术指导。对施工中，由于技术指导失误、不及时而造成经济损失或负面影响，按项目部相关规定予以处罚。

五、变更设计

（1）变更设计严格按照业主有关要求办理。

（2）项目变更设计管理按招标文件和合同条款执行并提前策划。策划工作由项目经理负责，总工程师牵头，工程部、计合部实施。合同签订后，总工程师应立即组织工程部、计合部进行合同研究，了解投标情况，并认真踏勘现场，仔细审查施工图纸，制定变更设计策划方案。

（3）业主单位或委托监理单位的会商由项目部有关人员参加。

（4）各工区要积极配合变更设计的进行，提供必要的基础资料，以便于变更设计的顺利进行。

（5）工程部建立变更设计电子档案，对变更设计进行实时、有效地管理。

（6）变更设计文件在工程部存 1 份，分包单位存 1 份，计合部存 1 份。

六、技术资料管理

（1）技术资料管理的依据：质量手册，程序文件，建设部、交通运输部现行的规范、标准，业主、监理下发的有关资料管理的要求，以及与业主签订的合同有关条款。

（2）技术资料管理实行集中管理，分别编制的办法。集中管理由工程部集中管理，各工区技术主办负责管辖范围内工程资料的编制。

（3）工程部负责技术资料归档，安质部负责质量验收资料归档，各工区负责技术资料收集、整理。

（4）各类技术文件及资料，包括各种标准图、设计图、变更设计图（蓝图），均由工程部统一编号，统一发放管理；需要借阅时，必须办理借阅文件资料登记手续，用后必须按期归还。

（5）资料的填写要求：

① 工程项目、部位、地点要清楚、具体，使人一目了然。

② 保证数据的真实性、可追溯性和合格的频率。

③ 各种记录、工程检查证及单位、分部、分项工程质量评定等各类表格均按监理工程师统一下发的表格填写。

④ 填写格式严格遵照有关规定，不得随心所欲。填写内容不得涂改。不得出现外单位人员签名。所有表格采用计算机打印，填写一律采用碳素墨水填写，严禁采用复写纸复写和纯蓝墨水、圆珠笔、水笔、铅笔等。

⑤ 内业资料的整理与施工进度同步进行，归档时按单位工程分别归档，含各类试验资料、原材料质量保证资料、检查证、施工记录、工程日志、开工报告等。每个

单位工程的原始资料以资料盒（袋）分别存放。

⑥原始资料和竣工文件坚持"谁施工谁负责收集整理"的原则。技术员调离更换必须在总工的主持下执行严格的资料交接手续，项目部负责原始数据的收集、整理、归档，检查各类技术资料之间是否相互矛盾。

（6）技术资料管理控制要点：

①总的指导思想：严格执行有关规定及要求，对不合格资料立即返还重做。

②收集或接收时做到以下"三查"：

一查完整率：项目是否齐全（该填的表格是否都有），附件及证明材料是否齐全。

二查正确性：所有相关项目数据是否一致，检查频率是否足够。

三查合格率：是否采用标准表格；填写是否规范；有无涂改，字迹是否清晰。

③资料管理过程中要做到"四及时"：收发及时登记；签字完整及时入卷；到期及时更新（如试件到期的，及时填入相关资料）；有问题及时汇报。

（7）测量队、试验室资料由测量队、试验室各自负责填写、收集、整理、保管。

（8）实行档案资料走向登记制度，收到每份档案资料及时登记，上交资料由收到人签字，收到返还资料及时在档案资料走向登记表中注明。

（9）把声像资料管理作为资料管理的重要内容。项目经理部及各工区的施工照片和录像要反映施工全过程，资料要做好说明和标识并分类存放。对工程的关键施工工序，应及时做好施工全过程各阶段的声像录制工作，同时要认真剪辑整理，妥善保管。

七、施工日志

（1）施工日志应如实、详细、认真填写，与施工现场保持同步。施工日志填写应书写规范，字迹清楚。

（2）施工日志中记录内容包括：基本内容、工作内容、检查内容、其他内容。

基本内容：

①日期、星期、气象、平均温度。

②施工部位，施工部位应将分部、分项工程名称和部位写清楚。

工作内容：

①施工工事（开工、停工、复工的日期和简况）、当日施工内容及实际完成情况。

②施工现场有关会议的主要内容。

③有关领导、主管部门或各种检查组对工程施工技术、质量、安全方面的检查意见和决定。

④建设单位、监理单位对工程施工提出的技术、质量要求、意见及采纳实施情况。

⑤主要施工效率资料（机械设备、人工等）。

检查内容：

①隐蔽工程检查情况。应写明隐蔽的内容、分项工程、验收人员、验收结论等。

② 试块制作情况。应写明试块名称、部位、试块组数。

③ 材料进场、送检情况。应写明批号、数量、生产厂家以及进场材料的验收情况，以后补上送检后的检验结果。

④ 质量检查情况：地质描述、当日砼浇注及成型、钢筋安装及焊接、模板安拆等的质量检查和处理记录；砼养护记录，砂浆、砼外加剂掺用量；质量事故原因及处理方法，质量事故处理后的效果验证。

⑤ 参加施工的人员、施工方法、机具设备情况。

⑥ 安全检查情况及安全隐患处理（纠正）情况。

⑦ 工程进度情况。

⑧ 测量放样情况。

⑨ 上级、监理、建设单位或地方政府在此的活动情况。

⑩ 其他检查情况，如文明施工及场容场貌管理情况等。

其他内容：

① 设计变更、技术核定通知及执行情况。

② 施工任务交底、技术交底、安全技术交底情况。

③ 停电、停水、停工情况。

④ 施工机械故障及处理情况。

⑤ 冬雨季施工准备及措施执行情况。

⑥ 施工中涉及的特殊措施和施工方法、新技术、新材料的推广使用情况。

在填写过程中应注意一些细节：

① 书写时一定要字迹工整、清晰，最好用仿宋体或正楷字书写。

② 当日的主要施工内容一定要与施工部位相对应。

③ 养护记录要详细，应包括养护部位、养护方法、养护次数、养护人员、养护结果等。

④ 焊接也要详细记录，应包括焊接部位、焊接方式（电弧焊、电渣压力焊、搭接双面焊、搭接单面焊等）、焊接电流、焊条（剂）牌号及规格、焊接人员、焊接数量、检查结果、检查人员等。

⑤ 其他检查记录一定要具体详细，不能泛泛而谈。

⑥ 停水、停电一定要记录清楚起止时间，停水、停电时正在进行什么工作，是否造成损失。

（3）施工日志由施工员按照单位工程填写，施工日志应逐日填写不得中断，每本施工日志填写完毕后交由资料员保管。

（4）中途发生人员变动，应当办理交接手续，保持施工日记的连续性、完整性。

八、施工技术总结

（1）施工技术总结包括综合性的工程总结和重点工程总结，由总工程师组织编制。

（2）施工技术总结内容主要包括：工程概况、自然条件、主要技术条件及标准、施工方法、重点施工技术方案和处理措施及实施效果、重大设计变更，包括方案的优化选择、工程质量、施工安全、机械设备的使用情况、主要经济技术指标、采用的先进技术和工艺的经济比较结果、技术性能、关键技术问题和对象、与国内外先进技术相比达到的先进程度、质量要求和实际达到的情况等。

九、竣工文件

竣工文件的编制按国家、地方相关要求及分公司《技术资料管理办法》的要求执行。项目部在开工后要及时成立竣工文件编制小组，总工程师任组长，并对组员进行分工，协作完成。

第四节　现场施工技术管理

抓好现场施工技术管理工作，对保证工程质量，提高劳动效率，降低工程造价有极大的促进作用。因此项目部要高度重视，严格执行有关规定，力争施工技术管理水平更上一层楼。

加强现场技术复核制度。项目部总工对各自本标段的施工测量负有复核责任。具体操作是：施工前由总工对测量队进行测量技术交底，测量工作结束后，测量队长负责整理测量成果，总工复核放样结果、签字。

按规定逐级审批、上报开工报告。

工程项目正式开工前，要做好施工准备工作，严格按照总监办下发的"开工报告明细表"执行。开工要具备的条件有：

（1）测量放线工作已完成。
（2）按规定完成了施工图现场核对。
（3）施工场地达到规定要求。
（4）进场人员、材料满足施工需要。
（5）已明确该单位工程的现场技术负责人。
（6）施工机具设备已按投标承诺进场，满足施工需要，并已安装调试就绪。
（7）完成了进场材料检验、水质化验、配合比选定等必要的试验检测工作。
（8）已上报单位工程施工组织设计和作业指导书。
（9）其他应做的准备工作。

抓好施工现场的标准化管理水平，实现科学管理，要做到标准明确、设施健全、操作规范。

做好技术创新工作，在实践的基础上对各施工工序、施工工艺作有利于操作和节约成本的技术改革和创新。

根据工程特点，现场施工技术管理要重点抓好以下几点：

（1）桥梁施工。

① 应特别重视基底地质核对处理和现场情况调查工作，及时优化设计方案。

② 墩台身应采用大块整体钢模，并具有足够的强度、刚度和稳定性。板面必须平整，连接要紧密，拼缝应严密不漏浆。

③ 钻孔灌注桩的施工时要严格控制泥浆的比重及钻孔的速度防止塌孔，浇筑水下混凝土时要控制混凝土配比、坍落度及导管的提升速度，保证成桩质量。

④ 混凝土应集中拌和，拌和地点必须配备自动计量设备。砂浆拌和一律采用机械拌和。

⑤ 按要求做好墩身沉降观测桩的设置。

（2）路基施工。

① 清淤过程中，不可出现软弹。

② 土工格栅必须绑扎牢固，不可褶皱、漏绑。

③ 加强含水量控制，施工员现场跟踪检测含水量以控制现场路基填土。

④ 加强灰剂量控制，实验员现场抽取灰土进行灰剂量试验，对不符合设计要求的立即通知现场施工人员掺加石灰。

⑤ 测量人员现场跟踪路基填土高程及路基中线边线。

⑥ 加强压实度控制，对达不到设计要求的区域必须采取措施进行处理。

第五章 施工项目施工质量控制

质量是建设工程项目管理的主要控制目标之一。建设工程项目的质量控制，需要系统有效地应用质量管理和质量控制的基本原理和方法，建立和运行工程项目质量控制体系，落实项目各参与方的质量责任，通过项目实施过程各个环节质量控制的职能活动，有效预防和正确处理可能发生的工程质量事故，在政府的监督下实现建设工程项目的质量目标。

本章内容主要包括：建设工程项目质量控制的内涵；建设工程项目质量控制体系；建设工程项目施工质量控制；建设工程项目质量验收；施工质量不合格的处理；数理统计方法在施工质量管理中的应用；建设工程项目质量的政府监督。

第一节 施工项目质量控制的内涵

一、项目质量控制的目标、任务与责任

（一）对项目质量控制相关概念的理解

1. 质量和工程项目质量

我国标准《质量管理体系 基础和术语》GB/T19000—2008/ISO9000：2005 关于质量的定义是：一组固有特性满足要求的程度。该定义可理解为：质量不仅是指产品的质量，也包括产品生产活动或过程的工作质量，还包括质量管理体系运行的质量；质量由一组固有的特性来表征（所谓"固有的"特性是指本来就有的、永久的特性），这些固有特性是指满足顾客和其他相关方要求的特性，以其满足要求的程度来衡量；而质量要求是指明示的、隐含的或必须履行的需要和期望，这些要求又是动态的、发展的和相对的。也就是说，质量"好"或者"差"，以其固有特性满足质量要求的程度来衡量。

建设工程项目质量是指通过项目实施形成的工程实体的质量，是反映建筑工程满足相关标准规定或合同约定的要求，包括其在安全、使用功能及其在耐久性能、环境保护等方面所有明显和隐含能力的特性总和。其质量特性主要体现在适用性、安全性、耐久性、可靠性、经济性及与环境的协调性等六个方面。

2. 质量管理和工程项目质量管理

我国标准《质量管理体系　基础和术语》GB/T19000—2008/ISO9000：2005 关于质量管理的定义是：在质量方面指挥和控制组织的协调的活动。与质量有关的活动，通常包括质量方针和质量目标的建立、质量策划、质量控制、质量保证和质量改进等。所以，质量管理就是建立和确定质量方针、质量目标及职责，并在质量管理体系中通过质量策划、质量控制、质量保证和质量改进等手段来实施和实现全部质量管理职能的所有活动。

工程项目质量管理是指在工程项目实施过程中，指挥和控制项目参与各方关于质量的相互协调的活动，是围绕着使工程项目满足质量要求，而开展的策划、组织、计划、实施、检查、监督和审核等所有管理活动的总和。它是工程项目的建设、勘察、设计、施工、监理等单位的共同职责，项目参与各方的项目经理必须调动与项目质量有关的所有人员的积极性，共同做好本职工作，才能完成项目质量管理的任务。

3. 质量控制与工程项目质量控制

根据国家标准《质量管理体系　基础和术语》GB/T19000—2008/ISO9000：质量控制是质量管理的一部分，是致力于满足质量要求的一系列相关活动。这些活动主要包括：

（1）设定目标：设定要求，确定需要控制的标准、区间、范围、区域。

（2）测量结果：测量满足所设定目标的程度。

（3）评价：评价控制的能力和效果。

（4）纠偏：对不满足设定目标的偏差，及时纠偏，保持控制能力的稳定性。

也就是说，质量控制是在明确的质量目标和具体的条件下，通过行动方案和资源配置的计划、实施、检查和监督，进行质量目标的事前预控、事中控制和事后纠偏控制，实现预期质量目标的系统过程。

工程项目的质量要求是由业主方提出的，即项目的质量目标，是业主的建设意图通过项目策划，包括项目的定义及建设规模、系统构成、使用功能和价值、规格、档次、标准等的定位策划和目标决策来确定的。工程项目质量控制，就是在项目实施整个过程中，包括项目的勘察设计、招标采购、施工安装、竣工验收等各个阶段，项目参与各方致力于实现业主要求的项目质量总目标的一系列活动。

工程项目质量控制包括项目的建设、勘察、设计、施工、监理各方的质量控制活动。

（二）项目质量控制的目标与任务

建设工程项目质量控制的目标，就是实现由项目决策所决定的项目质量目标，使项目的适用性、安全性、耐久性、可靠性、经济性及与环境的协调性等方面满足建设单位需要并符合国家法律、行政法规和技术标准、规范的要求。项目的质量涵盖设计质量、材料质量、设备质量、施工质量和影响项目运行或运营的环境质量等，各项质量均应符合相关的技术规范和标准的规定，满足业主方的质量要求。

工程项目质量控制的任务就是对项目的建设、勘察、设计、施工、监理单位的工程质量行为，以及涉及项目工程实体质量的设计质量、材料质量、设备质量、施工安装质量进行控制。

由于项目的质量目标最终是由项目工程实体的质量来体现，而项目工程实体的质量最终是通过施工作业过程直接形成的，设计质量、材料质量、设备质量往往也要在施工过程中进行检验，因此，施工质量控制是项目质量控制的重点。

（三）项目质量控制的责任和义务

《中华人民共和国建筑法》（以下简称《建筑法》）和《建设工程质量管理条例》（国务院令第 279 号）规定，建设工程项目的建设单位、勘察单位、设计单位、施工单位、工程监理单位都要依法对建设工程质量负责。

1. 建设单位的质量责任和义务

（1）建设单位应当将工程发包给具有相应资质等级的单位，并不得将建设工程肢解发包。

（2）建设单位应当依法对工程建设项目的勘察、设计、施工、监理以及与工程建设有关的重要设备、材料等的采购进行招标。

（3）建设单位必须向有关的勘察、设计、施工、工程监理等单位提供与建设工程有关的原始资料。原始资料必须真实、准确、齐全。

（4）建设工程发包单位不得迫使承包方以低于成本的价格竞标，不得任意压缩合理工期；不得明示或者暗示设计单位或者施工单位违反工程建设强制性标准，降低建设工程质量。

（5）建设单位应当将施工图设计文件上报县级以上人民政府建设行政主管部门或者其他有关部门审查。施工图设计文件未经审查批准的，不得使用。

（6）实行监理的建设工程，建设单位应当委托具有相应资质等级的工程监理单位进行监理。

（7）建设单位在领取施工许可证或者开工报告前，应当按照国家有关规定办理工程质量监督手续。

（8）按照合同约定，由建设单位采购建筑材料、建筑构配件和设备的，建设单位应当保证建筑材料、建筑构配件和设备符合设计文件和合同要求。建设单位不得明示或者暗示施工单位使用不合格的建筑材料、建筑构配件和设备。

（9）涉及建筑主体和承重结构变动的装修工程，建设单位应当在施工前委托原设计单位或者具有相应资质等级的设计单位提出设计方案；没有设计方案的，不得施工。房屋建筑使用者在装修过程中，不得擅自变动房屋建筑主体和承重结构。

（10）建设单位收到建设工程竣工报告后，应当组织设计、施工、工程监理等有关单位进行竣工验收。建设工程经验收合格的，方可交付使用。

（11）建设单位应当严格按照国家有关档案管理的规定，及时收集、整理建设项目各环节的文件资料，建立、健全建设项目档案，并在建设工程竣工验收后，及时向建设行政主管部门或者其他有关部门移交建设项目档案。

2. 勘察、设计单位的质量责任和义务

（1）从事建设工程勘察、设计的单位应当依法取得相应等级的资质证书，在其资质等级许可的范围内承揽工程，并不得转包或者违法分包所承揽的工程。

（2）勘察、设计单位必须按照工程建设强制性标准进行勘察、设计，并对其勘察、设计的质量负责。注册建筑师、注册结构工程师等注册执业人员应当在设计文件上签字，对设计文件负责。

（3）勘察单位提供的地质、测量、水文等勘察成果必须真实、准确。

（4）设计单位应当根据勘察成果文件进行建设工程设计。设计文件应当符合国家规定的设计深度要求，注明工程合理使用年限。

（5）设计单位在设计文件中选用的建筑材料、建筑构配件和设备，应当注明规格、型号、性能等技术指标，其质量要求必须符合国家规定的标准。除有特殊要求的建筑材料、专用设备、工艺生产线等外，设计单位不得指定生产、供应商。

（6）设计单位应当就审查合格的施工图设计文件向施工单位作出详细说明。

（7）设计单位应当参与建设工程质量事故分析，并对因设计造成的质量事故，提出相应的技术处理方案。

3. 施工单位的质量责任和义务

（1）施工单位应当依法取得相应等级的资质证书，在其资质等级许可的范围内承揽工程，并不得转包或者违法分包工程。

（2）施工单位对建设工程的施工质量负责。施工单位应当建立质量责任制，确定工程项目的项目经理、技术负责人和施工管理负责人。建设工程实行总承包的，总承包单位应当对全部建设工程质量负责；建设工程勘察、设计、施工、设备采购的一项或者多项实行总承包的，总承包单位应当对其承包的建设工程或者采购的设备的质量负责。

（3）总承包单位依法将建设工程分包给其他单位的，分包单位应当按照分包合同的约定对其分包工程的质量向总承包单位负责，总承包单位与分包单位对分包工程的质量承担连带责任。

（4）施工单位必须按照工程设计图纸和施工技术标准施工，不得擅自修改工程设计，不得偷工减料。施工单位在施工过程中发现设计文件和图纸有差错的，应当及时提出意见和建议。

（5）施工单位必须按照工程设计要求、施工技术标准和合同约定，对建筑材料、建筑构配件、设备和商品混凝土进行检验，检验应当有书面记录和专人签字；未经检验或者检验不合格的，不得使用。

（6）施工单位必须建立、健全施工质量的检验制度，严格工序管理，做好隐蔽工程的质量检查和记录。隐蔽工程在隐蔽前，施工单位应当通知建设单位和建设工程质量监督机构。

（7）施工人员对涉及结构安全的试块、试件以及有关材料，应当在建设单位或者工程监理单位监督下现场取样，并送具有相应资质等级的质量检测单位进行检测。

（8）施工单位对施工中出现质量问题的建设工程或者竣工验收不合格的建设工程，应当负责返修。

（9）施工单位应当建立、健全教育培训制度，加强对职工的教育培训；未经教育培训或者考核不合格的人员，不得上岗作业。

4. 工程监理单位的质量责任和义务

（1）工程监理单位应当依法取得相应等级的资质证书，在其资质等级许可的范围内承担工程监理业务，并不得转让工程监理业务。

（2）工程监理单位与被监理工程的施工承包单位以及建筑材料、建筑构配件和设备供应单位有隶属关系或者其他利害关系的，不得承担该项建设工程的监理业务。

（3）工程监理单位应当依照法律、法规以及有关技术标准、设计文件和建设工程承包合同，代表建设单位对施工质量实施监理，并对施工质量承担监理责任。

（4）工程监理单位应当选派具备相应资格的总监理工程师和监理工程师进驻施工现场。未经监理工程师签字，建筑材料、建筑构配件和设备不得在工程上使用或者安装，施工单位不得进行下一道工序的施工。未经总监理工程师签字，建设单位不拨付工程款，不进行竣工验收。

（5）监理工程师应当按照工程监理规范的要求，采取旁站、巡视和平行检验等形式，对建设工程实施监理。

二、施工项目质量的形成过程和影响因素分析

建筑产品的多样性和单件性生产的方式，决定了各个具体建设工程项目质量特性的差异，但它们的质量形成过程和影响因素却有共同的规律。

（一）建设工程项目质量的基本特性

建设工程项目从本质上说是一项拟建或在建的建筑产品，它和一般产品具有同样的质量内涵，即一组固有特性满足需要的程度。这些特性是指产品的适用性、可靠性、安全性、耐久性、经济性及与环境的协调性等。建筑产品一般是采用单件性筹划、设

计和施工的生产组织方式,因此,其具体的质量特性指标是在各建设工程项目的策划、决策和设计过程中进行定义的。建设工程项目质量的基本特性可以概括如下。

1. 反映使用功能的质量特性

工程项目的功能性质量,主要表现为反映项目使用功能需求的一系列特性指标,如:房屋建筑工程的平面空间布局、通风采光性能;工业建筑工程的生产能力和工艺流程;道路交通工程的路面等级、通行能力等。按照现代质量管理理念,功能性质量必须以顾客关注为焦点,满足顾客的需求或期望。

2. 反映安全可靠的质量特性

建筑产品不仅要满足使用功能和用途的要求,而且在正常的使用条件下应能达到安全可靠的标准,如建筑结构自身安全可靠、使用过程防腐蚀、防坠、防火、防盗、防辐射,以及设备系统运行与使用安全等。可靠性质量必须在满足功能性质量需求的基础上,结合技术标准、规范(特别是强制性条文)的要求进行确定与实施。

3. 反映文化艺术的质量特性

建筑产品具有深刻的社会文化背景,历来人们都把具有某种特定历史文化的建筑产品视同艺术品。其个性的艺术效果,包括建筑造型、立面外观、文化内涵、时代表征以及装修装饰、色彩视觉等,不仅使用者关注,而且社会也关注,不仅现在关注,而且未来的人们也会关注和评价。工程项目艺术文化特性的质量来自设计者的设计理念、创意和创新,以及施工者对设计意图的领会与精益施工。

4. 反映建筑环境的质量特性

作为项目管理对象(或管理单元)的工程项目,可能是独立的单项工程或单位工程甚至某一主要分部工程,也可能是一个由群体建筑或线型工程组成的建设项目,如新、改、扩建的工业厂区,大学城或校区,交通枢纽,航运港区,高速公路,油气管线等。建设工程环境质量包括项目用地范围内的规划布局、交通组织、绿化景观、节能环保,还要追求其与周边环境的协调性或适宜性。

(二)项目质量的形成过程

建设工程项目质量的形成过程,贯穿于整个建设项目的决策过程和各个子项目的设计与施工过程,体现在建设项目质量的目标决策、目标细化到目标实现的系统过程。

1. 质量需求的识别过程

在建设项目决策阶段,主要工作包括建设项目发展策划、可行性研究、建设方案论证和投资决策。这一过程的质量管理职能在于识别建设意图和需求,对建设项目的性质、规模、使用功能、系统构成和建设标准要求等进行策划、分析、论证,为整个建设项目的质量总目标以及项目内各个子项目的质量目标提出明确要求。

必须指出,建筑产品采取定制式的承发包生产,因此其质量目标的决策是建设单位(业主)或项目法人的质量管理职能。尽管建设项目的前期工作,业主可以采用社会化、专业化的方式,委托咨询机构、设计单位或建设工程总承包企业进行,但这一切并不改变业主或项目法人决策的性质。业主的需求和法律法规的要求,是决定建设项目质量目标的主要依据。

2. 质量目标的定义过程

建设工程项目质量目标的具体定义过程,主要是在工程设计阶段。工程项目的设计任务,因其产品对象的单件性,总体上符合目标设计与标准设计相结合的特征。总体规划设计与单体方案设计阶段,相当于目标产品的开发设计;总体规划和方案设计经过可行性研究和技术经济论证后,进入工程的标准设计:在这整个过程中实现对工程项目质量目标的明确定义。由此可见,工程项目设计的任务就是按照业主的建设意图、决策要点、相关法规和标准、规范的强制性条文要求,将工程项目的质量目标具体化。通过方案设计、扩大初步设计、技术设计和施工图设计等环节,对工程项目各细部的质量特性指标进行明确定义,即确定各项质量目标值,为工程项目的施工安装作业活动及质量控制提供依据。其次,承包方有时也会为了创品牌工程或根据业主的创优要求及具体情况来制定更高的项目质量目标,创造精品工程。

3. 质量目标的实现过程

工程项目质量目标实现的最重要和最关键的过程是在施工阶段,包括施工准备过程和施工作业技术活动过程。其任务是按照质量策划的要求,制定企业或工程项目内控标准,实施目标管理、过程监控、阶段考核、持续改进的方法,严格按设计图纸和施工技术标准施工,把特定的劳动对象转化成符合质量标准的建设工程产品。

综上所述,建设工程项目质量的形成过程,贯穿于项目的决策过程和实施过程,这些过程的各个重要环节构成了工程建设的基本程序,它是工程建设客观规律的体现。无论哪个国家和地区,也无论其发达程度如何,只要讲求科学,都必须遵循这样的客观规律。尽管在信息技术高度发展的今天,流程可以再造、可以优化,但不能改变流程所反映的事物本身的内在规律。工程项目质量的形成过程,在某种意义上说,也就是在遵循建设程序的实施过程中,对工程项目实体注入一组固有的质量特性,以满足业主的预期需求。在这个过程中,业主方的项目管理,担负着对整个工程项目质量总目标的策划、决策和实施监控的任务;而工程项目各参与方,则直接承担着相关项目质量目标的控制职能和相应的质量责任。

(三)项目质量的影响因素

建设工程项目质量的影响因素,主要是指在项目质量目标策划、决策和实现过程中影响质量形成的各种客观因素和主观因素,包括人的因素、机械因素、材料因素、方法因素和环境因素(简称人、机、料、法、环)等。

1. 人的因素

在工程项目质量管理中,人的因素起决定性的作用。项目质量控制应以控制人的因素为基本出发点。影响项目质量的人的因素,包括两个方面:一是指直接履行项目质量职能的决策者、管理者和作业者个人的质量意识及质量活动能力;二是指承担项目策划、决策或实施的建设单位、勘察设计单位、咨询服务机构、工程承包企业等实体组织的质量管理体系及其管理能力。前者是个体的人,后者是群体的人。我国实行建筑业企业经营资质管理制度、市场准入制度、执业资格注册制度、作业及管理人员持证上岗制度等,从本质上说,都是对从事建设工程活动的人的素质和能力进行必要的控制。人,作为控制对象,人的工作应避免失误;作为控制动力,应充分调动人的积极性,发挥人的主导作用。因此,必须有效控制项目参与各方的人员素质,不断提高人的质量活动能力,才能保证项目质量。

2. 机械的因素

机械包括工程设备、施工机械和各类施工工器具。工程设备是指组成工程实体的工艺设备和各类机具,如各类生产设备、装置和辅助配套的电梯、泵机,以及通风空调、消防、环保设备等等,它们是工程项目的重要组成部分,其质量的优劣,直接影响到工程使用功能的发挥。施工机械和各类工器具是指施工过程中使用的各类机具设备,包括运输设备、吊装设备、操作工具、测量仪器、计量器具以及施工安全设施等。施工机械设备是所有施工方案和工法得以实施的重要物质基础,合理选择和正确使用施工机械设备是保证项目施工质量和安全的重要条件。

3. 材料的因素

材料包括工程材料和施工用料,又包括原材料、半成品、成品、构配件和周转材料等。各类材料是工程施工的基本物质条件,材料质量是工程质量的基础,材料质量不符合要求,工程质量就不可能达到标准。所以加强对材料的质量控制,是保证工程质量的基础。

4. 方法的因素

方法的因素也可以称为技术因素,包括勘察、设计、施工所采用的技术和方法,以及工程检测、试验的技术和方法等。从某种程度上说,技术方案和工艺水平的高低,决定了项目质量的优劣。依据科学的理论,采用先进合理的技术方案和措施,按照规范进行勘察、设计、施工,必将对保证项目的结构安全和满足使用功能,对组成质量因素的产品精度、强度、平整度、清洁度、耐久性等物理、化学特性等方面起到良好的推进作用。比如建设主管部门在建筑业中推广应用的多项新技术,包括地基基础和地下空间工程技术、高性能混凝土技术、高强钢筋和预应力技术、新型模板及脚手架应用技术、钢结构技术、建筑防水技术以及 BIM 等信息技术，对消除质量通病保证建设工程质量起到了积极作用，收到了明显的效果。

5．环境的因素

影响项目质量的环境因素，又包括项目的自然环境因素、社会环境因素、管理环境因素和作业环境因素。

1）自然环境因素

自然环境因素主要指工程地质、水文、气象条件和地下障碍物以及其他不可抗力等影响项目质量的因素。例如：复杂的地质条件必然对建设工程的地基处理和基础设计提出更高的要求，处理不当就会对结构安全造成不利影响；在地下水位高的地区，若在雨期进行基坑开挖，遇到连续降雨或排水困难，就会引起基坑塌方或地基受水浸泡影响承载力等；在寒冷地区冬期施工措施不当，工程会因受到冻融而影响质量；在基层未干燥或大风天进行卷材屋面防水层的施工，就会导致粘贴不牢及空鼓等质量问题等。

2）社会环境因素

社会环境因素主要是指会对项目质量造成影响的各种社会环境因素，包括：国家建设法律法规的健全程度及其执法力度；建设工程项目法人决策的理性化程度以及经营者的经营管理理念；建筑市场（包括建设工程交易市场和建筑生产要素市场）的发育程度及交易行为的规范程度；政府的工程质量监督及行业管理成熟程度；建设咨询服务业的发展程度及其服务水准的高低；廉政管理及行风建设的状况等。

3）管理环境因素

管理环境因素主要是指项目参建单位的质量管理体系、质量管理制度和各参建单位之间的协调等因素。比如：参建单位的质量管理体系是否健全，运行是否有效，决定了该单位的质量管理能力；在项目施工中根据承发包的合同结构，理顺管理关系，建立统一的现场施工组织系统和质量管理的综合运行机制，确保工程项目质量保证体系处于良好的状态，创造良好的质量管理环境和氛围，则是施工顺利进行，提高施工质量的保证。

4）作业环境因素

作业环境因素主要指项目实施现场平面和空间环境条件，各种能源介质供应，施工照明、通风、安全防护设施，施工场地给排水，以及交通运输和道路条件等因素。这些条件是否良好，都直接影响到施工能否顺利进行，以及施工质量能否得到保证。

上述因素对项目质量的影响，具有复杂多变和不确定性的特点。对这些因素进行控制，是项目质量控制的主要内容。

三、施工项目质量风险分析和控制

建设工程项目质量的影响因素中,有可控因素,有不可控因素;这些因素对项目质量的影响存在不确定性,这就形成了建设工程项目的质量风险。

建设工程项目质量风险通常是指某种因素对实现项目质量目标造成不利影响的不确定性,这些因素导致发生质量损害的概率和造成质量损害的程度都是不确定的。在项目实施的整个过程中,对质量风险进行识别、评估、响应及控制,减少风险源的存在,降低风险事故发生的概率,减少风险事故对项目质量造成的损害,把风险损失控制在可以接受的程度,是项目质量控制的重要内容。

(一) 质量风险识别

项目质量风险的识别就是识别项目实施过程中存在哪些风险因素以致可能产生哪些质量损害。

1. 项目实施过程中常见的质量风险

从风险产生的原因分析,常见的质量风险有如下几类。

1) 自然风险

自然风险包括客观自然条件对项目质量的不利影响和突发自然灾害对项目质量造成的损害。软弱、不均匀的岩土地基,恶劣的水文、气象条件,是长期存在的可能损害项目质量的隐患;地震、暴风、雷电、暴雨以及由此派生的洪水、滑坡、泥石流等突然发生的自然灾害都可能对项目质量造成严重破坏。

2) 技术风险

技术风险包括现有技术水平的局限和项目实施人员对工程技术的掌握、应用不当对项目质量造成的不利影响。人类对自然规律的认识有一定的局限性,现有的科学技术水平不一定能够完全解决和正确处理工程实践中的所有问题;项目实施人员自身技术水平的局限,在项目决策和设计、施工、监理过程中,可能发生技术上的错误:这两方面的问题都可能对项目质量造成不利影响,特别是在不够成熟的新结构、新技术、新工艺、新材料的应用上可能存在的风险更大。

3) 管理风险

工程项目的建设、设计、施工、监理等工程质量责任单位的质量管理体系存在缺陷,组织结构不合理,工作流程组织不科学,任务分工和职能划分不恰当,管理制度不健全,或者各级管理者的管理能力不足和责任心不强,这些因素都可能对项目质量造成损害。

4）环境风险

环境风险包括项目实施的社会环境和项目实施现场的工作环境可能对项目质量造成的不利影响。社会上的种种腐败现象和违法行为，都会给项目质量带来严重的隐患；项目现场的空气污染、水污染、光污染和噪声、固体废弃物等都可能对项目实施人员的工作质量和项目实体质量造成不利影响。

从风险损失责任承担的角度，项目质量风险可以分为：

1）业主方的风险

项目决策的失误，设计、施工、监理单位选择错误，向设计、施工单位提供的基础资料不准确，项目实施过程中对项目参与各方的关系协调不当，对项目的竣工验收有疏忽等，由此对项目质量造成的不利影响都是业主方的风险。

2）勘察设计方的风险

水文地质勘察的疏漏，设计的错误，造成项目的结构安全和主要使用功能方面不满足要求，是勘察设计方的风险。

3）施工方的风险

在项目实施过程中，由于施工方管理松懈、混乱，施工技术错误，或者材料、机械使用不当，导致发生安全、质量事故，是施工方的风险。

4）监理方的风险

在项目实施过程中，由于监理方没有依法履行在工程质量和安全方面的监理责任，因而留下质量隐患，或发生安全、质量事故，是监理方的风险。

2. 质量风险识别的方法

项目质量风险具有广泛性，影响质量的各方面因素都可能存在风险，项目实施的各个阶段都有不同的风险。进行风险识别应在广泛收集质量风险相关信息的基础上，集合从事项目实施的各方面工作和具有各方面知识的人员参加。风险识别可按风险责任单位和项目实施阶段分别进行，如设计单位在设计阶段或施工阶段的质量风险识别、施工单位在施工阶段或保修阶段的质量风险识别等。识别可分三步进行：

（1）采用层次分析法画出质量风险结构层次图。可以按风险的种类列出各类风险因素可能造成的质量风险，也可以按项目结构图列出各个子项目可能存在的质量风险，还可以按工作流程图列出各个实施步骤（或工序）可能存在的质量风险。不要轻易否定或排除某些风险，对于不能排除但又不能确认存在的风险，宁可信其有，不可信其无。

（2）分析每种风险的促发因素。分析的方法可以采用头脑风暴法、专家调查（访谈）法、经验判断法和因果分析图等。

（3）将风险识别的结果汇总成为质量风险识别报告。报告没有固定格式，通常可以采用列表的形式，内容包括：风险编号、风险的种类、促发风险的因素、可能发生的风险事故的简单描述以及风险承担的责任方等。

（二）质量风险评估

质量风险评估包括两个方面：一是评估各种质量风险发生的概率；二是评估各种质量风险可能造成的损失量。

1. 风险评估的方法

质量风险评估应采取定性与定量相结合的方法进行。通常可以采用经验判断法或德尔菲法，对各个风险事件发生的概率和事件后果对项目的结构安全和主要使用功能影响的严重性进行专家打分，然后进行汇总分析，以估算每一个风险事件的风险水平，进而确定其风险等级。

2. 风险评估表

将风险评估的结果汇编成风险评估表。表式参见表 5-1。

表 5-1　项目质量风险评估表

编号	风险种类	风险因素	风险事件描述	发生概率	损失量	风险等级	备注

（三）质量风险响应

质量风险响应就是根据风险评估的结果，针对各种质量风险制定应对策略和编制风险管理计划。

1. 质量风险应对策略

常用的质量风险对策包括风险规避、减轻、转移、自留及其组合等策略。

1）规　避

采取恰当的措施避免质量风险的发生。例如：依法进行招标投标，慎重选择有资质、有能力的项目设计、施工、监理单位，避免因这些质量责任单位选择不当而发生质量风险；正确进行项目的规划选址，避开不良地基或容易发生地质灾害的区域；不选用不成熟、不可靠的设计、施工技术方案；合理安排施工工期和进度计划，避开可能发生的水灾、风灾、冻害对工程质量的损害等。以上都是规避质量风险的办法。

2）减　轻

针对无法规避的质量风险，研究制定有效的应对方案，尽量把风险发生的概率和损失量降到最低程度，从而降低风险量和风险等级。例如，在施工中有针对性地制定和落实有效的施工质量保证措施和质量事故应急预案,可以降低质量事故发生的概率和减少事故损失量。

3) 转 移

依法采用正确的方法把质量风险转移给其他方承担。转移的方法有:

(1) 分包转移。例如:施工总承包单位依法把自己缺乏经验、没有足够把握的分项工程,通过签订分包合同,分包给有经验、有能力的单位施工;承包单位依法实行联合承包,也是分担风险的办法。

(2) 担保转移。例如:建设单位在工程发包时,要求承包单位提供履约担保;工程竣工结算时,扣留一定比例的质量保证金等。

(3) 保险转移。质量责任单位向保险公司投保适当的险种,把质量风险全部或部分转移给保险公司等。

4) 自 留

又称风险承担。当质量风险无法避免,或者估计可能造成的质量损害不会很严重而预防的成本很高时,风险承担也常常是一种有效的风险响应策略。风险自留有两种:无计划自留和有计划自留。无计划自留是指不知风险存在或虽预知有风险而未预做处理,一旦风险事件发生,再视造成的质量缺陷情况进行处理。有计划自留指明知有一定风险,经分析由自己承担风险更为合理,预先做好处理可能造成的质量缺陷和承担损失的准备。可以采取设立风险基金的办法,在损失发生后用基金弥补;在建筑工程预算价格中通常预留一定比例的不可预见费,一旦发生风险损失,由不可预见费支付。

2. 质量风险管理计划

质量风险应对策略应形成项目质量风险管理计划。其内容一般包括:

(1) 项目质量风险管理方针、目标。
(2) 质量风险识别和评估结果。
(3) 质量风险应对策略和具体措施。
(4) 质量风险控制的责任分工。
(5) 相应的资源准备计划。

为便于管理,项目质量风险管理计划的具体内容也可以采用一览表的形式表示。表式参见表 5-2。

表 5-2　项目质量风险管理计划一览表

编号	风险事件	风险等级	响应策略	主要监控措施	责任部门	责任人	备注

（四）质量风险控制

项目质量风险控制是在对质量风险进行识别、评估的基础上，按照风险管理计划对各种质量风险进行监控，包括对风险的预测、预警。

项目质量风险控制需要项目的建设单位、设计单位、施工单位和监理单位共同参与。这些单位质量风险控制的主要工作内容如下所述。

1. 建设单位质量风险控制

（1）确定工程项目质量风险控制方针、目标和策略；根据相关法律法规和工程合同的约定，明确项目参与各方的质量风险控制职责。

（2）对项目实施过程中业主方的质量风险进行识别、评估，确定相应的应对策略，制订质量风险控制计划和工作实施办法，明确项目管理机构各部门质量风险控制职责，落实风险控制的具体责任。

（3）在工程项目实施期间，对建设工程项目质量风险控制实施动态管理，通过合同约束，对参建单位质量风险管理工作进行督导、检查和考核。

2. 设计单位质量风险控制

（1）设计阶段，做好方案比选工作，选择最优设计方案，有效降低工程项目实施期间和运营期间的质量风险。在设计文件中，明确高风险施工项目质量风险控制的工程措施，并就施工阶段必要的预控措施和注意事项，提出防范质量风险的指导性建议。

（2）将施工图审查工作纳入风险管理体系，保证其公正独立性，摆脱业主方、设计方和施工方的干扰，提高设计产品的质量。

（3）项目开工前，由建设单位组织设计、施工、监理单位进行设计交底，明确存在重大质量风险源的关键部位或工序，提出风险控制要求或工作建议，并对参建方的疑问进行解答、说明。

（4）工程实施中，及时处理新发现的不良地质条件等潜在风险因素或风险事件，必要时进行重新验算或变更设计。

3. 施工单位质量风险控制

（1）制订施工阶段质量风险控制计划和工作实施细则，并严格贯彻执行。

（2）开展与工程质量相关的施工环境、社会环境风险调查，按承包合同约定办理施工质量保险。

（3）严格进行施工图审查和现场地质核对，结合设计交底及质量风险控制要求，编制高风险分部分项工程专项施工方案，并按规定进行论证审批后实施。

（4）按照现场施工特点和实际需要，对施工人员进行针对性的岗前质量风险教育培训；关键项目的质量管理人员、技术人员及特殊作业人员，必须持证上岗。

（5）加强对建筑构件、材料的质量控制，优选构件、材料的合格分供方，构件、材料进场要进行质量复验，确保不将不合格的构件、材料用到项目上。

（6）在项目施工过程中，对质量风险进行实时跟踪监控，预测风险变化趋势，对新发现的风险事件和潜在的风险因素提出预警，并及时进行风险识别评估，制定相应对策。

4. 监理单位质量风险控制

（1）编制质量风险管理监理实施细则，并贯彻执行。

（2）组织并参与质量风险源调查与识别、风险分析与评估等工作。

（3）对施工单位上报的专项方案进行审核，重点审查风险控制对策中的保障措施。

（4）对施工现场各种资源配置情况、各风险要素发展变化情况进行跟踪检查，尤其是对专项方案中的质量风险防范措施落实情况进行检查确认，发现问题及时处理。

（5）对关键部位、关键工序的施工质量派专人进行旁站监理；对重要的建筑构件、材料进行平行检验。

第二节　施工项目质量控制体系

一、全面质量管理思想和方法的应用

（一）全面质量管理（TQC）的思想

TQC（Total Quality Control）即全面质量管理，是20世纪中期开始在欧美和日本广泛应用的质量管理理念和方法。我国从20世纪80年代开始引进和推广全面质量管理，其基本原理就是强调在企业或组织最高管理者的质量方针指引下，实行全面、全过程和全员参与的质量管理。

TQC的主要特点是：以顾客满意为宗旨；领导参与质量方针和目标的制定；提倡预防为主、科学管理、用数据说话等。在当今世界标准化组织颁布的ISO9000：2005质量管理体系标准中，处处都体现了这些重要特点和思想。建设工程项目的质量管理，同样应贯彻"三全"管理的思想和方法。

1. 全面质量管理

建设工程项目的全面质量管理，是指项目参与各方所进行的工程项目质量管理的总称，其中包括工程（产品）质量和工作质量的全面管理。工作质量是产品质量的保证，工作质量直接影响产品质量的形成。建设单位、监理单位、勘察单位、设计单位、施工总承包单位、施工分包单位、材料设备供应商等，任何一方、任何环节的怠慢疏忽或质量责任不落实都会造成对建设工程质量的不利影响。

2. 全过程质量管理

全过程质量管理，是指根据工程质量的形成规律，从源头抓起，全过程推进。《质量管理体系　基础和术语》GB/T19000—2008/ISO9000：强调质量管理的"过程方法"管理原则，要求应用"过程方法"进行全过程质量控制。要控制的主要过程有：项目策划与决策过程；勘察设计过程；设备材料采购过程；施工组织与实施过程；检测设施控制与计量过程；施工生产的检验试验过程；工程质量的评定过程；工程竣工验收与交付过程；工程回访维修服务过程等。

3. 全员参与质量管理

按照全面质量管理的思想，组织内部的每个部门和工作岗位都承担着相应的质量职能，组织的最高管理者确定了质量方针和目标，就应组织和动员全体员工参与到实施质量方针的系统活动中去，发挥自己的角色作用。开展全员参与质量管理的重要手段就是运用目标管理方法，将组织的质量总目标逐级进行分解，使之形成自上而下的质量目标分解体系和自下而上的质量目标保证体系，发挥组织系统内部每个工作岗位、部门或团队在实现质量总目标过程中的作用。

（二）质量管理的 PDCA 循环

在长期的生产实践和理论研究中形成的 PDCA 循环，是建立质量管理体系和进行质量管理的基本方法。PDCA 循环如图 5-1 所示。从某种意义上说，管理就是确定任务目标，并通过 PDCA 循环来实现预期目标。每一循环都围绕着实现预期的目标，进行计划、实施、检查和处置活动，随着对存在问题的解决和改进，在一次一次的滚动循环中逐步上升，不断增强质量能力，不断提高质量水平。每一个循环的四大职能活动相互联系，共同构成了质量管理的系统过程。

1. 计划 P（Plan）

计划由目标和实现目标的手段组成，所以说计划是一条"目标—手段链"。质量管理的计划职能，包括确定质量目标和制定实现质量目标的行动方案两方面。实践表明质量计划的严谨周密、经济合理和切实可行，是保证工作质量、产品质量和服务质量的前提条件。

建设工程项目的质量计划，是由项目参与各方根据其在项目实施中所承担的任务、责任范围和质量目标，分别制定质量计划而形成的质量计划体系。其中，建设单位的工程项目质量计划，包括确定和论证项目总体的质量目标，制定项目质量管理的组织、制度、工作程序、方法和要求。项目其他各参与方，则根据国家法律法规和工程合同规定的质量责任和义务，在明确各自质量目标的基础上，制订实施相应范围质量管理的行动方案，包括技术方法、业务流程、资源配置、检验试验要求、质量记录方式、不合格处理及相应管理措施等具体内容和做法的质量管理文件，同时亦须对其实现预期目标的可行性、有效性、经济合理性进行分析论证,并按照规定的程序与权限,经过审批后执行。

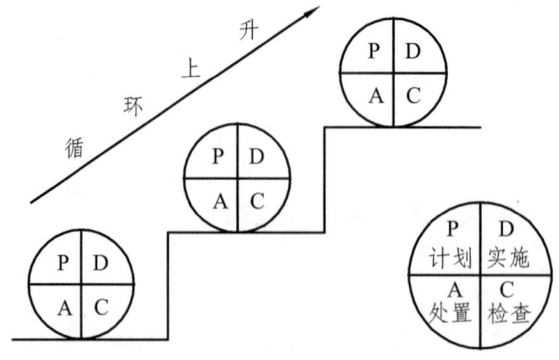

图 5-1　PDCA 循环示意图

2. 实施 D（Do）

实施职能在于将质量的目标值,通过生产要素的投入、作业技术活动和产出过程,转换为质量的实际值。为保证工程质量的产出或形成过程能够达到预期的结果,在各项质量活动实施前,要根据质量管理计划进行行动方案的部署和交底;交底的目的在于使具体的作业者和管理者明确计划的意图和要求,掌握质量标准及其实现的程序与方法。在质量活动的实施过程中,则要求严格执行计划的行动方案、规范行为,把质量管理计划的各项规定和安排落实到具体的资源配置和作业技术活动中去。

3. 检查 C（Check）

指对计划实施过程进行各种检查,包括作业者的自检、互检和专职管理者专检。各类检查也都包含两大方面：一是检查是否严格执行了计划的行动方案,实际条件是否发生了变化,不执行计划的原因;二是检查计划执行的结果,即产出的质量是否达到标准的要求,对此进行确认和评价。

4. 处置 A（Action）

对于质量检查所发现的质量问题或质量不合格,及时进行原因分析,采取必要的措施,予以纠正,保持工程质量形成过程的受控状态。处置分纠偏和预防改进两个方面。前者是采取有效措施,解决当前的质量偏差、问题或事故;后者是将目前质量状况信息反馈到管理部门,反思问题症结或计划时的不周,确定改进目标和措施,为今后类似质量问题的预防提供借鉴。

二、施工项目质量控制体系的建立和运行

建设工程项目的实施,涉及业主方、勘察方、设计方、施工方、监理方、供应方等多方质量责任主体的活动,各方主体各自承担不同的质量责任和义务。为了有效地

进行系统、全面的质量控制，必须由项目实施的总负责单位，负责建设工程项目质量控制体系的建立和运行，实施质量目标的控制。

（一）项目质量控制体系的性质、特点和构成

1. 项目质量控制体系的性质

建设工程项目质量控制体系既不是业主方也不是施工方的质量管理体系或质量保证体系，而是整个建设工程项目目标控制的一个工作系统，其性质如下：

（1）项目质量控制体系是以项目为对象，由项目实施的总组织者负责建立的面向项目对象开展质量控制的工作体系。

（2）项目质量控制体系是项目管理组织的一个目标控制体系，它与项目投资控制、进度控制、职业健康安全与环境管理等目标控制体系，共同依托于同一项目管理的组织机构。

（3）项目质量控制体系根据项目管理的实际需要而建立，随着项目的完成和项目管理组织的解体而消失，因此，是一个一次性的质量控制工作体系，不同于企业的质量管理体系。

2. 项目质量控制体系的特点

如前所述，建设工程项目质量控制系统是面向项目对象而建立的质量控制工作体系，它与建筑企业或其他组织机构按照 GB/T19000—2008 标准建立的质量管理体系相比较，有如下不同。

1）建立的目的不同

项目质量控制体系只用于特定的项目质量控制，而不是用于建筑企业或组织的质量管理，其建立的目的不同。

2）服务的范围不同

项目质量控制体系涉及项目实施过程所有的质量责任主体，而不只是针对某一个承包企业或组织机构，其服务的范围不同。

3）控制的目标不同

项目质量控制体系的控制目标是项目的质量目标，并非某一具体建筑企业或组织的质量管理目标，其控制的目标不同。

4）作用的时效不同

项目质量控制体系与项目管理组织系统相融合，是一次性的质量工作体系，并非永久性的质量管理体系，其作用的时效不同。

5）评价的方式不同

项目质量控制体系的有效性一般由项目管理的总组织者进行自我评价与诊断，不

需进行第三方认证，其评价的方式不同。

3. 项目质量控制体系的结构

建设工程项目质量控制体系，一般形成多层次、多单元的结构形态，这是由其实施任务的委托方式和合同结构所决定的。

1）多层次结构

多层次结构是对应于项目工程系统纵向垂直分解的单项、单位工程项目的质量控制体系。在大中型工程项目尤其是群体工程项目中，第一层次的质量控制体系应由建设单位的工程项目管理机构负责建立；在委托代建、委托项目管理或实行交钥匙式工程总承包的情况下，应由相应的代建方项目管理机构、受托项目管理机构或工程总承包企业项目管理机构负责建立。第二层次的质量控制体系，通常是指分别由项目的设计总负责单位、施工总承包单位等建立的相应管理范围内的质量控制体系。第三层次及其以下，是承担工程设计、施工安装、材料设备供应等各承包单位的现场质量自控体系，或称各自的施工质量保证体系。系统纵向层次机构的合理性是项目质量目标、控制责任和措施分解落实的重要保证。

2）多单元结构

多单元结构是指在项目质量控制总体系下，第二层次的质量控制体系及其以下的质量自控或保证体系可能有多个。这是项目质量目标、责任和措施分解的必然结果。

（二）项目质量控制体系的建立

项目质量控制体系的建立过程，实际上就是项目质量总目标的确定和分解过程，也是项目各参与方之间质量管理关系和控制责任的确立过程。为了保证质量控制体系的科学性和有效性，必须明确体系建立的原则、内容、程序和主体。

1. 建立的原则

实践经验表明，项目质量控制体系的建立，遵循以下原则对于质量目标的规划、分解和有效实施控制是非常重要的。

1）分层次规划原则

项目质量控制体系的分层次规划，是指项目管理的总组织者（建设单位或代建制项目管理企业）和承担项目实施任务的各参与单位，分别进行不同层次和范围的建设工程项目质量控制体系规划。

2）目标分解原则

项目质量控制系统总目标的分解，是根据控制系统内工程项目的分解结构，将工程项目的建设标准和质量总体目标分解到各个责任主体，明示于合同条件，由各责任主体制定出相应的质量计划,确定其具体的控制方式和控制措施。

3)质量责任制原则

项目质量控制体系的建立,应按照《建筑法》和《建设工程质量管理条例》有关工程质量责任的规定,界定各方的质量责任范围和控制要求。

4)系统有效性原则

项目质量控制体系,应从实际出发,结合项目特点、合同结构和项目管理组织系统的构成情况,建立项目各参与方共同遵循的质量管理制度和控制措施,并形成有效的运行机制。

2. 建立的程序

项目质量控制体系的建立过程,一般可按以下环节依次展开工作。

1)确立系统质量控制网络

首先明确系统各层面的工程质量控制负责人。一般应包括承担项目实施任务的项目经理(或工程负责人)、总工程师,项目监理机构的总监理工程师、专业监理工程师等,以形成明确的项目质量控制责任者的关系网络架构。

2)制定质量控制制度

包括质量控制例会制度、协调制度、报告审批制度、质量验收制度和质量信息管理制度等,形成建设工程项目质量控制体系的管理文件或手册,作为承担建设工程项目实施任务各方主体共同遵循的管理依据。

3)分析质量控制界面

项目质量控制体系的质量责任界面,包括静态界面和动态界面。一般说静态界面根据法律法规、合同条件、组织内部职能分工来确定。动态界面主要是指项目实施过程中设计单位之间、施工单位之间、设计与施工单位之间的衔接配合关系及其责任划分,必须通过分析研究,确定管理原则与协调方式。

4)编制质量控制计划

项目管理总组织者,负责主持编制建设工程项目总质量计划,并根据质量控制体系的要求,部署各质量责任主体编制与其承担任务范围相符合的质量计划,并按规定程序完成质量计划的审批,作为其实施自身工程质量控制的依据。

3. 建立质量控制体系的责任主体

根据建设工程项目质量控制体系的性质、特点和结构,一般情况下,项目质量控制体系应由建设单位或工程项目总承包企业的工程项目管理机构负责建立;在分阶段依次对勘察、设计、施工、安装等任务进行分别招标发包的情况下,该体系通常应由建设单位或其委托的工程项目管理企业负责建立,并由各承包企业根据项目质量控制体系的要求,建立隶属于总的项目质量控制体系的设计项目、施工项目、采购供应项目等分质量保证体系(可称相应的质量控制子系统),以具体实施其质量责任范围内的质量管理和目标控制。

(三) 项目质量控制体系的运行

项目质量控制体系的建立,为项目的质量控制提供了组织制度方面的保证;项目质量控制体系的运行,实质上就是系统功能的发挥过程,也是质量活动职能和效果的控制过程。质量控制体系要有效地运行,还有赖于系统内部的运行环境和运行机制的完善。

1. 运行环境

项目质量控制体系的运行环境,主要是指以下几方面为系统运行提供支持的管理关系、组织制度和资源配置的条件。

1) 项目的合同结构

建设工程合同是联系建设工程项目各参与方的纽带,只有在项目合同结构合理,质量标准和责任条款明确,并严格进行履约管理的条件下,质量控制体系的运行才能成为各方的自觉行动。

2) 质量管理的资源配置

质量管理的资源配置,包括专职的工程技术人员和质量管理人员的配置,实施技术管理和质量管理所必需的设备、设施、器具、软件等物质资源的配置。人员和资源的合理配置是质量控制体系得以运行的基础条件。

3) 质量管理的组织制度

项目质量控制体系内部的各项管理制度和程序性文件的建立,为质量控制系统各个环节的运行,提供必要的行动指南、行为准则和评价基准的依据,是系统有序运行的基本保证。

2. 运行机制

项目质量控制体系的运行机制,是由一系列质量管理制度安排所形成的内在动力。运行机制是质量控制体系的生命,机制缺陷是造成系统运行无序、失效和失控的重要原因。因此,在系统内部的管理制度设计时,必须予以高度的重视,防止重要管理制度的缺失、制度本身的缺陷、制度之间的矛盾等现象出现,才能为系统的运行注入动力机制、约束机制、反馈机制和持续改进机制。

1) 动力机制

动力机制是项目质量控制体系运行的核心机制,它来源于公正、公开、公平的竞争机制和利益机制的制度设计或安排。这是因为项目的实施过程是由多主体参与的价值增值链,只有保持合理的供方及分供方等各方关系,才能形成合力,是项目管理成功的重要保证。

2)约束机制

没有约束机制的控制体系是无法使工程质量处于受控状态的。约束机制取决于各质量责任主体内部的自我约束能力和外部的监控效力。约束能力表现为组织及个人的经营理念、质量意识、职业道德及技术能力的发挥;监控效力取决于项目实施主体外部对质量工作的推动和检查监督。两者相辅相成,构成了质量控制过程的制衡关系。

3)反馈机制

运行状态和结果的信息反馈,是对质量控制系统的能力和运行效果进行评价,并为及时作出处置提供决策依据。因此,必须有相关的制度安排,保证质量信息反馈的及时和准确;坚持质量管理者深入生产第一线,掌握第一手资料,才能形成有效的质量信息反馈机制。

4)持续改进机制

在项目实施的各个阶段,不同的层面、不同的范围和不同的质量责任主体之间,应用 PDCA 循环原理,即计划、实施、检查和处置不断循环的方式展开质量控制,同时注重抓好控制点的设置,加强重点控制和例外控制,并不断寻求改进机会、研究改进措施,才能保证建设工程项目质量控制系统的不断完善和持续改进,不断提高质量控制能力和控制水平。

三、施工企业质量管理体系的建立和认证

建筑施工企业质量管理体系是企业为实施质量管理而建立的管理体系,通过第三方质量认证机构的认证,为该企业的工程承包经营和质量管理奠定基础。企业质量管理体系应按照我国 GB/T19000—2008 质量管理体系族标准进行建立和认证。该标准是我国按照等同原则,采用国际标准化组织颁布的 ISO9000:2005 质量管理体系族标准制定的。本条内容主要包括 ISO9000:2005 族标准提出的质量管理八项原则,企业质量管理体系文件的构成,以及企业质量管理体系的建立与运行、认证与监督等相关知识。

(一)质量管理八项原则

质量管理八项原则是 ISO9000 族标准的编制基础,是世界各国质量管理成功经验的科学总结,其中不少内容与我国全面质量管理的经验吻合。它的贯彻执行能促进企业管理水平的提高,提高顾客对其产品或服务的满意程度,帮助企业达到持续成功

的目的。质量管理八项原则的具体内容如下所述。

1. 以顾客为关注焦点

组织（从事一定范围生产经营活动的企业）依存于其顾客。组织应理解顾客当前的和未来的需求，满足顾客要求并争取超越顾客的期望。

2. 领导作用

领导者确立本组织统一的宗旨和方向，并营造和保持使员工充分参与实现组织目标的内部环境。因此领导在企业的质量管理中起着决定性的作用。只有领导重视，各项质量活动才能有效开展。

3. 全员参与

各级人员都是组织之本，只有全员充分参加，才能使他们的才干为组织带来收益。产品质量是产品形成过程中全体人员共同努力的结果，其中也包含着为他们提供支持的管理、检查、行政人员的贡献。企业领导应对员工进行质量意识等各方面的教育，激发他们的积极性和责任感，为其能力、知识、经验的提高提供机会，发挥创造精神，鼓励持续改进，给予必要的物质和精神奖励，使全员积极参与，为达到让顾客满意的目标而奋斗。

4. 过程方法

将活动和相关的资源作为过程进行管理，可以更高效地得到期望的结果。任何使用资源的生产活动和将输入转化为输出的一组相关联的活动都可视为过程。ISO9000族标准是建立在过程控制的基础上。一般在过程的输入端、过程的不同位置及输出端都存在着可以进行测量、检查的机会和控制点，对这些控制点实行测量、检测和管理，便能控制过程的有效实施。

5. 管理的系统方法

将相互关联的过程作为系统加以识别、理解和管理，有助于组织提高实现其目标的有效性和效率。不同企业应根据自己的特点，建立资源管理、过程实现、测量分析改进等方面的关联关系，并加以控制。即采用过程网络的方法建立质量管理体系，实施系统管理。建立实施质量管理体系的工作内容一般包括：① 确定顾客期望；② 建立质量目标和方针；③ 确定实现目标的过程和职责；④ 确定必须提供的资源；⑤ 规定测量过程有效性的方法；⑥ 实施测量确定过程的有效性；⑦ 确定防止不合格并清除产生原因的措施；⑧ 建立和应用持续改进质量管理体系的过程。

6. 持续改进

持续改进总体业绩是组织的一个永恒目标，其作用在于增强企业满足质量要求的能力，包括产品质量、过程及体系的有效性和效率的提高。持续改进是增强和满足质量要求能力的循环活动，是使企业的质量管理走上良性循环轨道的必由之路。

7. 基于事实的决策方法

有效的决策应建立在数据和信息分析的基础上，数据和信息分析是事实的高度提炼。以事实为依据做出决策，可防止决策失误。为此企业领导应重视数据信息的收集、汇总和分析，以便为决策提供依据。

8. 与供方互利的关系

组织与供方是相互依存的，建立双方的互利关系可以增强双方创造价值的能力。供方提供的产品是企业提供产品的一个组成部分。处理好与供方的关系，涉及企业能否持续稳定提供顾客满意产品的重要问题。因此，对供方不能只讲控制，不讲合作互利，特别是关键供方，更要建立互利关系，这对企业与供方双方都有利。

（二）企业质量管理体系文件构成

质量管理标准所要求的质量管理体系文件由下列内容构成，这些文件的详略程度无统一规定，以适合于企业使用，使过程受控为准则。

1. 质量方针和质量目标

质量方针和质量目标一般都以简明的文字来表述，是企业质量管理的方向目标，应反映用户及社会对工程质量的要求及企业相应的质量水平和服务承诺，也是企业质量经营埋念的反映。

2. 质量手册

质量手册是规定企业组织质量管理体系的文件，质量手册对企业质量体系做系统、完整和概要的描述。其内容一般包括：企业的质量方针、质量目标；组织机构及质量职责；体系要素或基本控制程序；质量手册的评审、修改和控制的管理办法。

质量手册作为企业质量管理系统的纲领性文件应具备指令性、系统性、协调性、先进性、可行性和可检查性。

3. 程序性文件

各种生产、工作和管理的程序文件是质量手册的支持性文件，是企业各职能部门为落实质量手册要求而规定的细则，企业为落实质量管理工作而建立的各项管理标准、规章制度都属程序文件范畴。各企业程序文件的内容及详略可视企业情况而定。

为确保过程的有效运行和控制，在程序文件的指导下，尚可按管理需要编制相关文件，如作业指导书、具体工程的质量计划等。

4. 质量记录

质量记录是产品质量水平和质量体系中各项质量活动进行及结果的客观反映，对质量体系程序文件所规定的运行过程及控制测量检查的内容如实加以记录，用以证明产品质量达到合同要求及质量保证的满足程度。如在控制体系中出现偏差，则质量记录不仅需反映偏差情况，而且应反映出针对不足之处所采取的纠正措施及纠正效果。

质量记录应完整地反映质量活动实施、验证和评审的情况，并记载关键活动的过程参数，具有可追溯性的特点。质量记录以规定的形式和程序进行，并应有实施、验证、审核等签署意见。

（三）企业质量管理体系的建立和运行

1. 企业质量管理体系的建立

（1）企业质量管理体系的建立，是在确定市场及顾客需求的前提下，按照八项质量管理原则制定企业的质量方针、质量目标、质量手册、程序文件及质量记录等体系文件，并将质量目标分解落实到相关层次、相关岗位的职能和职责中，形成企业质量管理体系的执行系统。

（2）企业质量管理体系的建立还包含组织企业不同层次的员工进行培训，使体系的工作内容和执行要求为员工所了解，为形成全员参与的企业质量管理体系的运行创造条件。

（3）企业质量管理体系的建立需识别并提供实现质量目标和持续改进所需的资源，包括人员、基础设施、环境、信息等。

2. 企业质量管理体系的运行

（1）企业质量管理体系的运行是在生产及服务的全过程，按质量管理体系文件所制定的程序、标准、工作要求及目标分解的岗位职责进行运作。

（2）在企业质量管理体系运行的过程中，按各类体系文件的要求，监视、测量和分析过程的有效性和效率，做好文件规定的质量记录，持续收集、记录并分析过程的数据和信息，全面反映产品质量和过程符合要求，并具有可追溯的效能。

（3）按文件规定的办法进行质量管理评审和考核。对过程运行的评审考核工作，应针对发现的主要问题，采取必要的改进措施，使这些过程达到所策划的结果并实现对过程的持续改进。

（4）落实质量体系的内部审核程序，有组织有计划开展内部质量审核活动。

为确保系统内部审核的效果，企业领导应发挥决策领导作用，制定审核政策和计划，组织内审人员队伍，落实内审条件，并对审核发现的问题采取纠正措施和提供人、财、物等方面的支持。

（四）企业质量管理体系的认证与监督

《建筑法》规定，国家对从事建筑活动的单位推行质量体系认证制度。

1. 企业质量管理体系认证的意义

质量认证制度是由公正的第三方认证机构对企业的产品及质量体系作出正确可靠的评价，从而使社会对企业的产品建立信心。第三方质量认证制度自 20 世纪 80 年代以来已得到世界各国的普遍重视，它对供方、需方、社会和国家的利益都具有以下重要意义：

（1）提高供方企业的质量信誉。
（2）促进企业完善质量体系。
（3）增强国际市场竞争能力。
（4）减少社会重复检验和检查费用。
（5）有利于保护消费者利益。
（6）有利于法规的实施。

2. 企业质量管理体系认证的程序

1）申请和受理

具有法人资格，并已按 GB/T19000—2008 族标准或其他国际公认的质量体系规范建立了文件化的质量管理体系，并在生产经营全过程贯彻执行的企业可提出申请。申请单位须按要求填写申请书。认证机构经审查符合要求后接受申请，如不符合要求则不接受申请，接受或不接受均予发出书面通知书。

2）审核

认证机构派出审核组对申请方质量管理体系进行检查和评定，包括文件审查、现场审核，并提出审核报告。

3）审批与注册发证

认证机构对审核组提出的审核报告进行全面审查，对符合标准者予以批准并注册，发给认证证书（内容包括证书号、注册企业名称地址、认证和质量管理体系覆盖产品的范围、评价依据及质量保证模式标准及说明、发证机构、签发人和签发日期）。

3. 获准认证后的维持与监督管理

企业质量管理体系获准认证的有效期为 3 年。获准认证后，企业应通过经常性的内部审核，维持质量管理体系的有效性，并接受认证机构对企业质量管理体系实施监督管理。获准认证后的质量管理体系，维持与监督管理内容如下。

1）企业通报

认证合格的企业质量管理体系在运行中出现较大变化时，需向认证机构通报。认证机构接到通报后,视情况采取必要的监督检查措施。

2)监督检查

认证机构对认证合格单位质量管理体系维持情况进行监督性现场检查,包括定期和不定期的监督检查。定期检查通常是每年一次,不定期检查视需要临时安排。

3)认证注销

注销是企业的自愿行为。在企业质量管理体系发生变化或证书有效期届满未提出重新申请等情况下,认证持证者提出注销的,认证机构予以注销,收回该体系认证证书。

4)认证暂停

认证暂停是认证机构对获证企业质量管理体系发生不符合认证要求情况时采取的警告措施。认证暂停期间,企业不得使用质量管理体系认证证书做宣传。企业在规定期间采取纠正措施满足规定条件后,认证机构撤销认证暂停;否则将撤销认证注册,收回合格证书。

5)认证撤销

当获证企业发生质量管理体系存在严重不符合规定,或在认证暂停的规定期限未予整改,或发生其他构成撤销体系认证资格情况时,认证机构作出撤销认证的决定。企业不服可提出申诉。撤销认证的企业一年后可重新提出认证申请。

6)复 评

认证合格有效期满前,如企业愿继续延长,可向认证机构提出复评申请。

7)重新换证

在认证证书有效期内,出现体系认证标准变更、体系认证范围变更、体系认证证书持有者变更,可按规定重新换证。

第三节 建设工程项目施工质量控制

建设工程项目的施工质量控制,有两个方面的含义:一是指项目施工单位的施工质量控制,包括施工总承包、分包单位,综合的和专业的施工质量控制;二是指广义的施工阶段项目质量控制,即除了施工单位的施工质量控制外,还包括建设单位、设计单位、监理单位以及政府质量监督机构,在施工阶段对项目施工质量所实施的监督管理和控制职能。因此,项目管理者应全面理解施工质量控制的内涵,掌握项目施工阶段质量控制的目标、依据与基本环节,以及施工质量计划的编制和施工生产要素、施工准备工作和施工作业过程的质量控制方法。

一、施工质量控制的依据与基本环节

（一）施工质量的基本要求

工程项目施工是实现项目设计意图形成工程实体的阶段，是最终形成项目质量和实现项目使用价值的阶段。项目施工质量控制是整个工程项目质量控制的关键和重点。

施工质量要达到的最基本要求是：通过施工形成的项目工程实体质量经检查验收合格。

建筑工程施工质量验收合格应符合下列规定：

（1）符合工程勘察、设计文件的要求。

（2）符合《建筑工程施工质量验收统一标准》GB50300—2013 和相关专业验收规范的规定。

上述规定（1）是要符合勘察、设计对施工提出的要求。工程勘察、设计单位针对本工程的水文地质条件，根据建设单位的要求，从技术和经济结合的角度，为满足工程的使用功能和安全性、经济性、与环境的协调性等要求，以图纸、文件的形式对施工提出要求，是针对每个工程项目的个性化要求。

规定（2）是要符合国家法律、法规的要求。国家建设行政主管部门为了加强建筑工程质量管理，规范建筑工程施工质量的验收，保证工程质量，制订相应的标准和规范。这些标准、规范是主要从技术的角度，为保证房屋建筑各专业工程的安全性、可靠性、耐久性而提出的一般性要求。

施工质量在合格的前提下，还应符合施工承包合同约定的要求。施工承包合同的约定具体体现了建设单位的要求和施工单位的承诺，合同的约定全面体现了对施工形成的工程实体的适用性、安全性、耐久性、可靠性、经济性和与环境的协调性等六个方面质量特性的要求。

为了达到上述要求，项目的建设单位、勘察单位、设计单位、施工单位、工程监理单位应切实履行法定的质量责任和义务，在整个施工阶段对影响项目质量的各项因素实行有效的控制，以保证项目实施过程的工作质量来保证项目工程实体的质量。

（二）施工质量控制的依据

1. 共同性依据

共同性依据指适用于施工质量管理有关的、通用的、具有普遍指导意义和必须遵守的基本法规。主要包括：国家和政府有关部门颁布的与工程质量管理有关的法律法规性文件，如《建筑法》《中华人民共和国招标投标法》和《建设工程质量管理条例》等。

2. 专业技术性依据

专业技术性依据指针对不同的行业、不同质量控制对象制定的专业技术规范文件。包括规范、规程、标准、规定等,如:工程建设项目质量检验评定标准,有关建筑材料、半成品和构配件质量方面的专门技术法规性文件,有关材料验收、包装和标志等方面的技术标准和规定,施工工艺质量等方面的技术法规性文件,有关新工艺、新技术、新材料、新设备的质量规定和鉴定意见等。

3. 项目专用性依据

项目专用性依据指本项目的工程建设合同、勘察设计文件、设计交底及图纸会审记录、设计修改和技术变更通知,以及相关会议记录和工程联系单等。

(三)施工质量控制的基本环节

施工质量控制应贯彻全面、全员、全过程质量管理的思想,运用动态控制原理,进行质量的事前控制、事中控制和事后控制。

1. 事前质量控制

即在正式施工前进行的事前主动质量控制,通过编制施工质量计划,明确质量目标,制订施工方案,设置质量管理点,落实质量责任,分析可能导致质量目标偏离的各种影响因素,针对这些影响因素制定有效的预防措施,防患于未然。

事前质量预控必须充分发挥组织的技术和管理方面的整体优势,把长期形成的先进技术、管理方法和经验智慧,创造性地应用于工程项目。

事前质量预控要求针对质量控制对象的控制目标、活动条件、影响因素进行周密分析,找出薄弱环节,制定有效的控制措施和对策。

2. 事中质量控制

指在施工质量形成过程中,对影响施工质量的各种因素进行全面的动态控制。事中质量控制也称作业活动过程质量控制,包括质量活动主体的自我控制和他人监控的控制方式。自我控制是第一位的,即作业者在作业过程对自己质量活动行为的约束和技术能力的发挥,以完成符合预定质量目标的作业任务;他人监控是对作业者的质量活动过程和结果,由来自企业内部管理者和企业外部有关方面进行监督检查,如工程监理机构、政府质量监督部门等的监控。

施工质量的自控和监控是相辅相成的系统过程。自控主体的质量意识和能力是关键,是施工质量的决定因素;各监控主体所进行的施工质量监控是对自控行为的推动和约束。因此,自控主体必须正确处理自控和监控的关系,在致力于施工质量自控的同时,还必须接受来自业主、监理等方面对其质量行为和结果所进行的监督管理,包括质量检查、评价和验收。自控主体不能因为监控主体的存在和监控职能的实施而减轻或免除其质量责任。

事中质量控制的目标是确保工序质量合格,杜绝质量事故发生;控制的关键是坚持质量标准；控制的重点是工序质量、工作质量和质量控制点的控制。

3. 事后质量控制

事后质量控制也称为事后质量把关，以使不合格的工序或最终产品（包括单位工程或整个工程项目）不流入下道工序、不进入市场。事后控制包括对质量活动结果的评价、认定，对工序质量偏差的纠正，对不合格产品进行整改和处理。控制的重点是发现施工质量方面的缺陷，并通过分析提出施工质量改进的措施，保持质量处于受控状态。

以上三大环节不是互相孤立和截然分开的，它们共同构成有机的系统过程，实质上也就是质量管理 PDCA 循环的具体化，在每一次滚动循环中不断提高，达到质量管理和质量控制的持续改进。

二、施工质量计划的内容与编制方法

（一）施工质量计划的形式和内容

在建筑施工企业的质量管理体系中，以施工项目为对象的质量计划称为施工质量计划。

1. 施工质量计划的形式

目前，我国除了已经建立质量管理体系的施工企业直接采用施工质量计划的形式外，通常还采用在工程项目施工组织设计或施工项目管理实施规划中包含质量计划内容的形式，因此，现行的施工质量计划有三种形式：

（1）工程项目施工质量计划。
（2）工程项目施工组织设计（含施工质量计划）。
（3）施工项目管理实施规划（含施工质量计划）。

施工组织设计或施工项目管理实施规划之所以能发挥施工质量计划的作用，这是因为根据建筑生产的技术经济特点，每个工程项目都需要进行施工生产过程的组织与计划，包括施工质量、进度、成本、安全等目标的设定，实现目标的计划和控制措施的安排等。因此，施工质量计划所要求的内容，理所当然地被包含于施工组织设计或项目管理实施规划中，而且能够充分体现施工项目管理目标（质量、工期、成本、安全）的关联性、制约性和整体性，这也和全面质量管理的思想方法相一致。

2. 施工质量计划的基本内容

在已经建立质量管理体系的情况下，质量计划的内容必须全面体现和落实企业质量管理体系文件的要求（也可引用质量体系文件中的相关条文），编制程序、内容和编制依据符合有关规定，同时结合本工程的特点，在质量计划中编写专项管理要求。

施工质量计划的基本内容一般应包括：
（1）工程特点及施工条件（合同条件、法规条件和现场条件等）分析。
（2）质量总目标及其分解目标。
（3）质量管理组织机构和职责，人员及资源配置计划。
（4）确定施工工艺与操作方法的技术方案和施工组织方案。
（5）施工材料、设备等物资的质量管理及控制措施。
（6）施工质量检验、检测、试验工作的计划安排及其实施方法与检测标准。
（7）施工质量控制点及其跟踪控制的方式与要求。
（8）质量记录的要求等。

（二）施工质量计划的编制与审批

建设工程项目施工任务的组织，无论业主方采用平行发包还是总分包方式，都将涉及多方参与主体的质量责任。也就是说建筑产品的直接生产过程，是在协同方式下进行的，因此，在工程项目质量控制系统中，要按照谁实施、谁负责的原则，明确施工质量控制的主体构成及其各自的控制范围。

1. 施工质量计划的编制主体

施工质量计划应由自控主体即施工承包企业进行编制。在平行发包方式下，各承包单位应分别编制施工质量计划；在总分包模式下，施工总承包单位应编制总承包工程范围的施工质量计划，各分包单位编制相应分包范围的施工质量计划，作为施工总承包方质量计划的深化和组成部分。施工总承包方有责任对各分包方施工质量计划的编制进行指导和审核，并承担相应施工质量的连带责任。

2. 施工质量计划涵盖的范围

施工质量计划涵盖的范围，按整个工程项目质量控制的要求，应与建筑安装工程施工任务的实施范围相一致，以此保证整个项目建筑安装工程的施工质量总体受控；对具体施工任务承包单位而言，施工质量计划涵盖的范围，应能满足其履行工程承包合同质量责任的要求。项目的施工质量计划，应在施工程序、控制组织、控制措施、控制方式等方面，形成一个有机的质量计划系统，确保实现项目质量总目标和各分解目标的控制能力。

3. 施工质量计划的审批

施工单位的项目施工质量计划或施工组织设计文件编成后，应按照工程施工管理程序进行审批，包括施工企业内部的审批和项目监理机构的审查。

1）企业内部的审批

施工单位的项目施工质量计划或施工组织设计的编制与内部审批，应根据企业质量管理程序性文件规定的权限和流程进行。通常是由项目经理部主持编制，报企业组织管理层批准。

施工质量计划或施工组织设计文件的内部审批过程，是施工企业自主技术决策和管理决策的过程，也是发挥企业职能部门与施工项目管理团队的智慧和经验的过程。

2）项目监理机构的审查

实施工程监理的施工项目，按照我国建设工程监理规范的规定，施工承包单位必须在工程开工前填写《施工组织设计/（专项）施工方案报审表》并附施工组织设计（含施工质量计划），报送项目监理机构审查。项目监理机构应审查施工单位报审的施工组织设计，符合要求时，应由总监理工程师签认后报建设单位。施工组织设计需要调整时，应按程序重新审查。

（三）审批关系的处理原则

正确执行施工质量计划的审批程序，是正确理解工程质量目标和要求，保证施工部署、技术工艺方案和组织管理措施的合理性、先进性和经济性的重要环节，也是进行施工质量事前预控的重要方法。因此，在执行审批程序时，必须正确处理施工企业内部审批和监理机构审批的关系，其基本原则如下。

（1）充分发挥质量自控主体和监控主体的共同作用，在坚持项目质量标准和质量控制能力的前提下，正确处理承包人利益和项目利益的关系；施工企业内部的审批首先应从履行工程承包合同的角度，审查实现合同质量目标的合理性和可行性，以项目质量计划向发包方提供可信任的依据。

（2）施工质量计划在审批过程中，对监理机构审查所提出的建议、希望、要求等意见是否采纳以及采纳的程度，应由负责质量计划编制的施工单位自主决策。在满足合同和相关法规要求的情况下，确定质量计划的调整、修改和优化，并对相应执行结果承担责任。

（3）经过按规定程序审查批准的施工质量计划，在实施过程中如因条件变化需要对某些重要决定进行修改时，其修改内容仍应按照相应程序经过审批后执行。

（四）施工质量控制点的设置与管理

施工质量控制点的设置是施工质量计划的重要组成内容。施工质量控制点是施工质量控制的重点对象。

1. 质量控制点的设置

质量控制点应选择那些技术要求高、施工难度大、对工程质量影响大或是发生质量问题时危害大的对象进行设置。一般选择下列部位或环节作为质量控制点：

（1）对工程质量形成过程产生直接影响的关键部位、工序、环节及隐蔽工程。

（2）施工过程中的薄弱环节，或者质量不稳定的工序、部位或对象。

（3）对下道工序有较大影响的上道工序。

（4）采用新技术、新工艺、新材料的部位或环节。

（5）施工质量无把握的、施工条件困难的或技术难度大的工序或环节。

（6）用户反馈指出的和过去有过返工的不良工序。

2. 质量控制点的重点控制对象

质量控制点的选择要准确，还要根据对重要质量特性进行重点控制的要求，要选择质量控制点的重点部位、重点工序和重点的质量因素作为质量控制点的重点控制对象，进行重点预控和监控，从而有效地控制和保证施工质量。质量控制点的重点控制对象主要包括以下几个方面：

（1）人的行为。某些操作或工序，应以人为重点控制对象，如高空、高温、水下、易燃易爆、重型构件吊装作业以及操作要求高的工序和技术难度大的工序等，都应从人的生理、心理、技术能力等方面进行控制。

（2）材料的质量与性能。这是直接影响工程质量的重要因素，在某些工程中应作为控制的重点。如钢结构工程中使用的高强度螺栓、某些特殊焊接使用的焊条，都应重点控制其材质与性能；又如水泥的质量是直接影响混凝土工程质量的关键因素，施工中就应对进场的水泥质量进行重点控制，必须检查核对其出厂合格证，并按要求进行强度和安定性的复验等。

（3）施工方法与关键操作。某些直接影响工程质量的关键操作应作为控制的重点，如预应力钢筋的张拉工艺操作过程及张拉力的控制，是可靠地建立预应力值和保证预应力构件质量的关键过程。同时，那些易对工程质量产生重大影响的施工方法，也应列为控制的重点，如大模板施工中模板的稳定和组装问题、液压滑模施工时支撑杆稳定问题、升板法施工中提升量的控制问题等。

（4）施工技术参数。如混凝土的外加剂掺量、水灰比，回填土的含水量，砌体的砂浆饱满度，防水混凝土的抗渗等级，建筑物沉降与基坑边坡稳定监测数据，大体积混凝土内外温差及混凝土冬期施工受冻临界强度等技术参数都是应重点控制的质量参数与指标。

（5）技术间歇。有些工序之间必须留有必要的技术间歇时间，如：砌筑与抹灰之间，应在墙体砌筑后留6～10天时间，让墙体充分沉陷、稳定、干燥，然后再抹灰，抹灰层干燥后，才能喷白、刷浆；混凝土浇筑与模板拆除之间，应保证混凝土有一定的硬化时间，达到规定拆模强度后方可拆除等。

（6）施工顺序。某些工序之间必须严格控制先后的施工顺序，如：对冷拉的钢筋应当先焊接后冷拉，否则会失去冷强；屋架的安装固定，应采取对角同时施焊方法，否则会由于焊接应力导致校正好的屋架发生倾斜。

（7）易发生或常见的质量通病。如混凝土工程的蜂窝、麻面、空洞，墙、地面、屋面工程渗水、漏水、空鼓、起砂、裂缝等，都与工序操作有关，均应事先研究对策，提出预防措施。

（8）新技术、新材料及新工艺的应用。由于缺乏经验，施工时应将其作为重点进行控制。

（9）产品质量不稳定和不合格率较高的工序应列为重点，认真分析，严格控制。

（10）特殊地基或特种结构。对于湿陷性黄土、膨胀土、红黏土等特殊土地基的处理，以及大跨度结构、高耸结构等技术难度较大的施工环节和重要部位，均应予以特别的重视。

3. 质量控制点的管理

设定了质量控制点，质量控制的目标及工作重点就更加明晰。

首先，要做好施工质量控制点的事前质量预控工作，包括：明确质量控制的目标与控制参数；编制作业指导书和质量控制措施；确定质量检查检验方式及抽样的数量与方法；明确检查结果的判断标准及质量记录与信息反馈要求等。

其次，要向施工作业班组进行认真交底，使每一个控制点上的作业人员明白施工作业规程及质量检验评定标准，掌握施工操作要领；在施工过程中，相关技术管理和质量控制人员要在现场进行重点指导和检查验收。

同时，还要做好施工质量控制点的动态设置和动态跟踪管理。所谓动态设置，是指在工程开工前、设计交底和图纸会审时，可确定项目的一批质量控制点，随着工程的展开、施工条件的变化，随时或定期进行控制点的调整和更新。动态跟踪是应用动态控制原理，落实专人负责跟踪和记录控制点质量控制的状态和效果，并及时向项目管理组织的高层管理者反馈质量控制信息，保持施工质量控制点的受控状态。

对于危险性较大的分部分项工程或特殊施工过程，除按一般过程质量控制的规定执行外，还应由专业技术人员编制专项施工方案或作业指导书，经施工单位技术负责人、项目总监理工程师、建设单位项目负责人签字后执行。超过一定规模的危险性较大的分部分项工程，还要组织专家对专项方案进行论证。作业前施工员、技术员做好交底和记录，使操作人员在明确工艺标准、质量要求的基础上进行作业。为保证质量控制点的目标实现，应严格按照三级检查制度进行检查控制。在施工中发现质量控制点有异常时，应立即停止施工，召开分析会，查找原因采取对策予以解决。

施工单位应积极主动地支持、配合监理工程师的工作，应根据现场工程监理机构的要求，对施工作业质量控制点，按照不同的性质和管理要求，细分为"见证点"和"待检点"进行施工质量的监督和检查。凡属"见证点"的施工作业，如重要部位、特种作业、专门工艺等，施工方必须在该项作业开始前，书面通知现场监理机构到位旁站，见证施工作业过程；凡属"待检点"的施工作业，如隐蔽工程等，施工方必须在完成施工质量自检的基础上，提前通知项目监理机构进行检查验收，然后才能进行工程隐蔽或下道工序的施工。未经过项目监理机构检查验收合格,不得进行工程隐蔽或下道工序的施工。

三、施工生产要素的质量控制

施工生产要素是施工质量形成的物质基础,其质量的含义包括:作为劳动主体的施工人员,即直接参与施工的管理者、作业者的素质及其组织效果;作为劳动对象的建筑材料、半成品、工程用品、设备等的质量;作为劳动方法的施工工艺及技术措施的水平;作为劳动手段的施工机械、设备、工具、模具等的技术性能;施工环境——现场水文、地质、气象等自然环境,通风、照明、安全等作业环境以及协调配合的管理环境。

(一)施工人员的质量控制

施工人员的质量包括参与工程施工各类人员的施工技能、文化素养、生理体能、心理行为等方面的个体素质,以及经过合理组织和激励发挥个体潜能综合形成的群体素质。因此,企业应通过择优录用、加强思想教育及技能方面的教育培训,合理组织、严格考核,并辅以必要的激励机制,使企业员工的潜在能力得到充分的发挥和最好的组合,使施工人员在质量控制系统中发挥主体自控作用。

施工企业必须坚持执业资格注册制度和作业人员持证上岗制度;对所选派的施工项目领导者、组织者进行教育和培训,使其质量意识和组织管理能力能满足施工质量控制的要求;对所属施工队伍进行全员培训,加强质量意识的教育和技术训练,提高每个作业者的质量活动能力和自控能力;对分包单位进行严格的资质考核和施工人员的资格考核,其资质、资格必须符合相关法规的规定,与其分包的工程相适应。

(二)材料设备的质量控制

原材料、半成品及工程设备是工程实体的构成部分,其质量是项目工程实体质量的基础。加强原材料、半成品及工程设备的质量控制,不仅是提高工程质量的必要条件,也是实现工程项目投资目标和进度目标的前提。

对原材料、半成品及工程设备进行质量控制的主要内容为:控制材料设备的性能、标准、技术参数与设计文件的相符性;控制材料、设备各项技术性能指标、检验测试指标与标准规范要求的相符性;控制材料、设备进场验收程序的正确性及质量文件资料的完备性;控制优先采用节能低碳的新型建筑材料和设备,禁止使用国家明令禁用或淘汰的建筑材料和设备等。

施工单位应在施工过程中贯彻执行企业质量程序文件中关于材料和设备封样、采购、进场检验、抽样检测及质保资料提交等方面明确规定的一系列控制标准。

（三）工艺方案的质量控制

施工工艺的先进合理是直接影响工程质量、工程进度及工程造价的关键因素，施工工艺的合理可靠也直接影响到工程施工安全。因此在工程项目质量控制系统中，制定和采用技术先进、经济合理、安全可靠的施工技术工艺方案，是工程质量控制的重要环节。对施工工艺方案的质量控制主要包括以下内容：

（1）深入正确地分析工程特征、技术关键及环境条件等资料，明确质量目标、验收标准、控制的重点和难点。

（2）制定合理有效的有针对性的施工技术方案和组织方案，前者包括施工工艺、施工方法，后者包括施工区段划分、施工流向及劳动组织等。

（3）合理选用施工机械设备和设置施工临时设施，合理布置施工总平面图和各阶段施工平面图。

（4）选用和设计保证质量和安全的模具、脚手架等施工设备。

（5）编制工程所采用的新材料、新技术、新工艺的专项技术方案和质量管理方案。

（6）针对工程具体情况，分析气象、地质等环境因素对施工的影响，制定应对措施。

（四）施工机械的质量控制

施工机械是指施工过程中使用的各类机械设备，包括起重运输设备、人货两用电梯、加工机械、操作工具、测量仪器、计量器具以及专用工具和施工安全设施等。施工机械设备是所有施工方案和工法得以实施的重要物质基础，合理选择和正确使用施工机械设备是保证施工质量的重要措施。

（1）对施工所用的机械设备，应根据工程需要从设备选型、主要性能参数及使用操作要求等方面加以控制，符合安全、适用、经济、可靠和节能、环保等方面的要求。

（2）对施工中使用的模具、脚手架等施工设备，除可按适用的标准定型选用之外，一般需按设计及施工要求进行专项设计，对其设计方案及制作质量的控制及验收应作为重点进行控制。

（3）按现行施工管理制度要求，工程所用的施工机械、模板、脚手架，特别是危险性较大的现场安装的起重机械设备，不仅要对其设计安装方案进行审批，而且安装完毕交付使用前必须经专业管理部门的验收，合格后方可使用。同时，在使用过程中尚需落实相应的管理制度，以确保其安全正常使用。

（五）施工环境因素的控制

环境的因素主要包括施工现场自然环境因素、施工质量管理环境因素和施工作业环境因素。环境因素对工程质量的影响，具有复杂多变和不确定性的特点，具有明显的风险特性。要减少其对施工质量的不利影响，主要是采取预测预防的风险控制方法。

1. 对施工现场自然环境因素的控制

对地质、水文等方面影响因素,应根据设计要求,分析工程岩土地质资料,预测不利因素,并会同设计等方面制定相应的措施,采取如基坑降水、排水、加固围护等技术控制方案。

对天气气象方面的影响因素,应在施工方案中制定专项紧急预案,明确在不利条件的施工措施,落实人员、器材等方面的准备,加强施工过程中的监控与预警。

2. 对施工质量管理环境因素的控制

施工质量管理环境因素主要指施工单位质量保证体系、质量管理制度和各参建施工单位之间的协调等因素。要根据工程承发包的合同结构,理顺管理关系,建立统一的现场施工组织系统和质量管理的综合运行机制,确保质量保证体系处于良好的状态,创造良好的质量管理环境和氛围,使施工顺利进行,保证施工质量。

3. 对施工作业环境因素的控制

施工作业环境因素主要是指施工现场的给水排水条件,各种能源介质供应,施工照明、通风、安全防护设施,施工场地空间条件和通道,以及交通运输和道路条件等因素。要认真实施经过审批的施工组织设计和施工方案,落实保证措施,严格执行相关管理制度和施工纪律,保证上述环境条件良好,使施工顺利进行以及施工质量得到保证。

四、施工准备的质量控制

(一)施工技术准备工作的质量控制

施工技术准备是指在正式开展施工作业活动前进行的技术准备工作。这类工作内容繁多,主要在室内进行,例如:熟悉施工图纸,组织设计交底和图纸审查;进行工程项目检查验收的项目划分和编号;审核相关质量文件,细化施工技术方案和施工人员、机具的配置方案,编制施工作业技术指导书,绘制各种施工详图(如测量放线图、大样图及配筋、配板、配线图表等),进行必要的技术交底和技术培训。如果施工准备工作出错,必然影响施工进度和作业质量,甚至直接导致质量事故的发生。

技术准备工作的质量控制,包括:对上述技术准备工作成果的复核审查,检查这些成果是否符合设计图纸和施工技术标准的要求;依据经过审批的质量计划审查、完善施工质量控制措施;针对质量控制点,明确质量控制的重点对象和控制方法;尽可能地提高上述工作成果对施工质量的保证程度等。

(二)现场施工准备工作的质量控制

1. 计量控制

这是施工质量控制的一项重要基础工作。施工过程中的计量,包括施工生产时的投料计量、施工测量、监测计量以及对项目、产品或过程的测试、检验、分析计量等。开工前要建立和完善施工现场计量管理的规章制度；明确计量控制责任者和配置必要的计量人员；严格按规定对计量器具进行维修和校验；统一计量单位，组织量值传递，保证量值统一，从而保证施工过程中计量的准确。

2. 测量控制

工程测量放线是建设工程产品由设计转化为实物的第一步。施工测量质量的好坏，直接决定工程的定位和标高是否正确，并且制约施工过程有关工序的质量。因此，施工单位在开工前应编制测量控制方案，经项目技术负责人批准后实施。要对建设单位提供的原始坐标点、基准线和水准点等测量控制点线进行复核，并将复测结果上报监理工程师审核，批准后施工单位才能建立施工测量控制网，进行工程定位和标高基准的控制。

3. 施工平面图控制

建设单位应按照合同约定并充分考虑施工的实际需要，事先划定并提供施工用地和现场临时设施用地的范围，协调平衡和审查批准各施工单位的施工平面设计。施工单位要严格按照批准的施工平面布置图，科学合理地使用施工场地，正确安装设置施工机械设备和其他临时设施，维护现场施工道路畅通无阻和通信设施完好，合理控制材料的进场与堆放，保持良好的防洪排水能力，保证充分的给水和供电。建设（监理）单位应会同施工单位制定严格的施工场地管理制度、施工纪律和相应的奖惩措施，严禁乱占场地和擅自断水、断电、断路，及时制止和处理各种违纪行为，并做好施工现场的质量检查记录。

（三）工程质量检查验收的项目划分

一个建设工程项目从施工准备开始到竣工交付使用，要经过若干工序、工种的配合施工。施工质量的优劣，取决于各个施工工序、工种的管理水平和操作质量。因此，为了便于控制、检查、评定和监督每个工序和工种的工作质量，就要把整个项目逐级划分为若干个子项目，并分级进行编号，在施工过程中据此来进行质量控制和检查验收。这是进行施工质量控制的一项重要准备工作，应在项目施工开始之前进行。项目划分越合理、明细，越有利于分清质量责任，便于施工人员进行质量自控和检查监督人员检查验收，也有利于质量记录等资料的填写、整理和归档。

根据《建筑工程施工质量验收统一标准》GB50300—2013（以下简称《统一标准》）的规定，建筑工程质量验收应划分为单位工程、分部工程、分项工程和检验批。

（1）单位工程的划分应按下列原则确定：

① 具备独立施工条件并能形成独立使用功能的建筑物及构筑物为一个单位工程。

② 对于建筑规模较大的单位工程，可将其能形成独立使用功能的部分划为一个子单位工程。

（2）分部工程的划分应按下列原则确定：

① 可按专业性质、工程部位确定。例如，一般的建筑工程可划分为地基与基础、主体结构、建筑装饰装修、建筑屋面、建筑给水排水及采暖、建筑电气、智能建筑、通风与空调、建筑节能、电梯等分部工程。

② 当分部工程较大或较复杂时，可按材料种类、施工特点、施工程序、专业系统及类别等划分为若干子分部工程。

（3）分项工程可按主要工种、材料、施工工艺、设备类别等进行划分。

（4）检验批可根据施工、质量控制和专业验收需要，按工程量、楼层、施工段、变形缝等进行划分。

（5）建筑工程的分部、分项工程划分宜按《统一标准》采用。

（6）室外工程可根据专业类别和工程规模按《统一标准》的规定划分单位工程分部工程。

五、施工过程的质量控制

施工过程的质量控制，是在工程项目质量实际形成过程中的事中质量控制。

建设工程项目施工是由一系列相互关联、相互制约的作业过程（工序）构成，因此施工质量控制，必须对全部作业过程，即各道工序的作业质量持续进行控制。从项目管理的立场看，工序作业质量的控制，首先是质量生产者即作业者的自控，在施工生产要素合格的条件下，作业者能力及其发挥的状况是决定作业质量的关键。其次，是来自作业者外部的各种作业质量检查、验收和对质量行为的监督，也是不可缺少的设防和把关的管理措施。

（一）工序施工质量控制

工序是人、材料、机械设备、施工方法和环境因素对工程质量综合起作用的过程，所以对施工过程的质量控制，必须以工序作业质量控制为基础和核心。因此，工序的质量控制是施工阶段质量控制的重点。只有严格控制工序质量，才能确保施工项目的实体质量。工序施工质量控制主要包括工序施工条件质量控制和工序施工效果质量控制。

1. 工序施工条件控制

工序施工条件是指从事工序活动的各生产要素质量及生产环境条件。工序施工条件控制就是控制工序活动的各种投入要素质量和环境条件质量。控制的手段主要有：检查、测试、试验、跟踪监督等。控制的依据主要是：设计质量标准、材料质量标准、机械设备技术性能标准、施工工艺标准以及操作规程等。

2. 工序施工效果控制

工序施工效果主要反映工序产品的质量特征和特性指标。对工序施工效果的控制就是控制工序产品的质量特征和特性指标能否达到设计质量标准以及施工质量验收标准的要求。工序施工效果控制属于事后质量控制，其控制的主要途径是：实测获取数据、统计分析所获取的数据、判断认定质量等级和纠正质量偏差。

按有关施工验收规范规定，下列工序质量必须进行现场质量检测，合格后才能进行下道工序。

1）地基基础工程

（1）地基及复合地基承载力检测

对灰土地基、砂和砂石地基、土工合成材料地基、粉煤灰地基、强夯地基、注浆地基、预压地基，其竣工后的结果（地基强度或承载力）必须达到设计要求的标准。检验数量，每单位工程不应少于3点，1 000 m^2 以上工程，每100 m^2 至少应有1点，3 000 m^2 以上工程，每300 m^2 至少应有1点。每一独立基础下至少应有1点，基槽每20延米应有1点。

对水泥土搅拌桩复合地基、高压喷射注浆桩复合地基、砂桩地基、振冲桩复合地基、土和灰土挤密桩复合地基、水泥粉煤灰碎石桩复合地基及夯实水泥土桩复合地基，其承载力检验，数量为总数的0.5%~1%，但不应小于3处。有单桩强度检验要求时，数量为总数的0.5%~1%，但不应少于3根。

（2）工程桩的承载力检测

对于地基基础设计等级为甲级或地质条件复杂，成桩质量可靠性低的灌注桩，应采用静载荷试验的方法进行检验，检验桩数不应少于总数的1%，且不应少于3根，当总桩数少于50根时，不应少于2根。

设计等级为甲级、乙级的桩基或地质条件复杂，桩施工质量可靠性低，本地区采用的新桩型或新工艺的桩基应进行桩的承载力检测。检测数量在同一条件下不应少于3根，且不宜少于总桩数的1%。

（3）桩身质量检验

对设计等级为甲级或地质条件复杂，成桩质量可靠性低的灌注桩，抽检数量不应少于总数的30%，且不应少于20根；其他桩基工程的抽检数量不应少于总数的20%，且不应少于10根；对混凝土预制桩及地下水位以上且终孔后经过核验的灌注桩，检验数量不应少于总桩数的10%，且不得少于10根。每个柱子承台下不得少于1根。

2）主体结构工程

（1）混凝土、砂浆、砌体强度现场检测

检测同一强度等级同条件养护的试块强度，以此检测结果代表工程实体的结构强度。

混凝土：按统计方法评定混凝土强度的基本条件是，同一强度等级的同条件养护试件的留置数量不宜少于 10 组，按非统计方法评定混凝土强度时，留置数量不应少于 3 组。

砂浆抽检数量：每一检验批且不超过 250 m³ 砌体的各种类型及强度等级的砌筑砂浆，每台搅拌机应至少抽检一次。

砌体：普通砖 15 万块、多孔砖 5 万块、灰砂砖及粉煤灰砖 10 万块各为一检验批，抽检数量为一组。

（2）钢筋保护层厚度检测

钢筋保护层厚度检测的结构部位，应由监理（建设）、施工等各方根据结构构件的重要性共同选定。

对梁类、板类构件，应各抽取构件数量的 2%且不少于 5 个构件进行检验。

（3）混凝土预制构件结构性能检测

对成批生产的构件，应按同一工艺正常生产的不超过 1 000 件且不超过 3 个月的同类型产品为一批。在每批中应随机抽取一个构件作为试件进行检验。

3）建筑幕墙工程

（1）铝塑复合板的剥离强度检测。

（2）石材的弯曲强度；室内用花岗石的放射性检测。

（3）玻璃幕墙用结构胶的邵氏硬度、标准条件拉伸黏结强度、相容性试验；石材用结构胶结强度及石材用密封胶的污染性检测。

（4）建筑幕墙的气密性、水密性、风压变形性能、层间变位性能检测。

（5）硅酮结构胶相容性检测。

4）钢结构及管道工程

（1）钢结构及钢管焊接质量无损检测：对有无损检验要求的焊缝，竣工图上应标明焊缝编号、无损检验方法、局部无损检验焊缝的位置、底片编号、热处理焊缝位置及编号、焊缝补焊位置及施焊焊工代号；焊缝施焊记录及检查、检验记录应符合相关标准的规定。

（2）钢结构、钢管防腐及防火涂装检测。

（3）钢结构节点、机械连接用紧固标准件及高强度螺栓力学性能检测。

（二）施工作业质量的自控

1. 施工作业质量自控的意义

施工作业质量的自控，从经营的层面上说，强调的是作为建筑产品生产者和经营者的施工企业，应全面履行企业的质量责任，向顾客提供质量合格的工程产品；从生产的过程来说，强调的是施工作业者的岗位质量责任，向后道工序提供合格的作业成果。因此,施工方是施工阶段质量自控主体。施工方不能因为监控主体的存在和监控责任的实施而减轻或免除其质量责任。我国《建筑法》和《建设工程质量管理条例》规定:施工单位对建设工程的施工质量负责;施工单位必须按照工程设计要求、施工技术标准和合同的约定,对建筑材料、建筑构配件和设备进行检验,不合格的不得使用。

施工方作为工程施工质量的自控主体,既要遵循本企业质量管理体系的要求,也要根据其在所承建的工程项目质量控制系统中的地位和责任,通过具体项目质量计划的编制与实施,有效地实现施工质量的自控目标。

2. 施工作业质量自控的程序

施工作业质量的自控过程是由施工作业组织的成员进行的,其基本的控制程序包括:作业技术交底、作业活动的实施和作业质量的自检自查、互检互查以及专职管理人员的质量检查等。

1)施工作业技术的交底

技术交底是施工组织设计和施工方案的具体化,施工作业技术交底的内容必须具有可行性和可操作性。

从项目的施工组织设计到分部分项工程的作业计划,在实施之前都必须逐级进行交底,其目的是使管理者的计划和决策意图为实施人员所理解。施工作业交底是最基层的技术和管理交底活动,施工总承包方和工程监理机构都要对施工作业交底进行监督。作业交底的内容包括作业范围、施工依据、作业程序、技术标准和要领、质量目标以及其他与安全、进度、成本、环境等目标管理有关的要求和注意事项。

2)施工作业活动的实施

施工作业活动是由一系列工序所组成的。为了保证工序质量的受控,首先要对作业条件进行再确认,即按照作业计划检查作业准备状态是否落实到位,其中包括对施工程序和作业工艺顺序的检查确认,在此基础上,严格按作业计划的程序、步骤和质量要求展开工序作业活动。

3)施工作业质量的检验

施工作业的质量检查,是贯穿整个施工过程的最基本的质量控制活动,包括施工单位内部的工序作业质量自检、互检、专检和交接检查;以及现场监理机构的旁站检查、平行检验等。施工作业质量检查是施工质量验收的基础,已完检验批及分部分项工程的施工质量,必须在施工单位完成质量自检并确认合格之后,才能报请现场监理机构进行检查验收。

前道工序作业质量经验收合格后,才可进入下道工序施工。未经验收合格的工序,不得进入下道工序施工。

3. 施工作业质量自控的要求

工序作业质量是直接形成工程质量的基础，为达到对工序作业质量控制的效果，在加强工序管理和质量目标控制方面应坚持以下要求：

1）预防为主

严格按照施工质量计划的要求，进行各分部分项施工作业的部署。同时，根据施工作业的内容、范围和特点，制定施工作业计划，明确作业质量目标和作业技术要领，认真进行作业技术交底，落实各项作业技术组织措施。

2）重点控制

在施工作业计划中，一方面要认真贯彻实施施工质量计划中的质量控制点的控制措施，同时，要根据作业活动的实际需要，进一步建立工序作业控制点，深化工序作业的重点控制。

3）坚持标准

工序作业人员在工序作业过程应严格进行质量自检，通过自检不断改善作业，并创造条件开展作业质量互检，通过互检加强技术与经验的交流。对已完工序作业产品，即检验批或分部分项工程，应严格坚持质量标准。对不合格的施工作业质量，不得进行验收签证，必须按照规定的程序进行处理。

《建筑工程施工质量验收统一标准》GB50300—2013及配套使用的专业质量验收规范，是施工作业质量自控的合格标准。有条件的施工企业或项目经理部应结合自己的条件编制高于国家标准的企业内控标准或工程项目内控标准，或采用施工承包合同明确规定的更高标准，列入质量计划中，努力提升工程质量水平。

4）记录完整

施工图纸、质量计划、作业指导书、材料质保书、检验试验及检测报告、质量验收记录等，是形成可追溯性的质量保证依据，也是工程竣工验收所不可缺少的质量控制资料。因此，对工序作业质量，应有计划、有步骤地按照施工管理规范的要求进行填写记载，做到及时、准确、完整、有效，并具有可追溯性。

4. 施工作业质量自控的制度

根据实践经验的总结，施工作业质量自控的有效制度有：质量自检制度；质量例会制度；质量会诊制度；质量样板制度；质量挂牌制度；每月质量讲评制度等。

（三）施工作业质量的监控

1. 施工作业质量的监控主体

为了保证项目质量，建设单位、监理单位、设计单位及政府的工程质量监督部门，在施工阶段依据法律法规和工程施工承包合同，对施工单位的质量行为和项目实体质量实施监督控制。

设计单位应当就审查合格的施工图纸设计文件向施工单位作出详细说明,应当参与建设工程质量事故分析,并对因设计造成的质量事故,提出相应的技术处理方案。

建设单位在领取施工许可证或者开工报告前,应当按照国家有关规定办理工程质量监督手续。作为监控主体之一的项目监理机构,在施工作业实施过程中,根据其监理规划与实施细则,采取现场旁站、巡视、平行检验等形式,对施工作业质量进行监督检查,如发现工程施工不符合工程设计要求、施工技术标准和合同约定的,有权要求施工单位改正。监理机构应进行检查而没有检查或没有按规定进行检查的,给建设单位造成损失时应承担赔偿责任。

必须强调,施工质量的自控主体和监控主体,在施工全过程相互依存、各尽其责,共同推动着施工质量控制过程的展开和最终实现工程项目的质量总目标。

2. 现场质量检查

现场质量检查是施工作业质量监控的主要手段。

1)现场质量检查的内容

(1)开工前的检查,主要检查是否具备开工条件,开工后是否能够保持连续正常施工,能否保证工程质量。

(2)工序交接检查,对于重要的工序或对工程质量有重大影响的工序,应严格执行"三检"制度(即自检、互检、专检),未经监理工程师(或建设单位本项目技术负责人)检查认可,不得进行下道工序施工。

(3)隐蔽工程的检查,施工中凡是隐蔽工程必须检查认证后方可进行隐蔽掩盖。

(4)停工后复工的检查,因客观因素停工或处理质量事故等停工复工时,经检查认可后方能复工。

(5)分项、分部工程完工后的检查,应经检查认可,并签署验收记录后,才能进行下一工程项目的施工。

(6)成品保护的检查,检查成品有无保护措施以及保护措施是否有效可靠。

2)现场质量检查的方法

(1)目测法

即凭借感官进行检查,也称观感质量检验,其手段可概括为"看、摸、敲、照"四个字。

看——根据质量标准要求进行外观检查。例如,清水墙面是否洁净,喷涂的密实度和颜色是否良好、均匀,工人的操作是否正常,内墙抹灰的大面及口角是否平直,混凝土外观是否符合要求等。

摸——通过触摸手感进行检查、鉴别。例如油漆的光滑度,浆活是否牢固、不掉粉等。

敲——运用敲击工具进行音感检查。例如，对地面工程、装饰工程中的水磨石、面砖、石材饰面等，均应进行敲击检查。

照——通过人工光源或反射光照射，检查难以看到或光线较暗的部位。例如，管道井、电梯井等内部管线、设备安装质量，装饰吊顶内连接及设备安装质量等。

（2）实测法

就是通过实测数据与施工规范、质量标准的要求及允许偏差值进行对照，以此判断质量是否符合要求，其手段可概括为"靠、量、吊、套"四个字。

靠——用直尺、塞尺检查诸如墙面、地面、路面等的平整度。

量——用测量工具和计量仪表等检查断面尺寸、轴线、标高、湿度、温度等的偏差。例如，大理石板拼缝尺寸，摊铺沥青拌和料的温度，混凝土坍落度的检测等。

吊——利用托线板以及线坠吊线检查垂直度。例如，砌体垂直度检查、门窗的安装等。

套——以方尺套方，辅以塞尺检查。例如，对阴阳角的方正、踢脚线的垂直度、预制构件的方正、门窗口及构件的对角线检查等。

（3）试验法

试验法是指通过必要的试验手段对质量进行判断的检查方法，主要包括如下内容：

① 理化试验

工程中常用的理化试验包括物理力学性能方面的检验和化学成分及化学性能的测定等两个方面。物理力学性能的检验，包括各种力学指标的测定，如抗拉强度、抗压强度、抗弯强度、抗折强度、冲击韧性、硬度、承载力等，以及各种物理性能方面的测定，如密度、含水量、凝结时间、安定性及抗渗、耐磨、耐热性能等。化学成分及化学性质的测定，如钢筋中的磷、硫含量，混凝土中粗骨料中的活性氧化硅成分，以及耐酸、耐碱、抗腐蚀性等。此外，根据规定有时还需进行现场试验，例如，对桩或地基的静载试验、下水管道的通水试验、压力管道的耐压试验、防水层的蓄水或淋水试验等。

② 无损检测

利用专门的仪器仪表从表面探测结构物、材料、设备的内部组织结构或损伤情况。常用的无损检测方法有超声波探伤、X射线探伤、γ射线探伤等。

3. 技术核定与见证取样送检

1）技术核定

在建设工程项目施工过程中，因施工方对施工图纸的某些要求不甚明白，或图纸内部存在某些矛盾，或工程材料调整与代用，改变建筑节点构造、管线位置或走向等，需要通过设计单位明确或确认的，施工方必须以技术核定单的方式向监理工程师提出，报送设计单位核准确认。

2）见证取样送检

为了保证建设工程质量，我国规定对工程所使用的主要材料、半成品、构配件以及施工过程留置的试块、试件等应实行现场见证取样送检。见证人员由建设单位及工程监理机构中有相关专业知识的人员担任；送检的试验室应具备经国家或地方工程检验检测主管部门核准的相关资质；见证取样送检必须严格按规定的程序进行，包括取样见证并记录、样本编号、填单、封箱、送试验室、核对、交接、试验检测、报告等。

检测机构应当建立档案管理制度。检测合同、委托单、原始记录、检测报告应当按年度统一编号，编号应当连续，不得随意抽撤、涂改。

（四）隐蔽工程验收与成品质量保护

1. 隐蔽工程验收

凡被后续施工所覆盖的施工内容，如地基基础工程、钢筋工程、预埋管线等均属隐蔽工程。加强隐蔽工程质量验收，是施工质量控制的重要环节。其程序要求施工方首先应完成自检并合格，然后填写专用的"隐蔽工程验收单"。验收单所列的验收内容应与已完的隐蔽工程实物相一致，并事先通知监理机构及有关方面，按约定时间进行验收。验收合格的隐蔽工程由各方共同签署验收记录；验收不合格的隐蔽工程，应按验收整改意见进行整改后重新验收。严格隐蔽工程验收的程序和记录，对于预防工程质量隐患，提供可追溯质量记录具有重要作用。

2. 施工成品质量保护

建设工程项目已完施工的成品保护，目的是避免已完施工成品受到来自后续施工以及其他方面的污染或损坏。已完施工的成品保护问题和相应措施，在工程施工组织设计与计划阶段就应该从施工顺序上进行考虑，防止施工顺序不当或交叉作业造成相互干扰、污染和损坏；成品形成后可采取防护、覆盖、封闭、包裹等相应措施进行保护。

第四节　建设施工项目质量验收

建设工程项目的质量验收，主要是指工程施工质量的验收。建筑工程的施工质量验收应按照《建筑工程施工质量验收统一标准》GB50300—2013进行。该标准是建筑工程各专业工程施工质量验收规范编制的统一准则，各专业工程施工质量验收规范应与该标准配合使用。根据上述施工质量验收统一标准，所谓"验收"，是指建筑工程在施工单位自行质量检查评定的基础上，参与建设活动的有关单位共同对检验批、分项、分部、单位工程的质量进行抽样复验，根据相关标准以书面形式对工程质量达到合格与否作出确认。

正确地进行工程项目质量的检查评定和验收，是施工质量控制的重要环节。施工质量验收包括施工过程的质量验收及工程项目竣工质量验收两个部分。

一、施工过程的质量验收

如前所述，工程项目质量验收，应将项目划分为单位工程、分部工程、分项工程和检验批进行验收。施工过程质量验收主要是指检验批和分项、分部工程的质量验收。

（一）施工过程质量验收的内容

《建筑工程施工质量验收统一标准》GB50300—2013与各个专业工程施工质量验收规范，明确规定了各分项工程的施工质量的基本要求，规定了分项工程检验批量的抽查办法和抽查数量，规定了检验批主控项目、一般项目的检查内容和允许偏差，规定了对主控项目、一般项目的检验方法，规定了各分部工程验收的方法和需要的技术资料等，同时对涉及人民生命财产安全、人身健康、环境保护和公共利益的内容以强制性条文作出规定，要求必须坚决、严格遵照执行。

检验批和分项工程是质量验收的基本单元；分部工程是在所含全部分项工程验收的基础上进行验收的，在施工过程中随完工随验收，并留下完整的质量验收记录和资料；单位工程作为具有独立使用功能的完整的建筑产品，进行竣工质量验收。

施工过程的质量验收包括以下验收环节，通过验收后留下完整的质量验收记录和资料，为工程项目竣工质量验收提供依据：

1. 检验批质量验收

所谓检验批是指"按同一的生产条件或按规定的方式汇总起来供检验用的，由一定数量样本组成的检验体"。检验批是工程验收的最小单位，是分项工程乃至整个建筑工程质量验收的基础。检验批应由专业监理工程师组织施工单位项目专业质量检查员、专业工长等进行验收。

检验批质量验收合格应符合下列规定：
（1）主控项目的质量经抽样检验均应合格。
（2）一般项目的质量经抽样检验合格。
（3）具有完整的施工操作依据、质量验收记录。

主控项目是指建筑工程中的对安全、节能、环境保护和主要使用功能起决定性作用的检验项目。主控项目的验收必须从严要求，不允许有不符合要求的检验结果，主控项目的检查具有否决权。除主控项目以外的检验项目称为一般项目。

2. 分项工程质量验收

分项工程的质量验收在检验批验收的基础上进行。一般情况下，两者具有相同或相近的性质，只是批量的大小不同而已。分项工程可由一个或若干检验批组成。分项工程应由专业监理工程师组织施工单位项目专业技术负责人进行验收。

分项工程质量验收合格应符合下列规定：
（1）所含检验批的质量均应验收合格。
（2）所含检验批的质量验收记录应完整。

3. 分部工程质量验收

分部工程的验收在其所含各分项工程验收的基础上进行分部工程应由总监理工程师组织施工单位项目负责人和项目技术负责人等进行验收；勘察、设计单位项目负责人和施工单位技术、质量部门负责人应参加地基与基础分部工程验收；设计单位项目负责人和施工单位技术、质量部门负责人应参加主体结构、节能分部工程验收。

分部工程质量验收合格应符合下列规定：
（1）所含分项工程的质量均应验收合格。
（2）质量控制资料应完整。
（3）地基与基础、主体结构和设备安装等分部工程有关安全及功能的检验和抽样检测结果应符合有关规定。
（4）观感质量验收应符合要求。

必须注意的是，由于分部工程所含的各分项工程性质不同，因此它并不是在所含分项验收基础上的简单相加，即所含分项验收合格且质量控制资料完整，只是分部工程质量验收的基本条件，还必须在此基础上对涉及安全、节能、环境保护和主要使用功能的地基基础、主体结构和设备安装分部工程进行见证取样试验或抽样检测；而且还需要对其观感质量进行验收，并综合给出质量评价，对于评价为"差"的检查点应通过返修处理等进行补救。

（二）施工过程质量验收不合格的处理

（1）施工过程的质量验收是以检验批的施工质量为基本验收单元。检验批质量不合格可能是由于使用的材料不合格，或施工作业质量不合格，或质量控制资料不完整等原因所致，其处理方法有：

① 在检验批验收时，发现存在严重缺陷的应推倒重做，有一般的缺陷可通过返修或更换器具、设备消除缺陷后重新进行验收。

② 个别检验批发现某些项目或指标（如试块强度等）不满足要求难以确定是否验收时，应请有资质的检测单位检测鉴定，当鉴定结果能够达到设计要求时，应予以验收。

③ 当检测鉴定达不到设计要求，但经原设计单位核算认可能够满足结构安全和使用功能的检验批，可予以验收。

（2）严重质量缺陷或超过检验批范围内的缺陷，经法定检测单位检测鉴定以后，认为不能满足最低限度的安全储备和使用功能,则必须进行加固处理,经返修或加固处理的分项分部工程,满足安全及使用功能要求时,可按技术处理方案和协商文件的要求予以验收,责任方应承担经济责任。

(3)通过返修或加固处理后仍不能满足安全使用要求的分部工程及单位工程,严禁验收。

二、竣工质量验收

项目竣工质量验收是施工质量控制的最后一个环节,是对施工过程质量控制成果的全面检验,是从终端把关方面进行质量控制。未经验收或验收不合格的工程,不得交付使用。

1. 竣工质量验收的依据

工程项目竣工质量验收的依据有:

(1)国家相关法律法规和建设主管部门颁布的管理条例和办法。
(2)工程施工质量验收统一标准。
(3)专业工程施工质量验收规范。
(4)批准的设计文件、施工图纸及说明书。
(5)工程施工承包合同。
(6)其他相关文件。

2. 竣工质量验收的条件

工程符合下列条件方可进行竣工验收:

(1)完成工程设计和合同约定的各项内容。
(2)施工单位在工程完工后对工程质量进行了检查,确认工程质量符合有关法律、法规和工程建设强制性标准,符合设计文件及合同要求,并提出工程竣工报告。工程竣工报告应经项目经理和施工单位有关负责人审核签字。
(3)对于委托监理的工程项目,监理单位对工程进行了质量评估,具有完整的监理资料,并提出工程质量评估报告。工程质量评估报告应经总监理工程师和监理单位有关负责人审核签字。
(4)勘察、设计单位对勘察、设计文件及施工过程中由设计单位签署的设计变更通知书进行了检查,并提出质量检查报告。质量检查报告应经该项目勘察、设计负责人和勘察、设计单位有关负责人审核签字。
(5)有完整的技术档案和施工管理资料。
(6)有工程使用的主要建筑材料、建筑构配件和设备的进场试验报告,以及工程质量检测和功能性试验资料。

（7）建设单位已按合同约定支付工程款。
（8）有施工单位签署的工程质量保修书。
（9）对于住宅工程，进行分户验收并验收合格，建设单位按户出具"住宅工程质量分户验收表"。
（10）建设主管部门及工程质量监督机构责令整改的问题全部整改完毕。
（11）法律、法规规定的其他条件。

3．竣工质量验收的标准

单位工程是工程项目竣工质量验收的基本对象。单位工程质量验收合格应符合下列规定：

（1）所含分部工程的质量均应验收合格。
（2）质量控制资料应完整。
（3）所含分部工程有关安全、节能、环境保护和主要使用功能的检验资料应完整。
（4）主要使用功能的抽查结果应符合相关专业质量验收规范的规定。
（5）观感质量应符合要求。

4．竣工质量验收的程序和组织

单位工程中的分包工程完工后，分包单位应对所承包的工程项目进行自检，并应按规定的程序进行验收，验收时，总包单位应派人参加。单位工程完工后，施工单位应组织有关人员进行自检。总监理工程师应组织各专业监理工程师对工程质量进行竣工预验收。存在施工质量问题时，应由施工单位及时整改。

工程竣工质量验收由建设单位负责组织实施。建设单位组织单位工程质量验收时，分包单位负责人应参与验收。

竣工质量验收应当按以下程序进行：

（1）工程完工并对存在的质量问题整改完毕后，施工单位向建设单位提交工程竣工报告，申请工程竣工验收。实行监理的工程，工程竣工报告须经总监理工程师签署意见。

（2）建设单位收到工程竣工报告后，对符合竣工验收要求的工程，组织勘察、设计、施工、监理等单位组成验收组，制订验收方案。对于重大工程和技术复杂工程，根据需要可邀请有关专家参加验收组。

（3）建设单位应当在工程竣工验收 7 个工作日前将验收的时间、地点及验收组名单书面通知负责监督改工程的工程质量监督机构。

（4）建设单位组织工程竣工验收。

5．竣工验收报告

工程竣工验收合格后，建设单位应当及时提出工程竣工验收报告。工程竣工验收报告主要包括工程概况，建设单位执行基本建设程序情况，对工程勘察、设计、施工、监理等方面的评价，工程竣工验收时间、程序、内容和组织形式，工程竣工验收意见等内容。

工程竣工验收报告还应附有下列文件：
（1）施工许可证。
（2）施工图设计文件审查意见。
（3）上述竣工质量验收的条件中（2）、（3）、（4）、（8）项规定的文件。
（4）验收组人员签署的工程竣工验收意见。
（5）法规、规章规定的其他有关文件。

6. 竣工验收备案

建设单位应当自建设工程竣工验收合格之日起 15 日内，向工程所在地的县级以上地方人民政府建设主管部门备案。

建设单位办理竣工验收备案应当提交下列文件：
（1）工程竣工验收备案表。
（2）工程竣工验收报告。
（3）法律、行政法规规定应当由规划、环保等部门出具的认可文件或者准许使用文件。
（4）法律规定应由公安消防部门出具的对大型的人员密集场所和其他特殊建设工程验收合格的证明文件。
（5）施工单位签署的工程质量保修书。
（6）法规、规章规定必须提供的其他文件。

住宅工程还应当提交"住宅质量保证书"和"住宅使用说明书"。

第五节　建设项目施工质量不合格的处理

一、施工项目质量问题和质量事故的分类

（一）工程质量不合格

1. 质量不合格和质量缺陷

根据我国标准《质量管理体系　基础和术语》GB/T19000—2008/ISO9000：2005 的规定，凡工程产品没有满足某个规定的要求，就称之为质量不合格；而未满足某个与预期或规定用途有关的要求，称为质量缺陷。

2. 质量问题和质量事故

凡是工程质量不合格，影响使用功能或工程结构安全，造成永久质量缺陷或存在

重大质量隐患,甚至直接导致工程倒塌或人身伤亡,必须进行返修、加固或报废处理,按照由此造成人员伤亡和直接经济损失的大小区分,小于规定限额的为质量问题,在限额以上的为质量事故。

(二)工程质量事故

根据住房和城乡建设部《关于做好房屋建筑和市政基础设施工程质量事故报告和调查处理工作的通知》,工程质量事故是指由于建设、勘察、设计、施工、监理等单位违反工程质量有关法律法规和工程建设标准,使工程产生结构安全、重要使用功能等方面的质量缺陷,造成人身伤亡或者重大经济损失的事故。

工程质量事故具有成因复杂、后果严重、种类繁多、往往与安全事故共生的特点,建设工程质量事故的分类有多种方法,不同专业工程类别对工程质量事故的等级划分也不尽相同。

1. 按事故造成损失的程度分级

根据工程质量事故造成的人员伤亡或者直接经济损失,将工程质量事故分为4个等级:

(1)特别重大事故。这是指造成30人以上死亡,或者100人以上重伤,或者1亿元以上直接经济损失的事故。

(2)重大事故。这是指造成10人以上30人以下死亡,或者50人以上100人以下重伤,或者5 000万元以上1亿元以下直接经济损失的事故。

(3)较大事故。这是指造成3人以上10人以下死亡,或者10人以上50人以下重伤,或者1 000万元以上5 000万元以下直接经济损失的事故。

(4)一般事故。这是指造成3人以下死亡,或者10人以下重伤,或者100万元以上1 000万元以下直接经济损失的事故。

该等级划分所称的"以上"包括本数,所称的"以下"不包括本数。

2. 按事故责任分类

(1)指导责任事故。这是指由于工程实施指导或领导失误而造成的质量事故。例如,由于工程负责人片面追求施工进度,放松或不按质量标准进行控制和检验,降低施工质量标准等。

(2)操作责任事故。这是指在施工过程中由于实施操作者不按规程和标准实施操作,而造成的质量事故。例如,浇筑混凝土时随意加水,或振捣疏漏造成混凝土质量事故等。

(3)自然灾害事故。这是指由于突发的严重自然灾害等不可抗力造成的质量事故。例如地震、台风、暴雨、雷电、洪水等对工程造成破坏甚至倒塌。这类事故虽然不是人为责任直接造成,但灾害事故造成的损失程度也往往与人们是否在事前采取了有效的预防措施有关,相关责任人员也可能负有一定责任。

二、施工项目质量事故的预防

建立健全施工质量管理体系,加强施工质量控制,就是为了预防施工质量问题和质量事故,在保证工程质量合格的基础上,不断提高工程质量。所以,施工质量控制的所有措施和方法,都是预防施工质量事故的措施。具体来说,施工质量事故的预防,应运用风险管理的理论和方法,从寻找和分析可能导致施工质量事故发生的原因入手,抓住影响施工质量的各种因素和施工质量形成过程的各个环节,采取针对性的预防控制措施。

(一)施工质量事故发生的原因

施工质量事故发生的原因大致有如下4类:

(1)技术原因:引发的质量事故是由于在项目勘察、设计、施工中技术上的失误。例如:地质勘察过于疏略,对水文地质情况判断错误,致使地基基础设计采用不正确的方案;或结构设计方案不正确,计算失误,构造设计不符合规范要求;施工管理及实际操作人员的技术素质差,采用了不合适的施工方法或施工工艺等。这些技术上的失误是造成质量事故的常见原因。

(2)管理原因:引发的质量事故是由于管理上的不完善或失误。例如,施工单位或监理单位的质量管理体系不完善,质量管理措施落实不力,施工管理混乱,不遵守相关规范,违章作业,检验制度不严密,质量控制不严格,检测仪器设备管理不善而失准,以及材料质量检验不严等原因引起质量事故。

(3)社会、经济原因:引发的质量事故是由于社会上存在的不正之风及经济上的原因,滋长了建设中的违法违规行为,而导致出现质量事故。例如:违反基本建设程序,无立项、无报建、无开工许可、无招投标、无资质、无监理、无验收的"七无"工程,边勘察、边设计、边施工的"三边"工程,屡见不鲜,几乎所有的重大施工质量事故都能从这个方面找到原因;某些施工企业盲目追求利润而不顾工程质量,在投标报价中随意压低标价,中标后则依靠违法的手段或修改方案追加工程款,甚至偷工减料等,这些因素都会导致发生重大工程质量事故。

(4)人为事故和自然灾害原因:造成质量事故是由于人为的设备事故、安全事故,导致连带发生质量事故,以及严重的自然灾害等不可抗力造成质量事故。

(二)施工质量事故预防的具体措施

(1)严格按照基本建设程序办事。

首先要做好项目可行性论证,不可未经深入的调查分析和严格论证就盲目拍板定案；要彻底搞清工程地质水文条件方可开工；杜绝无证设计、无图施工；禁止任意修改设计和不按图纸施工；工程竣工不进行试车运转、不经验收不得交付使用。

（2）认真做好工程地质勘察。

地质勘察时要适当布置钻孔位置和设定钻孔深度。钻孔间距过大，不能全面反映地基实际情况；钻孔深度不够，难以查清地下软土层、滑坡、墓穴、孔洞等有害地质构造。地质勘察报告必须详细、准确，防止因根据不符合实际情况的地质资料而采用错误的基础方案，导致地基不均匀沉降、失稳，使上部结构及墙体开裂、破坏、倒塌。

（3）科学地加固，处理好地基。

对软弱土、冲填土、杂填土、湿陷性黄土、膨胀土、岩层出露、岩溶、土洞等不均匀地基要进行科学的加固处理。要根据不同地基的工程特性，按照地基处理与上部结构相结合使其共同工作的原则，从地基处理与设计措施、结构措施、防水措施、施工措施等方面综合考虑治理。

（4）进行必要的设计审查复核。

要请具有合格专业资质的审图机构对施工图进行审查复核，防止因设计考虑不周、结构构造不合理、设计计算错误、沉降缝及伸缩缝设置不当、悬挑结构未通过抗倾覆验算等原因，导致质量事故的发生。

（5）严格把好建筑材料及制品的质量关。

要从采购订货、进场验收、质量复验、存储和使用等几个环节，严格控制建筑材料及制品的质量，防止不合格或是变质、损坏的材料和制品用到工程上。

（6）对施工人员进行必要的技术培训。

要通过技术培训使施工人员掌握基本的建筑结构和建筑材料知识，懂得遵守施工验收规范对保证工程质量的重要性，从而在施工中自觉遵守操作规程，不蛮干，不违章操作，不偷工减料。

（7）依法进行施工组织管理。

施工管理人员要认真学习、严格遵守国家相关政策法规和施工技术标准，依法进行施工组织管理；施工人员首先要熟悉图纸，对工程的难点和关键工序、关键部位应编制专项施工方案并严格执行；施工作业必须按照图纸和施工验收规范、操作规程进行；施工技术措施要正确，施工顺序不可搞错，脚手架和楼面不可超载堆放构件和材料；要严格按照制度进行质量检查和验收。

（8）做好应对不利施工条件和各种灾害的预案。

要根据当地气象资料的分析和预测，事先针对可能出现的风、雨、高温、严寒、雷电等不利施工条件，制定相应的施工技术措施，还要对不可预见的人为事故和严重自然灾害做好应急预案，并有相应的人力、物力储备。

（9）加强施工安全与环境管理。

许多施工安全和环境事故都会连带发生质量事故，加强施工安全与环境管理，也是预防施工质量事故的重要措施。

三、施工项目质量问题和质量事故的处理

（一）施工质量事故处理的依据

1. 质量事故的实况资料

包括：质量事故发生的时间、地点；质量事故状况的描述；质量事故发展变化的情况；有关质量事故的观测记录、事故现场状态的照片或录像；事故调查组调查研究所获得的第一手资料。

2. 有关合同及合同文件

包括工程承包合同、设计委托合同、设备与器材购销合同、监理合同及分包合同等。

3. 有关的技术文件和档案

主要是有关的设计文件、与施工有关的技术文件、档案和资料（如施工方案、施工计划、施工记录、施工日志、有关建筑材料的质量证明资料、现场制备材料的质量证明资料、质量事故发生后对事故状况的观测记录、试验记录或试验报告等）。

4. 相关的建设法规

主要有《建筑法》《建设工程质量管理条例》和《关于做好房屋建筑和市政基础设施工程质量事故报告和调查处理工作的通知》等与工程质量及质量事故处理有关的法规，以及勘察、设计、施工、监理等单位资质管理和从业者资格管理方面的法规，建筑市场管理方面的法规，以及相关技术标准、规范、规程和管理办法等。

（二）施工质量事故报告和调查处理程序

施工质量事故报告和调查处理的一般程序如图 5-2 所示。

1. 事故报告

工程质量事故发生后，事故现场有关人员应当立即向工程建设单位负责报告；工程建设单位负责人接到报告后，应于 1 小时内向事故发生地县级以上人民政府住房和城乡建设主管部门及有关部门报告；同时应按照应急预案采取相应措施。情况紧急时，事故现场有关人员可直接向事故发生地县级以上人民政府住房和城乡建设主管部门报告。

事故报告应包括下列内容：

（1）事故发生的时间、地点、工程项目名称、工程各参建单位名称。

（2）事故发生的简要经过、伤亡人数和初步估计的直接经济损失。

（3）事故原因的初步判断。

（4）事故发生后采取的措施及事故控制情况。
（5）事故报告单位、联系人及联系方式。
（6）其他应当报告的情况。

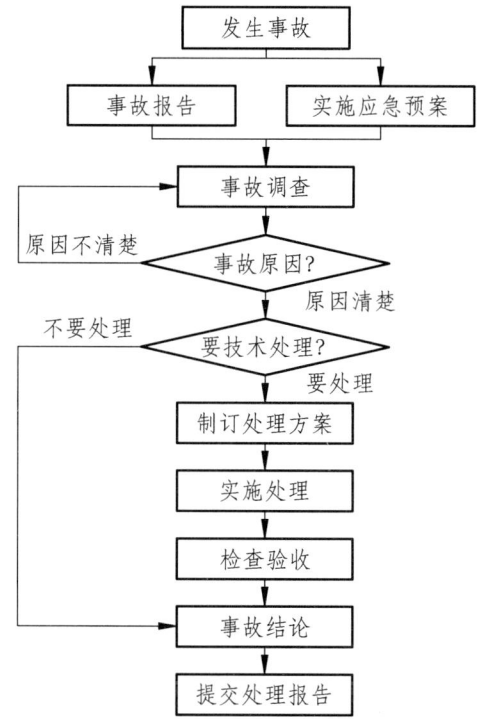

图 5-2 施工质量事故报告和调查处理程序

2. 事故调查

事故调查要按规定区分事故的大小分别由相应级别的人民政府直接或授权委托有关部门组织事故调查组进行调查。未造成人员伤亡的一般事故，县级人民政府也可以委托事故发生单位组织事故调查组进行调查。事故调查应力求及时、客观、全面，以便为事故的分析与处理提供正确的依据。调查结果要整理撰写成事故调查报告，其主要内容应包括：

（1）事故项目及各参建单位概况。
（2）事故发生经过和事故救援情况。
（3）事故造成的人员伤亡和直接经济损失。
（4）事故项目有关质量检测报告和技术分析报告。
（5）事故发生的原因和事故性质。
（6）事故责任的认定和事故责任者的处理建议。
（7）事故防范和整改措施。

3. 事故的原因分析

原因分析要建立在事故情况调查的基础上，避免情况不明就主观推断事故的原因。特别是对涉及勘察、设计、施工、材料和管理等方面的质量事故，事故的原因往往错综复杂，因此，必须对调查所得到的数据、资料进行仔细的分析，依据国家有关法律法规和工程建设标准分析事故的直接原因和间接原因。必要时组织对事故项目进行检测鉴定和专家技术论证，去伪存真，找出造成事故的主要原因。

4. 制订事故处理的技术方案

事故的处理要建立在原因分析的基础上，要广泛地听取专家及有关方面的意见，经科学论证，决定事故是否要进行技术处理和怎样处理。在制订事故处理的技术方案时，应做到安全可靠、技术可行、不留隐患、经济合理、具有可操作性、满足项目的安全和使用功能要求。

5. 事故处理

事故处理的内容包括：事故的技术处理，按经过论证的技术方案进行处理，解决事故造成的质量缺陷问题；事故的责任处罚，依据有关人民政府对事故调查报告的批复和有关法律法规的规定，对事故相关责任者实施行政处罚，负有事故责任的人员涉嫌犯罪的，依法追究刑事责任。

6. 事故处理的鉴定验收

质量事故的技术处理是否达到预期的目的，是否依然存在隐患，应当通过检查鉴定和验收作出确认。事故处理的质量检查鉴定，应严格按施工验收规范和相关质量标准的规定进行，必要时还应通过实际量测、试验和仪器检测等方法获取必要的数据，以便准确地对事故处理的结果作出鉴定，形成鉴定结论。

7. 提交事故处理报告

事故处理后，必须尽快提交完整的事故处理报告，其内容包括：事故调查的原始资料、测试的数据；事故原因分析和论证结果；事故处理的依据；事故处理的技术方案及措施；实施技术处理过程中有关的数据、记录、资料；检查验收记录；对事故相关责任者的处罚情况和事故处理的结论等。

（三）施工质量事故处理的基本要求

（1）质量事故的处理应达到安全可靠、不留隐患、满足生产和使用要求、施工方便、经济合理的目的。

（2）消除造成事故的原因，注意综合治理，防止事故再次发生。

（3）正确确定技术处理的范围和正确选择处理的时间和方法。

（4）切实做好事故处理的检查验收工作，认真落实防范措施。

（5）确保事故处理期间的安全。

（四）施工质量缺陷处理的基本方法

1. 返修处理

当项目的某些部分的质量虽未达到规范、标准或设计规定的要求，存在一定的缺陷，但经过采取整修等措施后可以达到要求的质量标准，又不影响使用功能或外观的要求时，可采取返修处理的方法。例如，某些混凝土结构表面出现蜂窝、麻面，或者混凝土结构局部出现损伤，如结构受撞击、局部未振实、冻害、火灾、酸类腐蚀、碱骨料反应等，当这些缺陷或损伤仅仅在结构的表面或局部，不影响其使用和外观，可进行返修处理。再比如对混凝土结构出现裂缝，经分析研究后如果不影响结构的安全和使用功能时，也可采取返修处理。当裂缝宽度不大于 0.2 mm 时，可采用表面密封法；当裂缝宽度大于 0.3 mm 时，采用嵌缝密闭法；当裂缝较深时，则应采取灌浆修补的方法。

2. 加固处理

主要是针对危及结构承载力的质量缺陷的处理。通过加固处理，使建筑结构恢复或提高承载力，重新满足结构安全性与可靠性的要求，使结构能继续使用或改作其他用途。对混凝土结构常用的加固方法主要有：增大截面加固法、外包角钢加固法、粘钢加固法、增设支点加固法、增设剪力墙加固法、预应力加固法等。

3. 返工处理

当工程质量缺陷经过返修、加固处理后仍不能满足规定的质量标准要求，或不具备补救可能性，则必须采取重新制作、重新施工的返工处理措施。例如，某防洪堤坝填筑压实后，其压实土的干密度未达到规定值，经核算将影响土体的稳定且不满足抗渗能力的要求，须挖除不合格土，重新填筑，重新施工；某公路桥梁工程预应力按规定张拉系数为 1.3，而实际仅为 0.8，属严重的质量缺陷，也无法修补，只能重新制作。再比如某高层住宅施工中，有几层的混凝土结构误用了安定性不合格的水泥，无法采用其他补救办法，不得不爆破拆除重新浇筑。

4. 限制使用

当工程质量缺陷按修补方法处理后无法保证达到规定的使用要求和安全要求，而又无法返工处理的情况下，不得已时可作出诸如结构卸荷或减荷以及限制使用的决定。

5. 不作处理

某些工程质量问题虽然达不到规定的要求或标准，但其情况不严重，对结构安全或使用功能影响很小，经过分析、论证、法定检测单位鉴定和设计单位等认可后可不作专门处理。一般可不作专门处理的情况有以下几种。

（1）不影响结构安全和使用功能的。例如，有的工业建筑物出现放线定位的偏差，且严重超过规范标准规定，若要纠正会造成重大经济损失，但经过分析、论证其偏差不影响生产工艺和正常使用，在外观上也无明显影响，可不作处理。又如，某些部位的混凝土表面的裂缝，经检查分析，属于表面养护不够的干缩微裂，不影响安全和外观，也可不作处理。

（2）后道工序可以弥补的质量缺陷。例如，混凝土结构表面的轻微麻面，可通过后续的抹灰、刮涂、喷涂等弥补，也可不作处理。再比如，混凝土现浇楼面的平整度偏差达到 10 mm，但由于后续垫层和面层的施工可以弥补，所以也可不作处理。

（3）法定检测单位鉴定合格的。例如，某检验批混凝土试块强度值不满足规范要求，强度不足，但经法定检测单位对混凝土实体强度进行实际检测后，其实际强度达到规范允许和设计要求值时，可不作处理。对经检测未达到要求值，但相差不多，经分析论证，只要使用前经再次检测达到设计强度，也可不作处理，但应严格控制施工荷载。

（4）出现的质量缺陷，经检测鉴定达不到设计要求，但经原设计单位核算，仍能满足结构安全和使用功能的。例如，某一结构构件截面尺寸不足，或材料强度不足，影响结构承载力，但按实际情况进行复核验算后仍能满足设计要求的承载力时，可不进行专门处理。这种做法实际上是挖掘设计潜力或降低设计的安全系数，应谨慎处理。

6. 报废处理

出现质量事故的项目，通过分析或实践，采取上述处理方法后仍不能满足规定的质量要求或标准，则必须予以报废处理。

第六节　施工质量控制分析与改进

一、数理统计在施工质量管理中的应用

统计质量管理是 20 世纪 30 年代发展起来的科学管理理论与方法，它把数理统计方法应用于产品生产过程的抽样检验，通过研究样本质量特性数据的分布规律，分析和推断生产过程质量的总体状况，改变了传统的事后把关的质量控制方式，为工业生产的事前质量控制和过程质量控制，提供了有效的科学手段。它的作用和贡献使之成为质量管理历史上一个阶段性的标志，至今仍是质量管理不可缺少的工具。可以说，没有数理统计方法就没有现代工业质量管理。建筑业虽然是现场型的单件性建筑产品生产，数理统计方法直接在现场施工过程工序质量检验中的应用，受到客观条件的某些限制，但在进场材料的抽样检验、试块试件的检测试验等方面，仍然有广泛的应用。尤其是人们应用数理统计原理所创立的分层法、因果分析法、直方图法、排列图法、管理图法、分布图法、检查表法等定量和定性方法，对施工现场质量管理都有实际的应用价值。本目主要介绍分层法、因果分析图法、排列图法、直方图法的应用。

二、分层法的应用

1. 分层法的基本原理

由于项目质量的影响因素众多，对工程质量状况的调查和质量问题的分析，必须分门别类地进行，以便准确有效地找出问题及其原因之所在，这就是分层法的基本思想。

例如一个焊工班组有 A、B、C 三位工人实施焊接作业，共抽检 60 个焊接点，发现有 18 点不合格，占 30%。究竟问题出在谁身上？根据分层调查的统计数据表 5-3 可知，主要是作业工人 C 的焊接质量影响了总体的质量水平。

表 5-3　分层调查的统计数据表

作业工人	抽检点数	不合格点数	个体不合格率	占不合格点总数百分率
A	20	2	10%	11%
B	20	4	20%	22%
C	20	12	60%	67%
合计	60	18	—	100%

2. 分层法的实际应用

应用分层法的关键是调查分析的类别和层次划分，根据管理需要和统计目的，通常可按照以下分层方法取得原始数据：

（1）按施工时间分，如月、日、上午、下午、白天、晚间、季节。
（2）按地区部位分，如区域、城市、乡村、楼层、外墙、内墙。
（3）按产品材料分，如产地、厂商、规格、品种。
（4）按检测方法分，如方法、仪器、测定人、取样方式。
（5）按作业组织分，如工法、班组、工长、工人、分包商。
（6）按工程类型分，如住宅、办公楼、道路、桥梁、隧道。
（7）按合同结构分，如总承包、专业分包、劳务分包。

经过第一次分层调查和分析，找出主要问题的所在以后，还可以针对这个问题再次分层进行调查分析，一直到分析结果满足管理需要为止。层次类别划分越明确、越细致，就越能够准确有效地找出问题及其原因所在。

三、因果分析图法的应用

1. 因果分析图法的基本原理

因果分析图法，也称为质量特性要因分析法，其基本原理是对每一个质量特性或问题，采用如图 5-3 所示的方法，逐层深入排查可能原因，然后确定其中最主要原因，进行有的放矢的处置和管理。

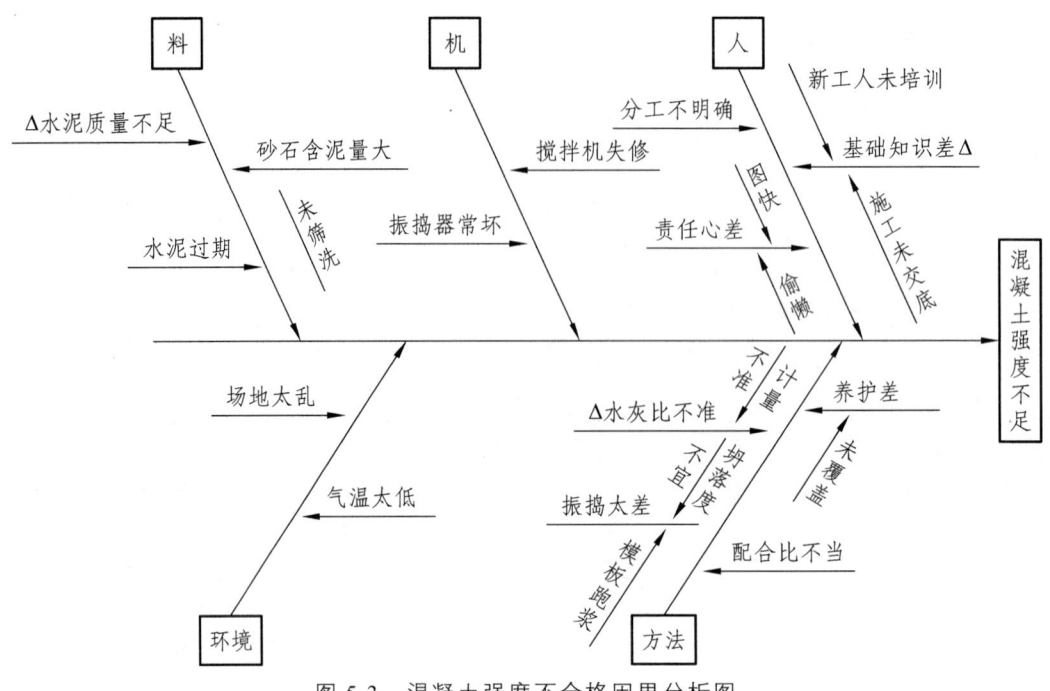

图 5-3 混凝土强度不合格因果分析图

2. 因果分析图法的应用示例

图 5-3 表示混凝土强度不合格的原因分析,其中,把混凝土施工的生产要素,即人、机械、材料、施工方法和施工环境作为第一层面的因素进行分析;然后对第一层面的各个因素,再进行第二层面的可能原因的深入分析。依此类推,直至把所有可能的原因,分层次地一一罗列出来。

3. 因果分析图法应用时的注意事项

(1)一个质量特性或一个质量问题使用一张图分析。
(2)通常采用 QC 小组活动的方式进行,集思广益,共同分析。
(3)必要时可以邀请小组以外的有关人员参与,广泛听取意见。
(4)分析时要充分发表意见,层层深入,排除所有可能的原因。
(5)在充分分析的基础上,由各参与人员采用投票或其他方式,从中选择 1 至 5 项多数人达成共识的最主要原因。

四、排列图法的应用

1. 排列图法的适用范围

在质量管理过程中,通过抽样检查或检验试验所得到的关于质量问题、偏差、缺陷、不合格等方面的统计数据,以及造成质量问题的原因分析统计数据,均可采用排列图方法进行状况描述,它具有直观、主次分明的特点。

2. 排列图法的应用示例

表 5-4 表示对某项模板施工精度进行抽样检查,得到 150 个不合格点数的统计数据。然后按照质量特性不合格点数(频数)由大到小的顺序,重新整理为表 5-5,并分别计算出累计频数和累计频率。

表 5-4 某项模板施工精度的抽样检查数据

序号	检查项目	不合格点数	序号	检查项目	不合格点数
1	轴线位置	1	5	平面水平度	15
2	垂直度	8	6	表面平整度	75
3	标高	4	7	预埋设施中心位置	1
4	截面尺寸	45	8	预留孔洞中心位置	1

表 5-5 重新整理后的抽样检查数据

序号	项目	频数	频率/%	累计频率/%
1	表面平整度	75	50.0	50.0
2	截面尺寸	45	30.0	80.0
3	平面水平度	15	10.0	90.0
4	垂直度	8	5.3	95.3
5	标高	4	2.7	98.0
6	其他	3	2.0	100.0
合计		150	100	

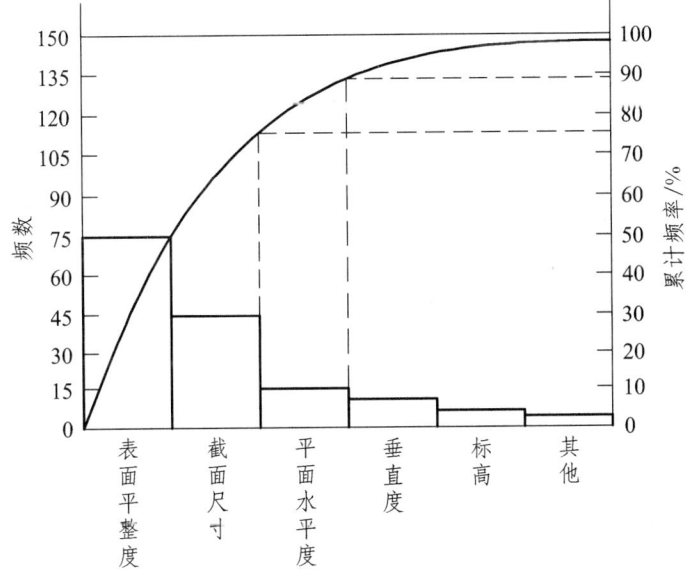

图 5-4 构件尺寸不合格点排列图

根据表 5-5 的统计数据画排列图，如图 5-4 所示，并将其中累计频率 0～80%定为 A 类问题，即主要问题，进行重点管理；将累计频率在 80%到 90%区间的问题定为 B 类问题，即次要问题，作为次重点管理；将其余累计频率在 90%到 100%区间的问题定为 C 类问题，即一般问题，按照常规适当加强管理。以上方法称为 ABC 分类管理法。

五、直方图法的应用

1. 直方图法的主要用途

（1）整理统计数据，了解统计数据的分布特征，即数据分布的集中或离散状况，从中掌握质量能力状态。

（2）观察分析生产过程质量是否处于正常、稳定和受控状态以及质量水平是否保持在公差允许的范围内。

2. 直方图法的应用示例

首先是收集当前生产过程质量特性抽检的数据，然后制作直方图进行观察分析，判断生产过程的质量状况和能力。表 5-6 为某工程 10 组试块的抗压强度数据 50 个，从这些数据很难直接判断其质量状况是否正常、稳定程度和受控情况，如将其数据整理后绘制成直方图，就可以根据正态分布的特点进行分析判断，如图 5-5 所示。

表 5-6　数据整理表　　　　　　　　　　　　　　　　N/mm^2

序号	抗压强度					最大值	最小值
1	39.8	37.7	33.8	31.5	36.1	39.8	31.5
2	37.2	38.0	33.1	39.0	36.0	39.0	33.1
3	35.8	35.2	31.8	37.1	34.0	37.1	31.8
4	39.9	34.3	33.2	40.4	41.2	41.2	33.2
5	39.2	35.4	34.4	38.1	40.3	40.3	34.4
6	42.3	37.5	35.5	39.3	37.3	42.3	35.5
7	35.9	42.4	41.8	36.3	36.2	42.4	35.9
8	46.2	37.6	38.3	39.7	38.0	46.2	37.6
9	36.4	38.3	43.4	38.2	38.0	43.4	36.4
10	44.4	42.0	37.9	38.4	39.5	44.4	37.9

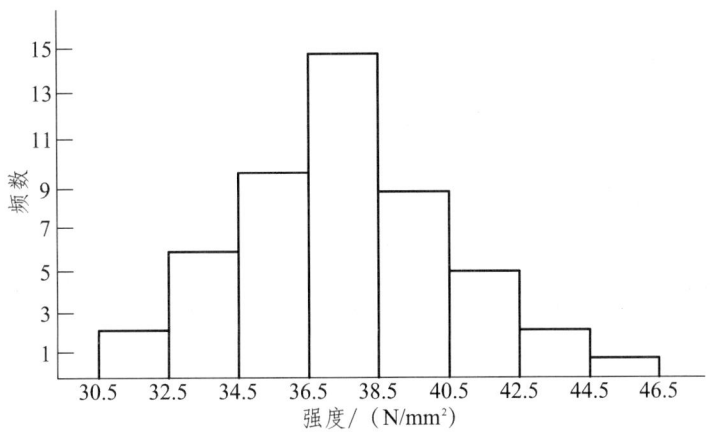

图 5-5 混凝土强度分布直方图

3. 直方图的观察分析

1）通过分布形状观察分析

（1）所谓形状观察分析是指将绘制好的直方图形状与正态分布图的形状进行比较分析，一看形状是否相似，二看分布区间的宽窄。直方图的分布形状及分布区间宽窄是由质量特性统计数据的平均值和标准偏差所决定的。

（2）正常直方图呈正态分布，其形状特征是中间高、两边低、成对称，如图 5-6（a）所示。正常直方图反映生产过程质量处于正常、稳定状态。数理统计研究证明，当随机抽样方案合理且样本数量足够大时，在生产能力处于正常、稳定状态，质量特性检测数据趋于正态分布。

（3）异常直方图呈偏态分布，常见的异常直方图有折齿型、缓坡型、孤岛型、双峰型、峭壁型，如图 5-6（b）、（c）、（d）、（e）、（f）所示，出现异常的原因可能是生产过程存在影响质量的系统因素，或收集整理数据制作直方图的方法不当所致，要具体分析。

2）通过分布位置观察分析

（1）所谓位置观察分析是指将直方图的分布位置与质量控制标准的上下限范围进行比较分析，如图 5-7 所示。

（2）生产过程的质量正常、稳定和受控，还必须在公差标准上、下界限范围内达到质量合格的要求。只有这样的正常、稳定和受控才是经济合理的受控状态，如图 5-7（a）所示。

（3）图 5-7（b）质量特性数据分布偏下限，易出现不合格，在管理上必须提高总体能力。

（4）图 5-7（c）质量特性数据的分布宽度边界达到质量标准的上下界限，其质量能力处于临界状态，易出现不合格，必须分析原因，采取措施。

（5）图 5-7（d）质量特性数据的分布居中且边界与质量标准的上下界限有较大的

距离，说明其质量能力偏大，不经济。

（6）图 5-7（e）、（f）的数据分布均已出现超出质量标准的上下界限，这些数据说明生产过程存在质量不合格，需要分析原因，采取措施进行纠偏。

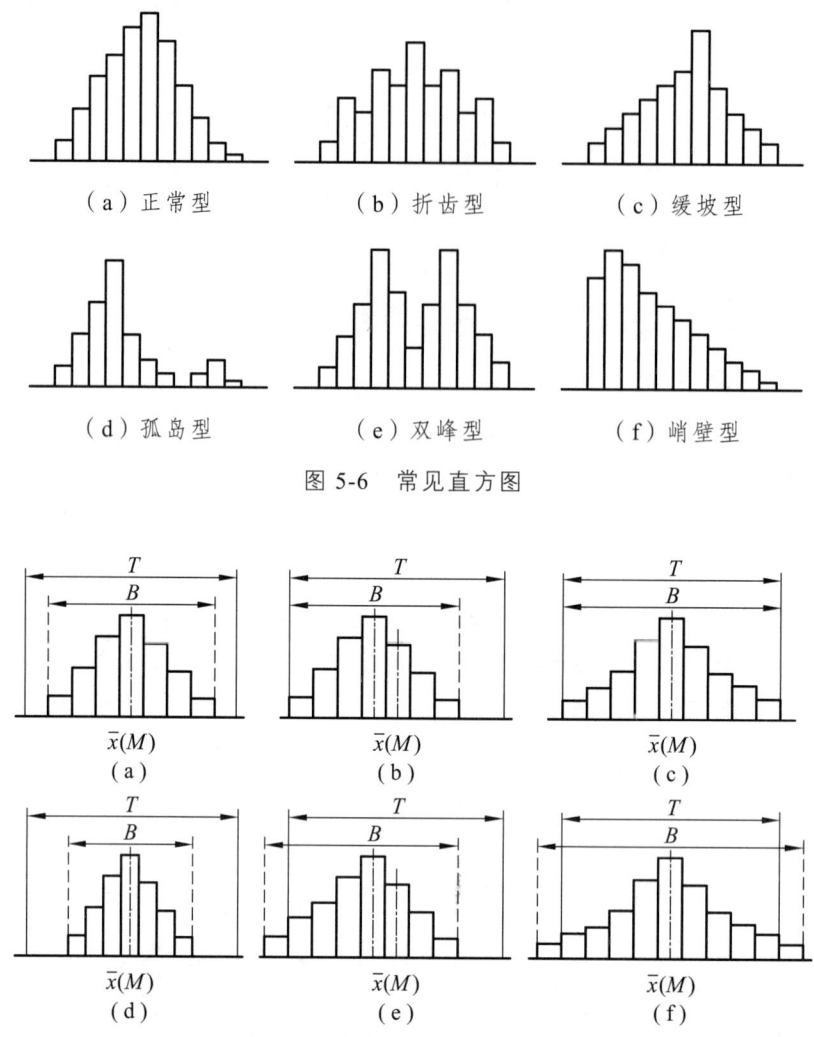

图 5-6　常见直方图

图 5-7　直方图与质量标准上下限

第六章　工程施工进度管理

第一节　施工进度管理概述

一、事前计划制度

（1）总体工程进度计划报审制度单位工程开工前，总包单位应编制其工程总进度计划，上报监理、项目公司审核，批准后报工程管理部、工程副总审批，通过后方可施行。总体进度计划中，应明确各分包单位的配合措施和要求，进驻时间节点，为分包队伍的选择提供时间参考。如因总体进度计划不准，造成分包队伍进场时间拖后致使单位工程工期拖延，由其总包单位承担违约责任。

（2）进度措施和方案的上报工程开工前，总包单位编制的施工组织设计中应包括进度措施和方案。总包单位也可以根据工程的实际情况，结合自己的实力编制进度保证措施和方案。保证措施和方案应在工程开工前上报监理、项目公司审核，批准后报工程管理部、主管副总审批，通过后作为合同的附件。在工程施工过程中，施工单位应根据实际施工情况动态调整进度计划和保证方案，计划编制应掌握先紧后松的原则（基础、主体期间要尽量安排的时间紧凑一些），加大进度控制措施和力度，保证合同总体进度计划的有效执行和控制。如有重大进度措施和方案的调整，总包单位应重新编制进度措施和方案，按原审批程序进行审批，通过后执行。但进度措施和方案的调整，不能与整个工期计划相违背，并且其总包单位也推卸不了其工期违约的责任。各分包项目在进场前也应根据总进度计划的要求编制自己分项工程的进度保证措施和方案，报监理、项目公司审核，批准后报工程管理部、主管副总审批。分项工程的进度计划，必须符合总进度计划，并且要为其他项目的施工留有充足余地。

（3）施工现场实际要素检查及调整措施工程管理部将在月检中，根据前述的进度计划及保证措施方案检查各个单位工程及其附属的进度计划落实情况。如发现实际进度计划严重滞后，其比原计划拖后 7 天以上者，工程管理部将调查其拖后原因，让其拖后工期的单位负责人写出加快施工的保证措施和方案，总公司并且保留其拖期罚款的权利。各施工单位要根据实际情况不断调整其计划，保证关键节点的工期不再拖后，否则将按合同约定进行拖期处罚。

二、建设过程控制制度

（1）月检制度工程管理部将在每月月底进行巡查，巡查时将对各单位工程的实际进度情况进度检查，并填报进度确认表格和图像资料。其书面资料项目公司负责人签字后作为执行合同的见证性资料和拨付工程款的控制依据。如工程拖后，工程管理部将延期拨款审批，并且保留采取经济处罚的权利。

（2）出现进度滞后，根据现场实际情况，落实进度控制措施在巡查时，发现某单位或分项工程与所报计划相比已严重滞后，写出书面"监督通知单"，告知其单位拿出保证进度的可行性措施和方案，3天内报工程管理部审核调整。工程管理部将在次月中旬对其措施的落实情况进行检查。如措施得力，实际进度与计划进度相吻合，将不予追究其责任。如措施落实不得力，实际进度没有明显改观，如此下去，将拖延整个工期，工程管理部可以采取罚款措施，并且要求其写出书面的保证书。严重者可能清退出场，重新选择施工队伍。

三、工程进度评价措施

对工程进度计划落实的评价：工程管理部在每月巡查时，将根据各单位工程实际进度情况对各分项或总包进行月度评价。月中对各个单位工程进度计划的整改落实情况进行再次评价。每季度汇总一次，直至单位工程竣工，对其单位工程施工情况总体评价。作为以后选择合格供方的重要依据。

第二节 施工进度计划的编制

一、计划编制的有关依据

为保证编制的进度计划能够指导施工，保证能够合理安排各种生产要素，保证促进工程施工的顺利进行，使工期目标得以顺利实现。在项目计划的编制前，需对下列有关资料进行认真研究，并对相关信息进行认真归纳整理。

需要收集的相关资料主要包括以下内容：
合同文件；
项目设计文件；
各类定额资料；
针对性较强的施工组织设计；
工程项目建设总进度计划；
资源供应条件；
当地自然条件及有关技术经济资料。

二、项目的计划目标

工程项目进度计划的编制首先应确定项目的工期计划目标,工期计划的目标是根据业主方的要求,根据已确定的工程项目施工主线(影响工程施工主要项目)内容,根据工程项目其他次要分项施工具体插入时间来确定。掌握上述相关信息,基本能够确定一个工程项目的基本工期信息了。

三、项目的主要控制点

为确保工期目标的实现,工程进度编制过程中,根据总体施工总进度计划,会将总体进度分解为若干个控制节点,以控制点的分布实现来保证总进度计划目标的完成。

工程项目进度计划的主要控制点的划分原则,主要根据有关项目部位的具体特点和工程量的大小、项目部位的施工顺序、有关项目部位的重要性等方面来确定的。如一般民用住宅工程进度计划的控制点的划分如下:

地基与基础(可能按具体的工程特点分为若干段来实施,可以按伸缩缝来划分……);

主体结构(可能按具体的工程特点分为若干段来实施,可以按伸缩缝来划分,也可能按水平高度来划分,如1~10层、11~20层、21~顶层……);

建筑装饰装修(可能按具体的工程特点分为若干段来实施,可以按伸缩缝来划分,也可能按水平高度来划分,如1~10层、11~20层、21~顶层……);

屋面工程(可能按具体的工程特点分为若干段来实施,可以按伸缩缝来划分……);

建筑给排水及供暖工程(可能按具体的工程特点分为若干段来实施,可以按伸缩缝来划分,也可能按水平高度来划分,如基础、1~10层、11~20层、21~顶层……);

通风与空调工程(可能按具体的工程特点分为若干段来实施,可以按伸缩缝来划分,也可能按水平高度来划分,如-2层~0层、1~10层、11~20层、21~顶层……);

建筑电气工程(可能按具体的工程特点分为若干段来实施,可以按伸缩缝来划分,也可能按水平高度来划分,如-2层~0层、1~10层、11~20层、21~顶层……);

建筑智能化(可能按具体的工程特点分为若干段来实施,可以按伸缩缝来划分,也可能按水平高度来划分,如-2层~0层、1~10层、11~20层、21~顶层……);

建筑节能工程(可按具体的施工部位、项目内容分为若干段来实施);

电梯工程。

具体到一般工程,工程进度计划的控制点的可进行如下划分:技术方案的编制,设备选型,工程初步设计,工程施工图设计,设备采购(设备采购协议、设备技术协议、设备采购合同),构(建)筑物主体结构的施工,建(构)筑物的装饰装修,屋面工程;工艺设备、工艺管道、工艺电气、工艺仪表等安装,整体调试、试运行,三查四定及整改落实,工程预验收,工程竣工验收,工程项目交付。

四、项目主要工程量

对工程中主要项目的工程量进行汇总分析,对工程进度有着重大影响的项目工程量必须一一列出。对各分项工程资源消耗情况进行认真分析计算,比照能投入资源情况核算初步工期,确定以及每个项目的最早开始时间,确定每个项目其前置项目的最早结束时间,并控制关键项目的最晚开始时间。

五、项目难点和保证措施

(一)工程项目的难点分析

工程项目开展资源需求情况分析,一般污水处理厂项目施工一般劳动力消耗较大;材料需求量较大,材料需求较为集中;大型设备有一定的需求,但大型设备使用周期较短,作业时间较分散等特点。

一般项目工程节点都会很明确,但是阶段性工期一般都会较为紧张。

新建项目均存在着穿插施工分割界限明显,相互影响比较大等因素。

(二)确保工程进度计划实现的保证措施

工程项目进度计划实施中的保证措施,主要有:①组织保证;②管理保证;③资源保证;④技术保证;⑤其他保证措施。

1. 组织保证

认真实施项目经理负责制,对工程行使计划、组织、指挥、协调、实施、监督六项基本职能,确保指令畅通、令行禁止、重信誉、守合同。

项目经理部除项目经理主管项目的总体协调控制以外,还设置主管计划协调控制的项目副经理,具体负责项目的施工进度计划协调管理,他将从总承包管理的角度对我们自身工作内容和各专业分包商以及指定的供应商进行总体控制。

计划及总平面管理部内设置专业进度计划管理工程师和统计师,专职负责工程进度计划的编排与检查。

EPC承包商的计划与总平面施工管理部为施工进度计划协调调度中心,实施进度计划的编制、下达、调整、更新、控制、反馈、对外协调等职能.以施工总进度控制为基础,确定各分部分项工程关键点和关键线路,并以此为控制重点,逐月检查落实,实施奖惩,以保证工期目标的按时实现.施工中将建立一系列现场制度,诸如工期奖罚制度、工序交接检制度、施工样板制、大型施工机械设备使用申请和调度制度、材料堆放申请制度、总平面管理制度等。

加强与业主、监理、公司设计部的合作与协调,对施工过程中出现的问题及时达成共识;积极协助业主完成材料设备的选择和招标工作,为工程顺利实施创造良好的环境和条件。

加强同各指定分包商的施工协调与合作与进度控制,根据工程进展及时通知指定分包商进场,并为指定分包商的施工创造良好条件。

2. 管理保证

1)推行目标管理

根据确定的进度控制目标,编制总进度计划,并在此基础上进一步细化,将总计划目标分解成分阶段目标,分层次、分项目编制年度、季度、月度计划。与指定分包商签定责任目标,指定分包商针对责任目标编制实施计划,进一步分解到季、月、周,并分解到队、班、组和作业面。形成以周保月、以月保季、以季保年的计划目标管理体系,保证工程施工进度要求。

2)制定统一的工程进度编制办法

根据合同要求制订统一的工程进度计划编制方法,对工程进度计划编制的原则、内容、编写格式、表达方式、进度计划提交、更新的时间等作出规定,指定分包商遵照执行。

(1)统一内容

计划编制内容包括:报表期间在现场工作的人员数量(技术管理人员、工程技术工人、非技术工人、后勤人员);施工现场所使用的各种机械设备和车辆的型号、数量和台班,工作区段,工程进度状况等事项说明;用于下一工作时间段的材料、物品、设备的计划。

(2)统一时间

明确指定分包商的进度报表递交时间:周进度报表(本周五至下周四)应在周四上午九点之前递交;月进度报表应在每月的 24 日之前递交;季进度报表应在每季第一天中午十二点之前递交。

(3)统一格式

各分包单位按总承包商提供的进度计划表格填写进度计划报总承包商,再由总承包商汇总报监理、业主。

3)建立严格的进度审核制度

对于由指定分包商递交的月度、季度、年度施工进度计划,不仅要审查和确定施工进度计划,还要分析指定分包商随施工进度计划一起提交的施工方法说明,掌握主要关键线路施工项目的资源配置,对于非关键线路施工项目也要分析进度的合理性。避免非关键线路以后变成关键线路,对工程进度控制造成不利。

4)建立严格的例会制度

召开指定分包商参加的工程例会,在例会上检查指定分包商的工程实际进度,并与计划进度进行比较,找出进度偏差并分析偏差产生的原因,研究解决措施。每日召开各专业碰头会,及时解决生产协调中的问题,不定期召开专题会,及时解决影响进度的重大问题。

3. 资源保证

加大资源配备与资金支持,确保劳动力、施工机械、材料、运输车辆的充足配备和及时进场,保证各种生产资源及时、足量的供给。

1)劳动力保证

需要与单位长期合作、具有资质的分包单位签订合同和意向书,分包商将在中标后签订合同,确保工人准时进场。

2)机械保证

(1)确定大型设备使用周期,确定大型设备性能要求。

(2)制定大型机械设备的进出场计划,物资及设备部按计划组织机械设备进场。

3)物资供应保证

(1)需完善的物资分供商服务网络,对拥有的大批重合同、守信用、有实力的物资设备分供商重点利用,才能保证所需物资设备及时进场。

(2)物资及设备部根据施工进度计划,每月编制物资需用量计划和采购计划,按施工进度要求进场。

(3)项目试验员对进场物资及时取样(见证取样)送检,并将检测结果及时呈报相关单位。

(4)施工前,我单位将根据投标阶段对混凝土搅拌站的考察情况,在保证混凝土质量的条件下,选择距离本工程较近的二家混凝土搅拌站作为供应商,其中一家混凝土搅拌站为备用。

4)资金保证

单位应具备良好的资信、资金状况和履约能力,能够做到"重合同、守信用"。工程资金必须专款专用,严禁挪作他用。

制定资金使用制度,每月月底物资设备部和行政部都要制定下月资金需用计划,并报项目经理审批,财务资金部严格按资金需用计划监督资金的使用情况。

4. 技术保证

1)编制针对性强的施工组织设计和施工方案

"方案先行,样板引路"作为单位施工管理的特色,工程严格按照计划,制订详细的、针对性强和可操作性强的施工组织设计和专项施工方案,采用技术先进合理可行的施工工艺、质量标准的熟悉和掌握,使工程有条不紊地按期保质完成。

2)加强深化设计

项目设深化设计部,对项目施工图进行深化(分解)设计,对各专业进行设计总体协调，及时汇总并绘制综合机电施工图、综合机电配合图（包括综合土建要求图），合理安排各专业的施工次序和施工时间，加快施工进度。

3）广泛采用新技术、新材料、新工艺

在施工期间，对工程技术难点组织攻关，并广泛采用新技术、新材料、新工艺，为加快施工进度提供技术保证。

4）采用项目管理信息系统，实现资源共享

我单位将以项目局域计算机网络为基础，建立项目管理信息网络。通过系统，实现高效、迅速并且条理清楚的信息沟通和传递，为项目管理者提供丰富的决策依据。并通过网络及时向业主报告工程的进度、质量动态，提高工作效率，加快工作进程。

5. 其他保证措施

1）根据不同阶段加强现场平面布置管理

根据施工不同阶段的特点和需要设计现场平面布置图，平面图涉及办公区、加工区、堆场、大型机械、临时水电等方面的布置，各阶段的现场平面图和物资设备定货进场、资料配备等辅助计划相配合，对施工场地实行统一安排、统一调度，保证平面管理秩序井然。

2）加强与政府和社会各方面的协调

在施工过程中，外界影响生产的因素很多，需设置专门的负责人和行政部，加强对交通、市政、供电供水、环保市容、街道、政府机构和单位的协调，取得政府及相关部门机构的支持，为保证施工的正常进行创造良好的外部环境。

3）医疗卫生保证措施

（1）制定严格的卫生管理制度和卫生防疫应急预案，严格遵守相关法律法规和政府规章，避免出现突发生性事件。

（2）进场后需与当地的卫生预防、救济中心等相关部门建立联系，取得卫生防疫部门的支持。

（3）现场需设专职医护人员，配备常规药品和急救药品进行治疗，并进行日常卫生防疫消毒，宣传防疫知识，尤其注重宣传在传染病多发季节的防护措施。

4）加强成品保护

建立完善的成品保护制度，成立保护组织，并安排专人分管此项工作。同时进行统一协调，配合其他指定分包商的成品保护工作，不致因成品保护不当而造成返工，影响工期。

5）特殊时期的保证措施

对工程部分施工时间经历的冬雨季施工期，进行合理安排。必须保证相关施工具有相应的可靠措施。

第三节 施工过程的时间组织

一个工程的施工过程组织是指对工程系统内所有生产要素进行合理的安排,以最佳的方式将各种生产要素结合起来,使其形成一个协调的系统,从而达到作业时间省、物资资源耗费低、产品和服务质量优的目标。

一、施工过程组织的基本要求

合理组织施工过程,应考虑以下基本要求:
(1)施工过程的连续性

在施工过程中各阶段、各施工区的人流、物流始终处于不停的运动状态之中,避免不必要的停顿和等待现象,且使流程尽可能短。

(2)施工过程的协调性

要求在施工过程中基本施工过程和辅助施工过程之间、各道工序之间以及各种机械设备之间在生产能力上要保持适当数量和质量要求的协调(比例)关系。

(3)施工过程的均衡性

在工程施工的各个阶段,力求保持相同的工作节奏,避免忙闲不均、前松后紧、突击加班等不正常现象。

(4)施工过程的平行性

这是指各项施工活动在时间上实行平行交叉作业,尽可能加快速度,缩短工期。

(5)施工过程的适应性

在工程施工过程中对由于各项内部和外部因素影响引起的变动情况具有较强的应变能力。这种适应性要求建立信息迅速反馈机制,注意施工全过程的控制和监督,及时进行调整。

二、流水施工作业法

工业生产的实践证明,流水施工作业法是组织生产的有效方法。流水作业法的原理同样也适用于建筑工程的施工。

1. 流水施工的原理

建筑工程的流水施工与一般工业生产流水线作业十分相似。不同的是:在工业生产中的流水作业中,专业生产者是固定的,而各产品或中间产品在流水线上流动,由前个工序流向后一个工序;在建筑施工中的产品或中间产品是固定不动的,而专业施工队则是流动的,它们由前一施工段流向后一施工段。

2. 流水施工组织方式

1）流水施工的特点

为了说明建筑工程中采用流水施工的特点，可比较建造 m 幢相同的房屋时，施工采用的依次施工、平行施工和流水施工三种不同的施工组织方法。

采用依次施工时，是当第一幢房屋竣工后才开始第二幢房屋的施工，即按着次序一幢接一幢地进行施工。这种方法同时投入的劳动力和物资资源较少，但各专业工作队在该工程中的工作是有间隙的，工期也拖得较长。图 6-1（a）中有 m 幢房屋，每幢房屋施工工期为 t，则总工期为 $T=mt$。

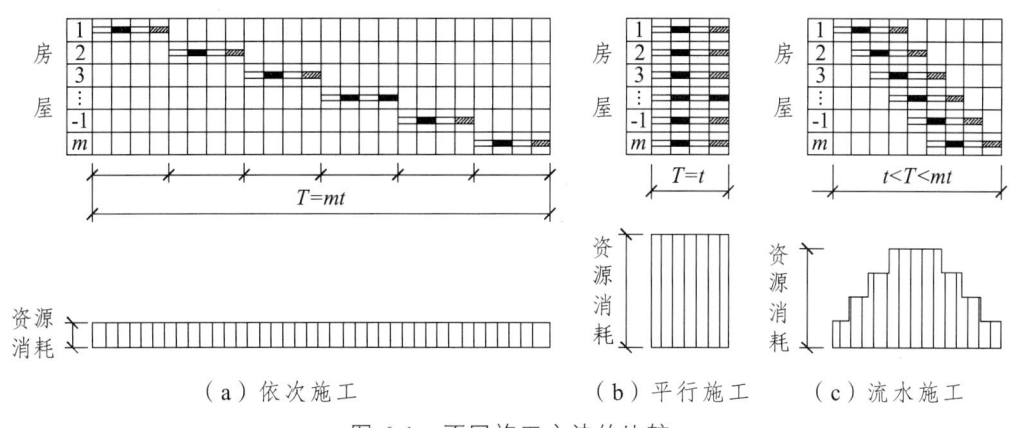

（a）依次施工　　（b）平行施工　　（c）流水施工

图 6-1　不同施工方法的比较

采用平行施工时，m 幢房屋同时开工、同时竣工。这样施工显然可以大大缩短工期，从图 6-1（b）中可见总工期 $T=t$。但是，组织平行施工，各专业工作队同时投入工程的施工队数却大大增加，相应的劳动力以及物资资源的消耗量集中，现场临时设施增加，这都会给施工带来不良的经济效果。

在各施工过程连续施工的条件下，把各幢房屋作为劳动量大致相同的施工段，组织施工专业队伍在建造过程中最大限度地相互搭接起来，陆续开工，陆续完工，就是流水施工。流水施工是以接近恒定的生产率进行生产的，保证了各工作队（组）的工作和物资资源的消耗具有连续性和均衡性。从图 6-1（c）中可以看出，流水施工方法能克服依次施工和平行施工方法的缺点，同时保留了它们的优点，其总特点是：施工过程（工序或工种）作业的连续性和均衡性。施工过程连续性又分为时间上的连续性和空间上的连续性。时间上的连续性是指专业施工队在施工过程的各个环节的运动，自始至终处于连续状态，不产生明显的停顿与等待现象；空间上的连续性要求施工过程各个环节在空间上布置合理紧凑，充分利用工作面，消除不必要的空闲时间。组织均衡施工是建立正常施工秩序和管理秩序、保证工程质量、降低消耗的前提条件，有利于最充分地利用现有资源及其各个环节的生产能力。

流水施工是一种合理的、科学的施工组织方法，它可以在建筑工程施工中带来良好的经济效益。

（1）流水施工按专业工种建立劳动组织，实行生产专业化，有利于提高生产率和保证工程质量。

（2）科学地安排施工进度，从而减少停工窝工损失，合理地利用了施工的时间和空间，有效地缩短施工工期。

（3）施工的连续性、均衡性，使劳动消耗、资源供应等都处于相对平稳状态，便于工程管理，降低施工成本。

2）流水施工的组织条件

流水施工是指各施工专业队按一定的工艺和组织顺序，以确定的施工速度，连续不断地通过预先计划的流水段（区），在最大限度搭接的情况下组织施工生产的一种形式。组织流水施工，必须具备以下的条件：

（1）把整幢建筑物建造过程分解成若干个施工过程。每个施工过程由固定的专业工作队负责实施完成。

施工过程划分的目的，是对施工对象的建造过程进行分解，以明确具体专业工作，便于根据建造过程组织各专业施工队依次进入工程施工。

（2）把建筑物尽可能地划分成劳动量或工作量大致相等的施工段（区），也可称流水段（区）。

施工段（区）的划分目的是形成流水作业的空间。每一个段（区）类似于工业产品生产中的产品，它是通过若干专业生产来完成。工程施工与工业产品的生产流水作业的区别在于：工程施工的产品（施工段）是固定的，专业队是流动的；而工业生产的产品是流动的，专业队是固定的。

（3）确定各施工专业队在各施工段（区）内的工作持续时间。这个持续时间又称"流水节拍"，代表施工的节奏性。

（4）各工作队按一定的施工工艺，配备必要的机具，依次地、连续地由一个施工段（区）转移到另一个施工段（区），反复地完成同类工作。

（5）不同工作队完成各施工过程的时间适当地搭接起来。不同专业工作队之间的关系，表现在工作空间上的交接和工作时间上的搭接。搭接的目的是缩短工期，也是连续作业或工艺上的要求。

3）施工进度计划图

工程施工进度计划图表是反映工程施工时各施工过程按其工艺上的先后顺序、相互配合的关系和它们在时间、空间上的开展情况。目前应用最广泛的施工进度计划图表有线条图和网络图。

流水施工的工程进度计划图表采用线条图表示时，按其绘制方法的不同分为水平图表（又称横道图）[图6-2（a）]及垂直图表（又称斜线图）[图6-2（b）]。图中：水平坐标表示时间；垂直坐标表示施工对象；n条水平线段或斜线表示n个施工过程在时间和空间上的流水开展情况。在水平图表中，也可用垂直坐标表示施工过程，此

时 n 条水平线段则表示施工对象。应该注意，垂直图表中垂直坐标的施工对象编号是由下而上编写的。

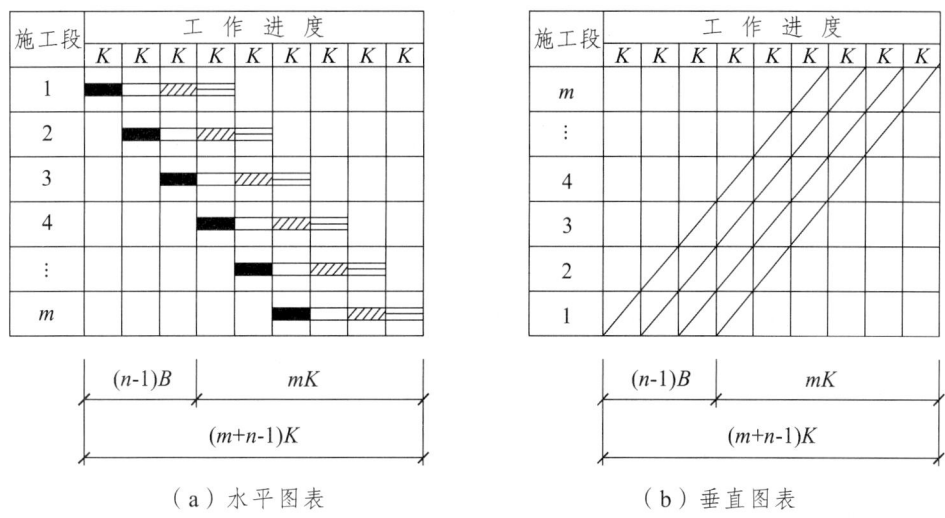

（a）水平图表　　　　　　　　　　　（b）垂直图表

图 6-2　流水施工图表

水平图表具有绘制简单、流水施工形象直观的优点。垂直图表能直观地反映出在一个施工段中各施工过程的先后顺序和相互配合关系，而且可由其斜线的斜率形象地反映出各施工过程的流水强度。在垂直图表中还可方便地进行各施工过程工作进度的允许偏差计算。

4）流水施工参数

为了说明组织流水施工时，各施工过程在时间上和空间上的开展情况及相互依存关系，必须引入一些描述流水施工进度计划图表特征和各种数量关系的参数，这些参数称为流水参数，它包括工艺参数、时间参数和空间参数。

（1）施工过程数 n

施工过程：一个工程的施工，通常由许多施工过程（如挖土、支模、扎筋、浇筑混凝土等）组成。施工过程的划分应按照工程对象、施工方法及计划性质等来确定。

当编制控制性施工进度计划时，组织流水施工的施工过程划分可粗一些，一般只列出分部工程名称，如基础工程、主体结构吊装工程、装修工程、屋面工程等。当编制实施性施工进度计划时，施工过程可以划分得细一些，将分部工程再分解为若干分项工程。如将基础工程分解为挖土、浇注混凝土基础、砌筑基础墙、回填土等。但是其中某些分项工程仍由多工种来实现，特别是对其中起主导作用和主要的分项工程，往往考虑到按专业工种的不同，组织专业工作队进行施工，为便于掌握施工进度，指导施工，可将这些分项工程再进一步分解成若干个由专业工种施工的工序作为施工过程的项目内容。因此施工过程的性质，有的是简单的，有的是复杂的。如一幢建筑的施工过程数 n，一般可分为 20~30 个，工业建筑往往划分更多一些。而一个道路工

程的施工过程数 n，则统统只分为 4~5 个。

施工过程分 3 类：制备类、运输类和建造类。制备类就是为制造建筑制品和半制品而进行的施工过程，如制作砂浆、混凝土、钢筋成型等。运输类就是把材料、制品运送到工地仓库或在工地进行转运的施工过程。建造类是施工中起主导地位的施工过程，它包括安装、砌筑等施工。在组织流水施工计划时，建造类必须列入流水施工组织中，制备类和运输类施工过程，一般在流水施工计划中不必列入，只有直接与建造类有关的（如需占用工期，或占用工作面而影响工期等）运输过程或制备过程，才列入流水施工的组织中。

（2）流水强度 V

每一施工过程在单位时间内所完成的工程量（如浇捣混凝土施工过程，每工作班能浇筑多少立方米混凝土）叫流水强度，又称流水能力或生产能力。

① 机械施工过程的流水强度按下式计算：

$$V = \sum_{i=1}^{x} R_i S_i \tag{6-1}$$

式中　R_i——某种施工机台数；

　　　S_i——该种施工机械台班生产率；

　　　x——用于同一施工过程的主导施工机械种数。

② 手工操作过程的流水强度按下式计算：

$$V = R \cdot S \tag{6-2}$$

式中　R——每一施工过程投入的工人人数（R 应小于工作面上允许容纳的最多人数）；

　　　S——每一工人每班产量。

（3）流水节拍 K

流水节拍是一个施工过程在一个施工段上的持续时间。它的大小关系着投入的劳动力、机械和材料量的多少，决定着施工的速度和施工的节奏性。因此，流水节拍的确定具有很重要的意义。通常有两种确定方法，一种是根据工期的要求来确定，另一种是根据现有能够投入的资源（劳动力、机械台数和材料量）来确定。

流水节拍的算式如下：

$$K = \frac{Q_m}{S \cdot R} = \frac{P_m}{R} \tag{6-3}$$

式中　Q_m——某施工段的工程量；

　　　S——每一工日（或台班）的计划产量；

　　　R——施工人数（或机械台数）；

　　　P_m——某施工段所需要的劳动量（或机械台班量）。

根据工期要求确定流水节拍时，可用上式反算出所需要的人数（或机械台班数）。在这种情况下，必须检查劳动力、材料和机械供应的可能性，工作面是否足够等。

（4）流水步距 B

两个相邻的施工过程先后进入流水施工的时间间隔，叫流水步距。如木工工作队第一天进入第一施工段工作，工作 2 d 做完（流水节拍 K=2 d），第 3 天开始钢筋工作队进入第一施工段工作。木工工作队与钢筋工作队先后进入第一施工段的时间间隔为 2 d，那么流水步距 B=2 d。

流水步距的数目取决于参加流水的施工过程数，如施工过程数为 n 个，则流水步距的总数为 $n–1$ 个。

确定流水步距的基本要求如下：

① 始终保持合理的先后两个施工过程工艺顺序。

② 尽可能保持各施工过程的连续作业，不发生停工、窝工现象。

③ 做到前后两个施工过程施工时间的最大搭接（即前一施工过程完成后，后一施工过程尽可能早地进入施工）。

④ 应满足工艺、技术间歇与组织间歇等间歇时间。

（5）时间间歇

流水施工往往由于工艺要求或组织因素要求，两个相邻的施工过程增加一定的流水间隙时间，这种间隙时间是必要的，它们分别称为工艺、技术间隙时间和组织间隙时间。

① 工艺、技术间隙时间 Z_1

根据施工过程的工艺性质，在流水施工中除了考虑两个相邻施工过程之间的流水步距外，还需考虑增加一定的工艺或技术间隙时间。如楼板混凝土浇筑后，需要一定的养护时间才能进行后道工序的施工；又如屋面找平层完成后，需等待一定时间，使其彻底干燥，才能进行屋面防水层施工等。这些由于工艺、技术等原因引起的等待时间，称为工艺、技术间隙时间。

② 组织间隙时间 Z_2

由于组织因素要求两个相邻的施工过程在规定的流水步距以外增加必要的间隙时间，如质量验收、安全检查等。这种间歇时间称为组织间歇时间。

上述两种间歇时间在组织流水施工时，可根据间歇时间的发生阶段或一并考虑或分别考虑，以灵活应用工艺间歇和组织间歇的时间参数特点，简化流水施工组织。

（6）工作面

工作面是表明施工对象上可能安置一定工人操作或布置施工机械的空间大小，所以工作面是用来反映施工过程（工人操作、机械布置）在空间上布置的可能性。

工作面的大小可以采用不同的单位来计量。如对于道路工程，可以采用沿着道路的长度以米为单位；对于浇筑混凝土楼板，则可以采用楼板的面积以平方米为单位等。

在工作面上，前一施工过程的结束就为后一个（或几个）施工过程提供了工作面。在确定一个施工过程必要的工作面时，不仅要考虑施工过程必需的工作面，还要考虑生产效率，同时应遵守安全技术和施工技术规范的规定。

（7）施工段

在组织流水施工时，通常把施工对象划分为劳动量相等或大致相等的若干个段，这些段称为施工段。每一个施工段在某一段时间内只供给一个施工过程使用。

施工段可以是固定的，也可以是不固定的。在固定施工段的情况下，所有施工过程都采用同样的施工段，施工段的分界对所有施工过程来说都是固定不变的。在不固定施工段的情况下，对不同的施工过程分别地规定出一种施工段划分方法，施工段的分界对于不同的施工过程是不同的。固定的施工段便于组织流水施工，采用较广，而不固定的施工段则较少采用。

在划分施工段时，应考虑以下几点：

① 施工段的分界同施工对象的结构界限（温度缝、沉降缝和建筑单元等）尽可能一致。

② 各施工段上所消耗的劳动量尽可能相近。

③ 划分的段数不宜过多，以免使工期延长。

④ 对各施工过程均应有足够的工作面。

⑤ 当施工有层间关系，分段又分层时，为使各队能够连续施工，即各施工过程的工作队做完第一段，能立即转入第二段；做完一层的最后一段，能立即转入上面一层的第一段。因而每层最少施工段数目 m_0 应满足

$$m_0 \geqslant n \tag{6-4}$$

当 $m_0=n$ 时，工作队连续施工，而且施工段上始终有工作队在工作，即施工段上无停歇，是比较理想的组织方式；

当 $m_0>n$ 时，工作队仍是连续施工，但施工段又空闲停歇；

当 $m_0<n$ 时，工作队在一个工程中不能连续施工而窝工。

施工段有空闲停歇，一般会影响工期，但在空闲的工作面上如能安排一些准备或辅助工作（如运输类施工过程），则会使后继工作顺利，也不一定有害。而工作队工作不连续则是不可取的，除非能将窝工的工作队转移到其他工地进行工地间大流水。

流水施工中施工段的划分一般有两种形式：一种是在一个单位工程中自身分段；另一种是在建设项目中各单位工程之间进行流水段划分。后一种流水施工最好是各单位工程为同类型的工程，如同类建筑组成的住宅群，以一幢建筑作为一个施工段来组织流水施工。

第四节　施工项目进度控制措施

进度控制的目标与投资控制和质量控制目标是对立而统一的关系。在一般情况下，进度快就要增加投资，但工程如提前使用就可能提高投资效益；进度过快有可能影响质量，而质量控制很严格，则有可能影响进度；由于质量的严格控制而不致返工，

又会加快进度。安全管理合理，确保安全是质量，进度的前提条件，发生安全事故则影响工期、质量、费用（造价），所以四个目标是辩证统一的，相互制约，相互影响。监理工程师的中心任务是使工程顺利实现合同规定的工期、质量及造价目标并在施工过程中避免发生重大安全事故。

一、工程进度控制的目标与原则

进度控制的目的是在保证项目按合同工期竣工、工程质量符合质量控制目标前提下，达到资源配备合理、投资符合控制目标等要求的工程进度整体最优化，进而获得最佳经济效益。因此，进度控制是监理工作的重要一环。

（一）工程进度控制的目标

进度控制是目标控制，进度控制是指在限定的工期内，以事先拟订的合理且经济的工程进度计划为依据，对整个建设过程进行监督、检查、指导和纠正的行为过程。工期是由从开始到竣工的一系列施工活动所需的时间构成的。

工期目标包括：

（1）总进度计划实现的总工期目标。

（2）各分进度计划（采购、设计、施工等）或子项进度计划实现的工期目标。

（3）各阶段进度计划实现的里程碑目标。

通过计划进度目标与实际进度完成目标值的比较，找出偏差及其原因，采取措施调整纠正，从而实现对项目进度的控制。进度控制是反复循环的过程，体现运用进度控制系统控制工程建设进展的动态过程。进度控制在某一界限范围内对（最低费用相对应的最优工期）加快施工进度能达到使费用降低的目的。而超越这一界限，施工进度的加快反而将会导致投入费用的增大。因此，对建设项目进行三大目标（质量、投资、进度）控制的实施过程中应互相兼顾，单纯地追求某一目标的实现，均会适得其反。因而对建设项目进度计划目标实施的全面控制，是投资目标和质量目标实施的根本保证，也是履行工程承包合同的重要工作内容。

（二）工程进度控制的原则

为确保实现工期目标，我方若中标后将采取以下原则对工程进度实施控制。

1. 合同原则

工程进度控制的依据是建设工程施工合同所约定的工期目标。

2. 质量、安全原则

在确保工程质量和安全的前提下，控制进度。

3. 业主经济利益最优化原则

工程进度控制必须符合业主经济利益最优化要求。

4. 目标、责任分解原则

工程进度控制必须制订详细的进度控制目标或对总进度计划目标进行必要的分解，确保进度控制责任落实到各参建单位、各职能部门。

5. 动态控制原则

采用动态的控制方法，通过随时检查工程进度情况，及时掌握工程进度信息，并进行统计分析，对工程进度进行动态控制。

6. 主动控制原则

通过监督施工单位按时提供进度计划，并严格审批，体现监理单位对工程进度的预先控制和主动控制。

7. 反索赔原则

监理要通过对合同的理解和对工程进度的认识，尽量避免工程延期或使工程延期可能造成的损失降低到最小。

8. 全过程控制原则

工程项目进度计划的实施中，控制循环过程包括：
（1）执行计划的事前进度控制，体现对计划、规划和执行进行预测的作用。
（2）执行计划的过程进度控制，体现对进度计划执行的控制作用，以及在执行中及时采取措施纠正偏差的能力。
（3）执行计划的事后进度控制，体现对进度控制每一循环过程总结整理的作用和调整计划的能力。

二、工程进度控制的内容、途径、流程

（一）工程进度控制的内容

1. 事前控制

（1）分析进度滞后的风险所在，尽早提出相应的预防措施。

根据我们的监理经验，造成进度滞后的风险主要有以下几个方面：设计单位出图速度慢；设计变更不能及时确认；装修方案和装修材料久议不决；设备订货到货晚；分包商与总包方的配合不力导致扯皮现象发生；承包单位人力不足；进场材料不合格造成退货；施工质量不合格造成返工等。

监理部将上述因素分类后,有针对性地向业主、承包单位、分包单位、设备供应单位等提出"预警"信息和建议,使各方意识到造成进度滞后的潜在风险,采取相应的防范性对策。

(2)认真审核承包单位提交的工程施工总进度计划。

(3)分析所报送的进度计划的合理性和可行性,提出审核意见,由总监批准执行。监理工程师应结合本项目的工程条件,即规模,质量目标,工艺的繁简程度,现场条件,施工设备配置情况,管理体系和作业层的素质水平,全面分析其承包商编制的施工进度计划的合理性和可行性。

重点审查:

(1)进度计划安排是否符合工程项目建设总工期的要求,是否符合施工承包合同中开竣工日期的规定。

(2)(月)、周(旬)进度计划是否与总进度计划中的总目标的要求相一致。

(3)施工顺序的安排是否符合合理工序的要求。

(4)劳动力、材料、构配件、工器具、设备的供应计划和配置能否满足进度计划的实现和保证均衡连续生产,需求高峰期能否有足够资源实现供应计划。

(5)施工进度安排与设计图纸供应相一致。

(6)业主提供的条件(如场地、市政等)及由其供应或加工订货的原材料和设备,特别是进口设备的到货期与进度计划能否相衔接。

(7)总(分)包单位分别编制的分部(段)分项工程进度计划之间是否协调,专业分工和计划衔接是否能满足合理工序搭接的要求。

(8)进度计划是否会造成业主违约而导致索赔的可能性存在。

(9)监理工程师审查中如发现施工进度计划存在问题,应及时向总承包商提出书面修改意见或发监理通知令其修改,其中的重大问题应及时向业主汇报。

(10)编制和实施施工进度计划是承包商的责任,监理工程师对施工进度计划的审查和批准,并不解除总承包商对施工进度计划应负的任何责任和义务。

2. 事中控制

(1)认真审核承包单位编制的周、月(季)进度计划。

(2)每周监理例会检查进度情况,将实际进度与计划进度进行比较,及时发现问题。对滞后的工作,分析原因,找出对策,并调整可以超前的工序进行弥补,尽量保证总工期不受影响。

(3)积极协调各有关方面的工作,减少工程中的内耗,提高工作效率。

(4)监理工程师积极配合承包单位的工作,及时到工地检查和签认,无特殊原因,不能因个人工作的延误影响施工的正常进行。

3. 事后控制

(1)根据工程进展的实际情况,适时调整局部的进度计划,使其更加合理和有可操作性。

（2）当发现实际进度滞后于计划进度时，立即签发监理工程师通知单指令承包单位采取调整措施。对承包单位因人为原因造成的进度滞后，应督促其采取措施纠偏，若此延误无法消除，则其后的周及月进度计划均需相应做出调整。

（3）对由于资金、材料设备、人员组织不到位导致的工期滞后，在监理例会上进行协调，并由责任单位采取措施解决。

（4）如承包单位发生非自身原因的延误，监理工程师应对进度计划进行优化调整，如确属无法消除的延误，总监应在与业主协商后，审核批准工程延期，并相应调整其他事项的时间与安排，避免引起工程使用单位的索赔。

4. 物资设备采购的计划管理

（1）监理按照工程进度，协助业主制订详尽的物资设备采购计划。在工程进行过程中，提醒业主及时安排各项物资设备的采购。

（2）物资设备采购的周期应充分考虑加工周期及可能发生的运输延误，避免因物资迟到现场而导致施工进度拖延。

（3）在考察过程中，对当地市场有特殊要求的行业及产品，监理对厂家提供的材料要仔细审核，避免物资进场后，因质量保证资料不齐而无法验收安装，导致工期延误及相应的索赔。

（4）必要时，监理机构征得业主同意，对生产加工的进度进行跟踪检查，督促其内部保证体系有效发挥作用，确保物资按质、按量、按时到达施工现场，以保证工期目标的顺利实现。

（二）工程进度控制的途径

在××工程项目进展的过程中，不同时间、不同施工阶段形成不同形式的工程量的过程，也有不同的进度失控原因和条件。因此进度控制途径包括以下几方面。

1. 突出关键线路

坚持抓关键线路作为最基本的工作方法，作为组织管理的基本点，并以此作为牵制各项工作的重心。××工程分解为土方及地基加固、钢筋混凝土结构、设备安装工程及装修工程等。

2. 加强配置生产要素管理

配置生产要素包括劳动力、资金、材料、设备等，并对其进行存量、流量、流向分部的调查、汇总、分析、预测和控制。合理地配置生产要素是提高施工效率、增加管理效能的有效途径，也是网络节点动态控制的核心和关键。在动态控制中，必须高度重视整个工程建设系统内、外部条件的变化，及时跟踪现场主、客观条件的发展变化，坚持每天用大量时间来熟悉、研究人、材、机械、工程的进展状况，不断分析预测各工序资源需要量与资源总量以及实际机械、工程的进展状况，不断分析预测各工序资源需要量与资源总量以及实际投入量之间的矛盾，规范投入方向，采取调整措施，确保工期目标的实现。

3. 严格工序控制

掌握现场施工实际情况，记录各工序的开始日期、工作进程和结束日期，其作用是为计划实施的检查、分析、调整、总结提供原始资料。因此，严格工序控制有 3 个基本要求：一是要跟踪记录；二是要如实记录；三是要借助图表形成记录文件。

（三）工程进度控制的流程

工程施工进度控制流程见图 6-3。

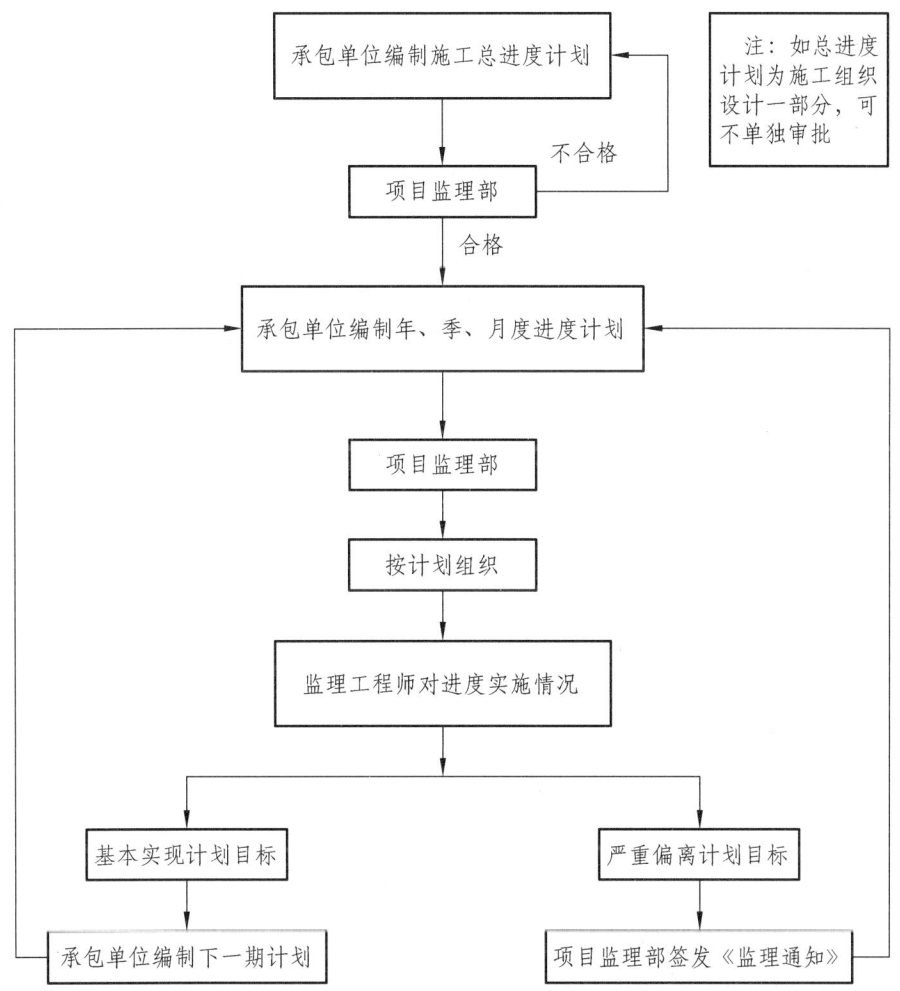

图 6-3　工程施工进度控制流程

三、工程进度控制的任务、程序和措施

（一）工程进度控制的主要任务

施工阶段进度控制的主要任务是：
（1）编制施工总进度计划并控制其执行，按期完成整个施工项目的施工任务。
（2）编制单位工程施工进度计划并控制其执行，按期完成单位工程的施工任务。
（3）编制分部分项工程施工进度计划，并控制其执行，按期完成分部分项工程的施工任务。
（4）编制季度、月（旬）进度计划，并控制其执行，完成规定的目标等。

（二）工程进度控制的程序

项目监理机构应按下列程序进行工程进度控制：
（1）总监理工程师审批承包单位报送的施工总进度计划。
（2）总监理工程师审批承包单位编制的年、季、月度施工进度计划。
（3）专业监理工程师对进度计划实施情况检查、分析。
（4）当实际进度符合计划进度时，应要求承包单位编制下一期进度计划；当实际进度滞后于计划进度时，专业监理工程师应书面通知承包单位采取纠偏措施并监督实施。

（三）工程进度控制的措施

建设工程进度控制的措施包括组织措施、技术措施、经济措施、合同措施和信息管理措施等。

1. 进度控制的组织措施

（1）落实项目监理机构中进度控制部门的人员，具体控制任务和管理职责分工。
（2）进行项目分解，如按项目结构分、按项目进展阶段分、按合同结构分，并建立编码体系。
（3）确定进度协调工作制度，包括协调会议举行的时间，协调会议的参加人员等。
（4）对影响进度目标实现的干扰和风险因素进行分析。风险分析要有依据，主要是根据许多统计资料的积累，对各种因素影响进度的概率及进度拖延的损失值进行计算和预测，并应考虑有关项目审批部门对进度的影响等。

2. 进度控制的技术措施

（1）审查承包商提交的进度计划，使承包商能在合理的状态下施工。
（2）编制进度控制工作细则，指导监理人员实施进度控制。
（3）采用网络计划技术及其他科学适用的计划方法，并结合计算机的应用，对建设工程进度实施动态控制。

3. 进度控制的经济措施

（1）及时办理工程预付款及工程进度款支付手续。
（2）对应急赶工给予优厚的赶工费用。
（3）对工期提前给予奖励。
（4）对工程延误收取误期损失赔偿金。

4. 进度控制的合同措施

（1）加强合同管理，协调合同工期与进度计划之间的关系，保证合同中进度目标的实现。
（2）严格控制合同变更，对各方提出的工程变更和设计变更，监理工程师应严格审查后再补入合同文件之中。
（3）加强风险管理，在合同中应充分考虑风险因素及其对进度的影响，以及相应的处理方法。
（4）加强索赔管理，公正地处理索赔。

5. 进度控制的信息管理措施

主要是通过计划进度与实际进度的动态比较，定期地向建设单位提供比较报告等。

四、工程进度控制措施的落实方式

（一）工程进度控制的主要方法

工程进度控制的主要方法包括进度控制的行政方法、经济方法和管理技术方法。

1. 进度控制的行政方法

用行政方法控制进度，是指上级单位及上级领导，本单位的领导，利用其行政地位和权力，通过发布进度指令，进行指导、协调、考核。利用激励手段（奖罚、表扬、批评），监督、督促等方式进行进度控制。

使用行政方法进行进度控制，优点是直接、迅速、有效，但要提倡科学性、防止主观、武断、片面的瞎指挥。

行政方法控制进度的重点应当是进度控制目标的决策和指导，在实施中应由实施者自己进行控制，尽量减少行政干预。

2. 进度控制的经济方法

进度控制的经济方法，是指有关部门和单位用经济类手段，对进度控制进行影响和制约，主要有以下几种：

在承包合同中写进有关工期和进度的条款；建设单位通过招标的进度优惠条件鼓

励承包单位加快进度;建设单位通过工期提前奖励和延期罚款实施进度控制,通过物资的供应进行控制等。

3. 进度控制的管理技术方法

进度控制的管理技术方法主要是规划、控制和协调。规划是指确定工程项目的总进度控制目标和分进度控制目标,并编制其进度计划;控制是指在项目实施的全过程中,进行实际进度与计划进度的比较,出现偏差就及时采取措施进行调整;协调是指协调参加单位之间的进度关系。

(二)工程进度控制的方式

监理进度控制的措施主要有组织措施、技术措施、经济措施、合同措施等。具体到实践中,四种措施总结出如下几种方式:口头通知方式;书面通知方式;现场专题会议方式;上层高级会议方式;变更组织机构方式;经济支付方式等。如果能够对上述方法进行灵活和有效的运用,对监理的现场进度控制将会起到十分有效的作用,可以改变施工现场进度控制不利的局面,更为有效地实现进度控制的预期目标,充分体现监理对进度控制的力度,监理的服务质量也能够较好地达到业主的满意度。

进度控制很大程度上是基于对承包商的前期工作、期间工作以及期后工作信息的收集和分析。作为监理工程师应该具备对承包商现场状态的洞察能力,进度控制的内容也无非是对承包商的资源投入状态、资源过程利用状态以及资源使用后与目标值的比较状态三个方面内容的控制。对这三方面的控制就是监理对进度要素的控制。监理进度控制的方法即对这些要素具体的综合运用。

1. 口头通知方式

监理的现场巡视相对应,口头通知运用于现场监理巡视将是很好的方法。特别适用于现场的一般提示和预见性控制。这应属于监理对于进度控制的风险性分析内容,作为监理工程师,除按规范要求进行风险分析制定防范性对策外,从监理本身工作的内容来讲尚应对进度风险所涉及的关于承包商的内容以口头形式告知承包商。而从实际的工作中来看,这种口头方式对承包商进度控制的作用不可低估,一方面承包商认为是对其工作的一种帮助和支持,从而可得到承包商的认可。我们的监理还必须落在监帮结合的平台上,监而不帮,从大的方面也不利于实现监理的最终进度目标。因此对于进度的控制,我们应该从两个方面来做:一方面我们要"监",用监理的尺子去靠去量;另一方面,我们也要发挥监理的高素质、高水平,用监理工程师的多年经验和专长,对承包商可能发生的制约进度的因素预先予以控制,从工程监理的实践上来看,效果是良好的。此种方式的使用方法,可以是现场对承包商管理层的交流与洽谈、对专业工程师不当错误行为的指正和批评,并要求其对错误工作进行改正和指出对错误工作的认识以及今后如何防止类似错误的承诺。从日常的监理工作来看,口头的通知将适用于监理工程师对现场进度控制的日常性的预控工作。

2. 书面通知方式

按照监理规范的规定,当发现实际进度滞后于计划进度时应签发监理工程师通知单指令承包商采取调整措施。监理通知是进度控制的书面文件。发出时应有一个时限范围：第一次发现现场进度失控或较长时间没有失控而近期又有失控时应及时采用书面通知比较合适。亦即进度的偏离是由于一时的不正常引起的,是由于暂时的不规律导致的,而非由规律性的长期的因素造成。后一种因素将是采用更进一步方法的条件。比如：现场近期人员减少造成了进度的滞后,可以书面形式通知承包商这一问题已造成的后果（如进度延误一周）和这一问题得不到处理还会造成的后果（如不采取措施将会使本月计划全部落空）。作为监理采用书面的通知,一方面是提高了监理指令的严肃性,监理的书面通知将会作为不可忽视的对承包商的一种正规指令性文件,是对承包商建设行为的一种评价和要求。承包商有义务接受并实施。另一方面,书面的通知还会成为监理作为公正的一方对承包商进行延期确认、索赔确认的可追索资料。在书面文件中应该对承包商的现状进行评价,指出其与进度计划的不相符内容。这样承包商一旦接收下来,便是一种压力。当然作为这样功能的监理文件应该是有正规的发文记录,并以监理通知送达签收时起生效。

3. 现场专题会议方式

当监理的书面通知方式效果不佳时,监理通知却没有收到应有的效果,没有引起承包商的高度重视时,这时监理组织一个进度控制的专题会议进行专门的解决是最为适当的措施之一。首先,在会议之前监理应当收集相关的进度控制资料,比如,承包商的人员投入情况、机械投入情况、材料进场和验收情况、现场操作方法和施工措施环境情况。这些都将是监理组织进度专题会议的基础资料之一。通过这些事实,监理才能对承包商的施工进度有一个真切的结论,除了指出了承包商进度落后这一结论和要求承包商进行改正的监理意见之外,监理还能建设性地对如何改正提出自己的看法,对承包商将要采取的措施得力与否进行科学的评价。不准备全面的一手资料,承包商是不会轻易地认可监理的看法的,也就不会达到以理服人的效果。监理也不会对承包商采取的措施是否会达到预期的效果有一个正确的认识。现场专题会议一般是由现场的项目经理、副经理、业主代表和业主的相关管理人员、监理工程师参加。由项目总监理工程师主持。会议要有记录,会后要编制会议纪要。

4. 上层高级会议方式

口头通知、书面通知、现场组织的专题会议对现场的进度不见其效,这个时候组织一个上层高级会议是监理有效的方式。目前在现场的一般都是项目经理,项目经理的上面还有上层领导,监理将提请业主一起预先约定一个时间,把该项目的上层领导请了来,就这些进度问题和业主一起与承包商的高层领导进行洽商。当然这时也应让承包商的项目经理在场,对项目经理的工作进行评价,特别是对进度上存在的问题进行客观的指正,并将进度达不到计划要求的后果明确指出,引起承包商的上级主管人员的高度重视。现场工作的好坏是承包商现场项目经理的工作成绩之一,也会是其工作考核内容之一,因此如果承包商的现场项目经理工作能力或者其后方支持不力,采用这样的会议方式对解决这样的问题将是很有成效的。这样一来,如果其原因是上级对其支持不力,则这种方式便是监理和业主对现场经理的一种正面的有力支持,而如果是现场经理本身管理问题的话,这种会议方式则是对其本身工作的一种再督促和再激励。要开好这样的会议,监理更是要掌握全部的进度控制方面的基础资料,用事实来说话,用资料来评价。施工方上级部门领导参会,一起从其公司的角度来讨论解决方案。进度滞后情况严重要求承包商的上级主管一个月甚至半个月必须到一次现场进行督阵,将收到了较好的效果。

5. 变更组织机构方式

对承包商的项目经理进行调整,也是对进度控制的一个方法。作为监理,对不称职的项目经理有权建议更换。这时监理应该与业主取得沟通,得到业主的一致认可,对于拒不执行监理指令,对业主及监理的工作置之不理,置若罔闻和对业主监理进行无理取闹的项目经理,监理将果断建议业主对其进行撤换。这时的书面形式可以采用信函方式,也可以是传真和电子邮件方式,还可以是和业主一起直接到其总部进行要求的方式。但是采用这一方式处理时一定要相对稳妥,因为一个项目经理的撤换可能会导致一定期限的影响。但是只要是对项目的总体进度有利,就可以采用这一方式进行进度的控制。一般进度对业主和承包商的经济有很大的影响,进度的有效控制是双方共同的意愿。

6. 经济支付方式

进度控制体现在多方面,其中合同措施也是一个比较关键的措施。监理应该认真分析合同内容,特别是在支付手段上,对进度达不到计划规定要求比率的,有不少的合同规定将减付工程款,以给承包商一定的压力来促进进度达到计划要求。监理在控制过程中,可以对承包商进行多方面多层次的交流。经济支付也将是不可缺少的方式之一。在进度控制过程中,从对进度有利的前提出发,监理也可以促使甲乙双方对合同的约定进行合理的变更,但在没有达成一致之前监理仍将执行原来的合同,并将原合同的内容一直执行到底。

进度控制方式必须对症下药、有的放矢,针对项目不同的情况采取不同的方法对项目进度实施控制。但是无论采用哪一种方法,进度的控制也不会是独立的控制,对进度的控制仍会涉及其他多个方面的内容,作为监理综合运用这些因素得到最好的控制效果,全面实现最终的监理目标,才是最好的控制方法。

五、工程进度控制的手段

进度控制一般采用计算机辅助控制管理,根据目标进度计划对实际进度实施动态监控,科学管理。及时有效地将实际工程进度引发的资源与人工分配、工程延期、合同争议、投资流失衡问题反映到业主及有关各方。

为此,我们借鉴国外先进的工程项目管理模式与手段,运用以统筹管理、系统工程、工程风险分析、项目盈余评估等科学理论为基础的 PROJECT 和 P3 计算机软件。利用这些计算机软件的优势对工程承包单位的进度计划进行科学细致的审核并根据审核分析的结果提出进度控制目标,从而建立起有效的进度控制体系便于对实际进度进行监控,对施工过程中出现的问题及时做出相应的处理,对业主供货、供图及其他承包单位施工等进行协调,并根据承包单位的进度计划作出业主的资金筹集计划,同时预防可能的承包单位工期索赔并对承包单位提出的工期索赔进行分析评估。

我们将根据工程项目的具体问题,如总包单位整体工程进度安排、工程项目所在地的地质及气象条件、各类合同条款等,制订详细的工程进度控制目标和方法,工程进度控制方法如下:

（1）审核工程建设中总进度计划,参与或协助目标分解进度计划的编制。
（2）根据工程实际情况对每个（年进度、月进度）工程进度计划进行优化。
（3）随着工程进展对工程建设进度的动态控制,及时向各方反映进度信息。
（4）在工程进度跟踪过程中,预测进度控制风险并采取有效防范措施。

利用计算机技术按承包单位报送的施工进度计划,将施工任务按层次结构组织起来,依赖有工序搭接关系的网络图找出关键路径,按照项目进展客观规律设置跟踪措施点,进行动态跟踪,即通过关键线路与实际进度情况的分析、比较,找出偏差,并对工程进度进行预测。监理工程师可以在分析原因的基础上采取有效措施,进而督促承包单位组织有效的人力、物力,确保关键线路的正常运行,达到对工程施工进度有效的控制,减少盲目性,提高效率,保证目标实现。

六、影响工程进度因素的控制对策

按工程承包合同签订的总工期和里程碑工期为进度控制目标,督促检查承包单位按批准的进度计划施工,确保工程按期竣工。控制对策见表 6-1。

表 6-1　对影响施工进度的因素应采取的控制对策

项目	影响施工进度的因素	控制对策
业主	资金投资不足,并不能及时到位	应及时汇报,研究对策使资金及时到位
	图纸未及时到位	协助业主及时与设计单位联系,把设计图纸按时交于承包单位,向业主汇报情况
	甲供的工程材料未及时到施工现场	协助业主做好提前采购订货的计划,并督促实施

续表

项目	影响施工进度的因素	控制对策
承包单位	人力、技术力量不足	增加施工人员，增强技术力量，开展技术培训
	施工方案欠佳	进行必要的技术论证，提出整改意见
	出现施工质量问题	狠抓工程质量，杜绝工程返工
	所采用的工程材料、产品质量差	加强质量检查，采购优质产品
	工程材料不足	随进度逐月核定材料供应计划做到数量准确，供应及时
	资金调用失控	资金应专款专用
设计单位	未及时向业主提交设计文件	督促设计单位及时出图
	现场施工与设计图纸有矛盾	设计单位派驻现场设计代表
	现场发现配套专业设计与土建设计有矛盾	通过设计代表加强设计各专业质检的相互协调
	变更设计较多	及时提供设计变更通知

七、工程工期控制点的设置

（一）设置工期控制点

以业主已批准的总进度计划网络为依据，详细编制各分部工程计划网络和每月、季进度计划，在计划中确定各分项工程进度目标及分部工程竣工计划工期，分阶段予以控制，以保证总进度计划的实施。

（1）开工日期。

（2）土方开挖完成及地基处理完成时间。

（3）各个单位工程±0.000以下基础工程完成时间。

（4）各个单位工程结构封顶时间。

（5）各个单位工程二次结构和初装修工程开、竣工时间。

（6）各个单位工程外装修、电梯及建筑水、暖、电气完成时间。

（7）各个单位工程设备安装、系统综合调试完成时间。

（8）各个单位工程竣工时间。

（二）进度计划的划分

工程进度计划，可根据项目实施的不同阶段，分别编制总体进度计划及年月进度计划；对于起控制作用的重点工程项目单独编制单位（单项）工程进度计划。

1. 总体进度计划的内容

（1）工程项目的总工期，即合同工期或指令工期。

（2）完成各单位工程及各施工阶段所需要的工期、最早开始及最迟结束的时间。
（3）各单位工程及各施工阶段需要完成的工程量及现金流动估计。
（4）各单位工程及各施工阶段所需要配备的人力和设备数量。
（5）各单位或分部工程的施工方案和施工方法（施工组织设计）等。

2. 年度进度计划的内容

（1）本年计划完成的单位工程及施工阶段的工程项目内容、工程数量及投资指标。
（2）施工队伍和主要施工设备的转移顺序。
（3）不同季节及气温条件下各项工程的时间安排。
（4）在总体进度计划下对各单项工程进行局部调整或修改的详细说明等。

3. 月（季）进度计划的内容

（1）本月（季）计划完成的分项工程内容及顺序安排。
（2）完成本月（季）及各分项工程的工程数量及资料。
（3）在年度计划下对各单位工程或分项工程进行局部调整或修改的详细说明等。

4. 单项工程进度计划的内容

（1）本项目的具体施工方案和施工方法。
（2）本项目的总体进度计划及各道工序的控制日期。
（3）本项目的现金流动计划。
（4）本项目的施工准备及结束清场的时间安排。
（5）对总体进度计划及其他相关工程的控制、依赖关系和说明等。

（三）严格管理进度计划的审批

在中标通知书发出后合同规定的时间内，专业监理工程师要求承包单位书面提交以下文件：

（1）一份细节和格式符合要求的工程总体进度计划及必要的各项特殊工程或重点工程的进度计划。
（2）一份有关全部支付的年度现金估算及流动计划。
（3）一份有关施工方案和施工方法的总说明（即通过施工组织设计提出）。

（四）现场进度控制的具体表现

在将要开工以前或在开工以后合理的时间内，监理工程师要求承包单位提交以下文件：

（1）年度进度计划及现金流动估算。
（2）月（季）度进度计划及现金流动估算。
（3）分项（或分部）工程的进度计划。

（五）进度计划的审查步骤

监理工程师组织有关人员对承包单位提交的各项进度计划进行审查，并在合同规定或满足施工需要的合理时间内审查完毕，审查工作按以下程序进行：

（1）阅读文件、列出问题，进行调查了解。
（2）提交问题与承包单位进行讨论或澄清。
（3）对有问题的部分进行分析，向承包单位提出修改意见。
（4）审查承包单位修改后的进度计划直到满意并批准。

（六）进度计划的审查内容

（1）施工总工期的安排应符合合同工期。
（2）各施工阶段或单项工程的施工顺序和时间安排与材料和设备的进场计划相协调。
（3）对假日及天气影响的时间，应适当地扣除并留有足够的时间余量。

（七）对进度计划检查记录

（1）监理工程师应制定每日进度检查记录，按单位工程、分项工程或工序点对实际进度进行记录，并定期（日、周、月、旬）汇总报告，作为对工程进度进行掌握和决策的依据。每日进度检查记录主要记录并报告以下事项：

① 当日实际完成及累计完成的工程量。
② 当日实际参加施工的人力、机械数量及生产效率。
③ 当日施工停滞的人力、机械数量及其原因。
④ 当日承包单位的主管及技术人员到达现场的情况。
⑤ 当日发生的影响工程进度的特殊事件或原因。
⑥ 当日的天气情况等。
⑦ 每周、每月工程进度报告。

（2）监理工程师应根据现场监理员提供的每日施工进度记录，及时进行统计和标记，并通过分析和整理，每月向公司和业主提交一份月工程进度报告，应包括以下主要内容：

① 概括或总说明：应以记事方式对计划进度执行情况提出分析。
② 工程进度：应以工程数量清单所列项目为单位，编制出工程进度累计曲线和完成投资额的进度累计曲线。
③ 工程图片：应显示关键线路上一些主要工程的施工活动及进展情况。
④ 财务状况：应主要反映业主的资金储备、承包人的现金流动、工程支付及财务支出情况。
⑤ 其他特殊事项：应主要记述影响工程进度或造成延误的因素及解决措施。

⑥ 制作进度管理图表。

（3）监理工程师应编制和建立各种用于记录、统计、标记、反映实际工程进度与计划工程进度差距的进度监理图及进度统计表，以便随时对工程进度进行分析和评价，并作为要求承包单位加快工程进度、调整进度计划或采取其他合同措施的依据。

（八）严格控制进度计划的调整

1. 进度符合计划

在工程实施期间，如果实际进度（尤其是关键线路上的实际进度）与计划进度基本相符时，监理工程师不应干预承包单位对进度计划的执行，应提供和创造各种外部条件，及时调查处理影响工程进展的不利因素，促进工程按计划进行。

2. 进度计划的调整

专业监理工程师发现工程现场的组织安排、施工程序或人力和设备与进度计划上的方案有较大不一致或原有的工、料、机、运、管和施工环境不适应进度计划要求时，应要求承包单位对原工程进度计划及现金流动计划予以调整，调整后的工程进度计划应符合工程现场实际情况，并应保证在合同工期内完成。

调整工期进度计划，主要是调解关键线路上的施工安排，对于非关键线路，如果实际进度与计划进度的差距并不对关键线路上的实际进度产生不利影响时，监理工程师不必要求承包单位对整个工程进度计划进行调整。

3. 加快工程进度

承包单位在无任何理由取得合理延期的情况下，监理工程师认为实际工程进度过慢，将不能按照进度计划预定的竣工期完成工程时，应要求承包单位采取加快进度的措施，以赶上工程进度计划中的阶段目标或总目标，承包单位提出和采取的加快工程进度的措施必须经过监理工程师批准，批准时应注意以下事项：

（1）只要承包单位提出的加快工程进度的措施符合施工程序并能确保工程质量，监理工程师应予以批准。

（2）因采取加快工程进度措施而增加的施工费用应由承包单位自负。

（3）因增加夜间施工或当地公认的休息日施工而涉及业主的附加监督管理费用，应由承包单位负担。

八、工程进度控制的监理重点、难点分析

工程进度控制的目的是保证项目按合同工期竣工，发挥投资效益和社会效益。应当是在确保质量目标、安全目标的原则下控制进度，达到资源配置合理，工程整体最优化。根据招标文件要求，××工程要求施工总承包单位必须编制合理的施工总进度

计划，尤其是各段号之间的大流水作业施工，并严格按照批准的施工总进度计划实施生产，随着工程建设标准的细化、二次设计的完善，追加工程量会是一个不小数目，要在规定的合同工期内完成施工任务必须有行之有效的措施来保证。

工程的关键线路为土方开挖、基坑支护、地基处理、主体结构施工、二次结构工程、设备安装和运行调试、精装修。工程进度控制的重点为主体结构施工、装修提前插入和设备安装调试。根据以往工程的经验，本阶段的参建单位多，分项工程交叉施工多，是工程进度控制的关键。

工程进度控制的重点、难点分析见表6-2。

表6-2 工程进度控制的重点、难点

序号	分部工程	影响工程进度的重点部位	与本分部工程相关联的分部工程	影响工程进度的难点部位	影响后续工程进度的关联分部或分项工程
1	地基与基础	地基处理、土方回填、基础底板钢筋绑扎	主体结构	基础底板钢筋绑扎	基础混凝土浇筑
2	主体结构	钢筋混凝土浇筑，填充墙砌筑	建筑屋面、建筑装饰装修；建筑给水排水及采暖通风、电梯	钢筋绑扎	屋面施工、建筑装饰装修、建筑给水排水及采暖通风、电梯
3	建筑屋面	屋面防水、保温层	建筑装饰装修	防水、保温层的基层	屋面卷材防水、保温层
4	建筑装饰装修	填充墙抹灰、外窗安装	建筑给水排水及采暖、通风与空调、电梯	外窗安装	填充墙抹灰外窗安装
5	建筑给排水及采暖	水管安装及压力试验、机房设备安装、系统调试	建筑装饰装修、配电及自控	水管安装	吊顶内水管安装及压力试验
6	建筑电气	管路穿线、测试、配电室安装	建筑装饰装修	设备调试	配电室安装
7	智能建筑	管路穿线、测试		设备调试	
8	电梯	机房安装	建筑装饰装修	设备调试	轿箱门安装

（1）当质量与工程进度发生矛盾时：

如：分部分项工程的质量不合格需局部返工，但承包单位或业主把进度提为主要矛盾，工期压力很大的情况下，常常成为进度控制的难点。我公司将坚持"质量第一"的原则，同时针对工期的压力提出加快进度的相应措施，使矛盾妥善解决。

（2）由于各专业的相互干扰，安装工程各工序的相互制约造成工序上的打乱仗，影响进度。

这在主体结构封顶后的机电安装和装修阶段是经常发生的，也是进度控制的难点之一。为此，监理工程师要树立大局思想，统筹安排各专业的相互配合。通过细致的协调工作，化解矛盾，把相互干扰变成相互协作，把相互制约变成相互促进，这也是监理协调工作的重中之重。

（3）设备、材料未能按期到货而拖延工期，这是进度控制经常出现的问题。

对此除了按进度计划尽早安排并严格履行招投标计划、材料设备采购计划、资金计划，促使材料设备按时进场外，一旦发生不能按时到货的情况，监理工程师要与承包单位和业主一起共商起动动态调整程序和风险预警计划。安排其他专业或其他工序，并提出制定如何抢回工期的有效措施。

（4）工程施工阶段控制措施：

① 确定项目的建设工期及各个单位工程、各阶段的工期目标及各个单位的开竣工日期。

② 审批施工单位的进度计划，并对施工进度计划实施有效的控制。

③ 定期检查工程建设的实际进度，并与计划进度的目标值进行比较，找出进度偏差。

④ 分析偏差产生的主要原因及对工期目标的影响程度，督促承包单位尽快采取相应措施调整进度计划，以保证建设工期目标按期实现。

⑤ 及时掌握建设工程的实际进度，并利用计算机软件系统与计划进度进行比较，分析偏差值和偏差原因。

⑥ 严格控制工期拖延。

⑦ 为了对工程施工进度进行有效控制，要求项目监理工程师和施工人员必须在施工进度实施之前，对影响工程进度的因素综合分析，提出保证施工进度计划实施成功的措施，以实现对进度的主动控制。

⑧ 充分发挥项目管理的协调作用，协调主体建筑施工单位及市政施工单位之间的进度关系，对那些无法进度协调控制的进度关系，在进度计划的安排中，留有足够的机动时间。

⑨ 对物资供应进度进行全程跟踪管理。

⑩ 考虑气候、水文、地质及周围环境等施工条件对项目进度的影响。

⑪ 定位测量、土方开挖、地基加固。

⑫ 基础及主体结构工程：要求施工单位充分考虑结构材料的周转。检查劳动力的调配等，根据建筑平面和结构特征，分段安排结构流水施工。

⑬ 二次结构、初装修和防水工程：考虑结构施工进度逐步插入施工，从而有效缩短工期。

⑭ 机电安装工程：组织协调各有关单位的配合协调关系；协调建设单位及时确定各专业分包商及进行材料、设备的选型和订货；及时组织各承包商进行机电各个系统调试和联动调试，并优先保证设备和电梯的安装和调试。

九、工程结构施工进度的控制措施

1. 施工现场的人员就位情况

一是工作面上是否有足够的工人，二是施工现场施工管理人员是否到位（如项目经理，生产、技术负责人，质检员，安全员等）。保证进度首先要有足够的人员上岗，在施工单位申报的施工组织设计中，应有一个用工计划，监理工程师应检查其执行的情况，即计划与实际情况是否相符，实际情况是否又充分利用了工作面。当然也要注意人员的素质，监理工程师应检查相应的上岗证，工人应以技术工人为主，另外必须是成建制的劳务队伍，监理工程师应严格制止承包单位招聘零星散工和将工程分割转包或再分包。

2. 施工现场材料的供应情况

为了工程进度，方案审查时应注意垂直运输能力，模板及支撑体系周转材料应满足进度要求，提前考察混凝土搅拌站的供应能力。每道工序所需的材料应事前做好各种质量检验、试验、见证取样复试等工作。根据工程进度计划，承包单位应有相应的物资采购计划。材料的订货合同中，除质量要求外，应有供货时间、地点的条款，以确保工程能按进度计划展开，避免因材料供应问题而影响进度。

3. 注意先进施工技术措施的采用

采取先进的合理的施工技术措施对工程进度有重要作用。如：编制有针对性的、操作性强的施工组织设计、施工方案和技术交底文件并切实贯彻执行；合理的流水段的划分及流水作业的组织实施；网络进度计划的编制及关键路线、关键工序的把握；先进施工机械设备的采用；先进施工技术的采用等。这些技术措施无疑都会对工程进度产生积极的作用。

4. 加强工程的安全管理，确保工程施工进度

工程的安全管理，项目的参建各方均有相应的责任。安全管理的目的即是保障生命和财产的安全，也是保证工程能顺利进行施工。

为了工程的安全施工，建设单位在开工前应向施工单位提供有效的基建文件、施工图纸和施工现场及毗邻区域内的供水、排水、供电、供气、供热、通信、广播电视等地下管线资料，以免影响工程的进度。勘查单位必须对提供的勘查文件的真实、准确负责，以满足工程安全生产的需要。

设计单位应当按相关法律、法规和工程建设强制性标准进行设计，防止因设计不合理导致生产安全事故的发生，对涉及施工安全的重点部位和环节在设计文件中应予以注明，并对防范生产安全事故提出指导意见。

监理单位应审查施工单位报审的施工组织设计中的安全生产措施；在实施过程

中，发现存在的安全事故隐患的，应当要求施工单位整改，情况严重的，应当要求施工单位暂停施工，并及时报告建设单位。监理单位对工程安全生产承担相应的监理责任。

施工单位应当建立健全的安全生产教育培训制度；建立安全生产管理机构；配备专职安全生产管理人员；制定安全生产规章制度和操作规程；对工程进行定期和专项的安全检查。由工程的总承包单位对施工现场的安全生产负总责。分包单位应当服从总包单位的安全生产管理，分包单位不服从管理导致生产安全事故由分包单位承担主要责任。

5. 主体结构与二次结构合理穿插

主体结构的地下与地上部分施工完成后要即时进行四方验收，并报请质量监督站核验。以利二次结构和装修的即时插入。为保证验收的顺利进行，监理平时要加强现场施工质量验收资料的管理。

十、工程装饰装修进度的控制措施

1. 施工现场材料的供应情况

为了工程进度，每道工序所需的材料、构件、配件应事前做好各种质量检验、试验、见证取样复试等工作。根据工程进度计划，承包单位应有相应的物资采购计划。材料的订货合同中，除质量要求外，应有供货时间、地点的条款，对某些材料的供应，尚应考虑到生产厂家的考察和某些材料所需要的自然干燥时间，而提前做好订货。当然在材料、设备订货问题上，建设单位在资金上应给予保证，以确保工程能按进度计划展开，避免因材料供应问题而影响进度。

在这方面，某些材料如由建设单位提供，也同样应做好预控，包括某些材料的颜色、规格、花纹。如需征求建设单位领导的意见也应尽早进行，避免因此而延误进度并引起不必要的索赔。而有些材料、配件则需事先通过专门机构的认可，如消防阻燃材料、防火门、外门窗等，对新材料、新设备更需有专门的机构鉴定、认可方可用于工程。这些工作都必须有计划地事先做好安排，才能保证各种材料、配件、构件、设备能计划用于工程，从而保证工程的进度。

2. 装饰装修样板间制度

装饰工程应建立样板制度，通过样板引路，避免后期返工，耽误进度。样板间合格后，经建设单位、设计单位认可后，可大面积开展装修施工，其中包括对材料品种、价格、施工工艺的认可，样板间或样板段先行制度是监理工作中很重要的一个手段，我们会督促承包单位严格执行这一制度，以保证建设单位和建筑师的意图得以完美实现。

3. 装饰装修施工与二次结构进度配合的监理要点

××工程的施工期间，如果二次结构施工时要插入装修施工。在插入装饰施工后应与二次结构工作面适当隔离,划分区域,有一定的独立性,避免过多的干扰,以不影响二次结构施工为原则。安装工程应选择合理的穿插时机,在统一的协调指挥下施工;明确责任,正确划分利益关系;建立协调制度。内外装修亦存在许多交叉点,总体遵循的原则为先外后内,但其他工作都要与外装修施工时应注意对原有主体结构进行检查。建筑装饰工程严格执行《建筑装饰装修工程质量验收规范》(GB50210—2001),监理把握在现有梁、柱、墙体上增加荷载时,必须有结构设计人员签字、确认,进场的所有材料必须符合国家有关建筑材料装饰、装修材料有害物质限量标准的规定。

十一、工程设备专业施工进度的控制措施

1. 设备采购宜早不宜迟

××工程的设备安装集中在机电安装及装饰阶段,能否顺利安装完成,取决于设备能否按时进场,因此在工程实施阶段的初期,就要合理规划设备考察、招标采购、签订合同、工厂加工及检验、运输、进场验收、安装调试等环节的时间周期。

在此阶段,督促总承包单位针对各主要环节的时间节点,综合排出总进度计划,专业监理工程师协助及参与建设单位、总包单位组织的设备招标采购等相关工作,有利于实现施工进度计划。

2. 机电安装即早插入

机电安装在工程结构施工结束后,已成为影响工程竣工的关键线路,应事先准备好各方面的准备工作,及早插入施工。如:预留预埋时,卫生器具的型号及排水口位置就已确定;结构验收分地下、地上分开进行,是地下室机电安装工程先行,同时,应争取得到监督站的同意,在结构验收前可以插入机电干管安装;材料和设备采购的进度是围绕机电安装工程施工的根本问题,要早下手,不能成为"无米之炊";要及早确定主要机房内设备选型,按其图纸施工设备基础,抓紧机房土建项目的施工创造交安条件,争取在开始装饰施工前将设备运到机房,开始机电设备安装,着重于变配电室、热力站等动力中心的施工及投入使用,为工程调试运行及使用提供能量来源;在装饰施工中段插入市政外线施工,一方面为建筑内施工项目提供系统试验,调试运行的基础条件,一方面也是同步验收达到使用条件的关键环节等。

3. 设备安装阶段的监理措施

(1)根据设备进场时间节点,监理协调施工现场条件,满足设备进场的场地、卸车等各项准备工作。

(2)在设备进场前,监理督促施工单位编制设备场内运输吊装安装专项方案,在运输吊装前,完成方案审批工作。

(3)机电安装阶段,定期召开机电专业协调专题会,解决总包与专业分包,以及

专业分包之间的交叉协调问题,和各种进度问题。本专题解决不了的问题提交监理例会解决。

(4)针对机电专业之间比较复杂的交叉矛盾问题,随时由机电监理工程师召开现场协调会,解决现场交叉难题。

(5)专业监理工程师随时深入现场了解进度情况和施工单位遇到的问题和困难,采取预控措施,动态地控制进度。

十二、工程电气专业进度控制的措施

(1)凡涉及二次深化设计的单位,例如:大型设备(如电梯)供货单位及安装单位、装修设计单位,要求其技术负责人等管理人员提前进场,做技术、材料设备、施工方案及与相关部门的配合准备,而不是等到设备进场时技术人员再进场,避免进场准备时间不足而引起进度拖延。

(2)在施工准备阶段的进度计划总表中列出材料设备进场配合进度,在订货准备阶段要列出材料设备技术条件清单,包括外观、尺寸及内部的技术参数,对土建基础尺寸位置、相关专业的管线配合,例如强电弱电、通信、上下水等要求都要详尽列出,并经使用单位、设计单位认可。避免因材料设备供货不及时或技术参数不符合要求造成的进度拖延。

(3)在土建预留预埋阶段,相关专业的安装单位对所有预留孔洞,预埋管线进行统一编号认可,避免后期剔凿改线引起的进度拖延。

(4)凡涉及后期调试的专业,如变配电设备调试、漏电检测、报警系统调试、消防联动的调试等,要注意避免调试中损坏设备引起进度拖延。要编制调试方案,先做单体的试运行,后做系统调试,不可跳过单体试运行阶段。并要有应急预案,避免由于调试时的疏漏而引起设备损坏造成进度拖延。

(5)注意电梯底坑、井道的施工:由于电梯设备招标可能拖延,在电梯底坑、井道施工时电梯可能尚未订货,要切实协调相关方,避免电梯底坑、井道施工与电梯设备要求不符而返工造成进度拖延。

十三、设备安装与装修交叉作业进度控制措施

(1)要求土建、设备、电气各专业的密切配合。

(2)工程由于设备的特殊性、重要性,监理方更应同时加强与甲方、设计、设备厂家、土建施工方等各方的沟通协调,才好做好现场的组织管理。这是进度保证的前提。

(3)加强对总包、分包单位的职责划分和管理。以免相互牵制进度。

(4)总承包单位应明确专人作为总承包单位与分包单位、分包与分包单位之间出现问题的总协调人。以保证沟通的及时性,以免耽误进度。

（5）分包单位项目经理必须参加监理例会。对进度配合事宜各方进行协调，对决议事项保证落实进行。

（6）制订周密计划，合理交叉施工，有力协调组织。

（7）制订周密的周计划，以周计划确保工程进度按计划进行。分清主次，抓住关键，把握好工程工序的控制。最大限度地合理地安排施工顺序，做好各专业、各分包队伍的交叉施工。

（8）抓好设备的合同管理，确保按时到场，按时安装。

（9）每天召开一次各分包队伍参加的小型碰头会，会商工程中的有关问题，及时协调，及时解决。

（10）分析各专业施工验收的难点，提前做好验收准备，确保验收顺利通过。

十四、工程暂停及复工的管理

在发生下列情况之一时，总监理工程师可签发工程暂停令：

（1）业主要求暂停施工、且工程需要暂停施工。

（2）为了保证工程质量而需要进行停工处理。

（3）施工出现了安全隐患，总监理件工程师认为有必要停工以消除隐患。

（4）发生了必须暂时停止施工的紧急事。

（5）承包单位未经许可擅自施工，或拒绝监理机构管理。

总监理工程师在签发工程暂停令时，要先征得业主同意，并根据停工原因的影响范围和影响程度，确定工程项目停工范围。

由于业主原因或其他非承包单位原因导致工程暂停时，监理机构应如实记录所发生的实际情况。总监理工程师在施工暂停原因消失、具备复工条件时，及时签署工程复工报审表。

由于承包单位原因导致工程暂停，在具备恢复施工条件时，监理机构应审查承包单位报送的复工申请及有关材料，同意后由总监理工程师签署工程复工报审表，指令承包单位继续施工。

总监理工程师在签发工程暂停令到签发工程复工报审表的期间内，会同有关各方按照施工合同的约定，处理因工程暂停引起的与工期、费用等有关的问题。

十五、工程延期的管理

由于承包单位的责任造成工程进度的延误，而且承包单位接受监理工程师加快工程进度指令或虽采取了加快工程进度的措施，但仍然不能赶上预期的工程进度并将使工程在合同工期内难以完成时，监理工程师应对承包单位的施工能力重新进行审查和评价，必要时向业主提出书面报告，建议对工程的一部分实行指令分包或考虑更换承包单位。

第七章 施工项目成本管理

建设工程项目施工成本管理应从工程投标报价开始,直至项目保证金返还为止,贯穿于项目实施的全过程。成本作为项目管理的一个关键性目标,包括责任成本目标和计划成本目标,它们的性质和作用不同。前者反映公司对施工成本目标的要求,后者是前者的具体化,两者把施工成本管理在公司层和项目经理部的运行有机地连接起来。

根据成本运行规律,成本管理责任体系应包括公司层的成本管理和项目经理部的成本管理。公司层的成本管理除生产成本以外,还包括经营管理费用;项目经理部应对生产成本进行管理。公司层贯穿于项目投标、实施和结算过程,体现效益中心的管理职能;项目经理部则着眼于执行公司确定的施工成本管理目标,发挥现场生产成本控制中心的管理职能。

本章内容包括:施工成本管理的概念、施工成本计划、施工成本控制、施工成本分析等。

第一节 施工项目成本管理的概念

一、基本概念

施工项目成本管理是在保证满足工程质量、工期等合同要求的前提下,对工程项目施工全过程中所发生的费用,通过计划、组织、控制、协调等活动实现预定的成本目标,并尽可能地降低成本费用的一种科学的管理活动。

施工项目成本管理是高速铁路工程项目施工管理中的重要环节,是施工项目管理绩效评价的客观和公正的标尺。加强高速铁路项目施工成本管理,提升成本管理的水平具有主要的现实意义,有利于提高铁路专业施工企业的经济效益,增强竞争力,使公司在剧烈的市场竞争中脱颖而出。企业一定要进一步提高对成本管理的注重程度,选用全部卓有成效的办法来提高成本管理的质量,只有真正采取合理措施将工程建造的成本控制在合理的规模以内,然后促使施工企业取得良好发展。而且,这个管控活动还必须贯穿高速铁路施工企业的生产和经营全过程的始终。

二、施工成本管理的任务

施工成本是指在建设工程项目的施工过程中所发生的全部生产费用的总和,包括:

所消耗的原材料、辅助材料、构配件等费用；周转材料的摊销费或租赁费；施工机械的使用费或租赁费；支付给生产工人的工资、奖金、工资性质的津贴；进行施工组织与管理所发生的全部费用支出等。建设工程项目施工成本由直接成本和间接成本所组成。

直接成本是指施工过程中耗费的构成工程实体或有助于工程实体形成的各项费用支出，是可以直接计入工程对象的费用，包括人工费、材料费和施工机具使用费等。

间接成本是指准备施工、组织和管理施工生产的全部费用支出，是非直接用于也无法直接计入工程对象，但为进行工程施工所必须发生的费用，包括管理人员工资、办公费、差旅交通费等。

施工成本管理就是要在保证工期和质量满足要求的情况下，采取相应管理措施，包括组织措施、经济措施、技术措施、合同措施，把成本控制在计划范围内，并进一步寻求最大限度的成本节约。施工成本管理的任务和环节主要包括：① 施工成本预测；② 施工成本计划；③ 施工成本控制；④ 施工成本核算；⑤ 施工成本分析；⑥ 施工成本考核。

（一）施工成本预测

施工成本预测是在工程施工前对成本进行的估算，它是根据成本信息和施工项目的具体情况，运用一定的专门方法，对未来的成本水平及其发展趋势作出科学的估计。通过成本预测，可以在满足项目业主和本企业要求的前提下，选择成本低、效益好的最佳成本方案，并能够在施工项目成本形成过程中，针对薄弱环节，加强成本控制，克服盲目性，提高预见性。因此，施工成本预测是施工项目成本决策与计划的依据。施工成本预测，通常是对施工项目计划工期内影响其成本变化的各个因素进行分析，比照近期已完工施工项目或将完工施工项目的成本（单位成本），预测这些因素对工程成本中有关项目（成本项目）的影响程度，预测出工程的单位成本或总成本。

（二）施工成本计划

施工成本计划是以货币形式编制施工项目在计划期内的生产费用、成本水平、成本降低率以及为降低成本所采取的主要措施和规划的书面方案。它是建立施工项目成本管理责任制、开展成本控制和核算的基础。此外，它还是项目降低成本的指导文件，是设立目标成本的依据，即成本计划是目标成本的一种形式。

1. 施工成本计划编制原则

为了编制出能够发挥积极作用的施工成本计划，在编制施工成本计划时应遵循以下一些原则。

1）从实际情况出发

编制成本计划必须根据国家的方针政策，从企业的实际情况出发，充分挖掘企业内部潜力，使降低成本指标既积极可靠，又切实可行。施工项目管理部门降低成本的潜力在于：正确选择施工方案，合理组织施工；提高劳动生产率；改善材料供应；降低材料消耗；提高机械利用率；节约施工管理费用等。但必须注意避免以下情况发生：① 为了降低成本而偷工减料，忽视质量；② 不顾机械的维护修理而过度、不合理使用机械；③ 片面增加劳动强度，加班加点；④ 忽视安全工作，未给职工办理相应的保险等。

2）与其他计划相结合

施工成本计划必须与施工项目的其他计划，如施工方案、生产进度计划、财务计划、材料供应及消耗计划等密切结合，保持平衡。一方面，成本计划要根据施工项目的生产、技术组织措施、劳动工资、材料供应和消耗等计划来编制；另一方面，其他各项计划指标又影响着成本计划，所以其他各项计划在编制时应考虑降低成本的要求，与成本计划密切配合，而不能单纯考虑单一计划本身的要求。

3）采用先进技术经济定额

施工成本计划必须以各种先进的技术经济定额为依据，并结合工程的具体特点，采取切实可行的技术组织措施作保证。只有这样，才能编制出既有科学依据又切实可行的成本计划，从而发挥施工成本计划的积极作用。

4）统一领导、分级管理

编制成本计划时应采用统一领导、分级管理的原则，同时应树立全员进行施工成本控制的理念。在项目经理的领导下，以财务部门和计划部门为主体，发动全体职工共同进行，总结降低成本的经验，找出降低成本的正确途径，使成本计划的制定与执行更符合项目的实际情况。

5）适度弹性

施工成本计划应留有一定的余地，保持计划的弹性。在计划期内，项目经理部的内部或外部环境都有可能发生变化，尤其是材料供应、市场价格等具有很大的不确定性，这给拟订计划带来困难。因此在编制计划时应充分考虑到这些情况，使计划具有一定的适应环境变化的能力。

2. 施工成本计划应满足的要求

（1）合同规定的项目质量和工期要求。
（2）组织对项目成本管理目标的要求。
（3）以经济合理的项目实施方案为基础的要求。
（4）有关定额及市场价格的要求。
（5）类似项目提供的启示。

3. 施工成本计划的具体内容

1）编制说明

指对工程的范围，投标竞争过程及合同条件，承包人对项目经理提出的责任成本目标，施工成本计划编制的指导思想和依据等具体说明。

2）施工成本计划的指标

施工成本计划的指标应经过科学的分析预测确定，可以采用对比法、因素分析法等方法。

施工成本计划一般情况下有以下 3 类指标：

（1）成本计划的数量指标。如：

① 按子项汇总的工程项目计划总成本指标。

② 按分部汇总的各单位工程（或子项目）计划成本指标。

③ 按人工、材料、机具等各主要生产要素划分的计划成本指标。

（2）成本计划的质量指标。如施工项目总成本降低率，可采用：

① 设计预算成本计划降低率 = 设计预算总成本计划降低额/设计预算总成本。

② 责任目标成本计划降低率 = 责任目标总成本计划降低额/责任目标总成本。

（3）成本计划的效益指标。如工程项目成本降低额：

① 设计预算成本计划降低额 = 设计预算总成本 – 计划总成本。

② 责任目标成本计划降低额 = 责任目标总成本 – 计划总成本。

3）按工程量清单列出的单位工程计划成本汇总表（见表 7-1）

表 7-1　单位工程计划成本汇总表

项目	清单项目编码	清单项目名称	合同价格	计划成本
1				
2				
……				

4）按成本性质划分的单位工程成本汇总表

根据清单项目的造价分析，分别对人工费、材料费、机具费和企业管理费进行汇总，形成单位工程成本计划表。

成本计划应在项目实施方案确定和不断优化的前提下进行编制，因为不同的实施方案将导致人工费、料料费、施工机具费和企业管理费的差异。成本计划的编制是施工成本预控的重要手段。因此，应在工程开工前编制完成，以便将计划成本目标分解落实，为各项成本的执行提供明确的目标、控制手段和管理措施。

（三）施工成本控制

施工成本控制是在施工过程中，对影响施工成本的各种因素加强管理，并采取各种有效措施，将施工中实际发生的各种消耗和支出严格控制在成本计划范围内；通过动态监控并及时反馈，严格审查各项费用是否符合标准，计算实际成本和计划成本之间的差异并进行分析，进而采取多种措施，减少或消除施工中的损失浪费。

建设工程项目施工成本控制应贯穿于项目从投标阶段开始直至保证金返还的全过程,它是企业全面成本管理的重要环节。施工成本控制可分为事先控制、事中控制(过程控制)和事后控制。在项目的施工过程中,需按动态控制原理对实际施工成本进行有效控制。

合同文件和成本计划规定了成本控制的目标,进度报告、工程变更与索赔资料是成本控制过程中的动态资料。

成本控制的程序体现了动态跟踪控制的原理。成本控制报告可单独编制,也可以根据需要与进度、质量、安全和其他进展报告结合,提出综合进展报告。

成本控制应满足下列要求:

(1)要按照计划成本目标值来控制生产要素的采购价格,并认真做好材料、设备进场数量和质量的检查、验收与保管。

(2)要控制生产要素的利用效率和消耗定额,如任务单管理、限额领料、验工报告审核等。同时要做好不可预见成本风险的分析和预控,包括编制相应的应急措施等。

(3)控制影响效率和消耗量,进而引起成本增加的其他因素(如工程变更等)。

(4)把施工成本管理责任制度与对项目管理者的激励机制结合起来,以增强管理人员的成本意识,提高成本控制能力。

(5)承包人必须有一套健全的项目财务管理制度,按规定的权限和程序对项目资金的使用和费用的结算支付进行审批,使其成为施工成本控制的一个重要手段。

(四)施工成本核算

施工成本核算包括两个基本环节:一是按照规定的成本开支范围对施工费用进行归集和分配,计算出施工费用的实际发生额;二是根据成本核算对象,采用适当的方法,计算出该施工项目的总成本和单位成本。施工成本管理需要正确及时地核算施工过程中发生的各项费用,计算施工项目的实际成本。施工项目成本核算所提供的各种成本信息是成本预测、成本计划、成本控制、成本分析和成本考核等各个环节的依据。

施工成本核算一般以单位工程为对象,但也可以按照承包工程项目的规模、工期、结构类型、施工组织和施工现场等情况,结合成本管理要求,灵活划分成本核算对象。施工成本核算的基本内容包括:

(1)人工费核算。

(2)材料费核算。

(3)周转材料费核算。

(4)结构件费核算。

(5)机械使用费核算。

(6)措施费核算。

(7)分包工程成本核算。

(8)企业管理费核算。

（9）项目月度施工成本报告编制。

施工成本核算制是明确施工成本核算的原则、范围、程序、方法、内容、责任及要求的制度。项目管理必须实行施工成本核算制，它和项目经理责任制等共同构成了项目管理的运行机制。公司层与项目经理部的经济关系、管理责任关系、管理权限关系，以及项目管理组织所承担的责任成本核算的范围、核算业务流程和要求等，都应以制度的形式作出明确的规定。

项目经理部要建立一系列项目业务核算台账和施工成本会计账户，实施全过程的成本核算，具体可分为定期的成本核算和竣工工程成本核算。定期的成本核算是竣工工程全面成本核算的基础，包括每天、每周、每月的成本核算等。

形象进度、产值统计、实际成本归集"三同步"，即三者的取值范围应是一致的。形象进度表达的工程量、统计施工产值的工程量和实际成本归集所依据的工程量均应是相同的数值。

对竣工工程的成本核算，应区分为竣工工程现场成本和竣工工程完全成本，分别由项目经理部和企业财务部门进行核算分析，其目的在于分别考核项目管理绩效和企业经营效益。

（五）施工成本分析

施工成本分析是在施工成本核算的基础上，对成本的形成过程和影响成本升降的因素进行分析，以寻求进一步降低成本的途径，包括有利偏差的挖掘和不利偏差的纠正。施工成本分析贯穿于施工成本管理的全过程，它是在成本的形成过程中，主要利用施工项目的成本核算资料（成本信息），与目标成本、预算成本以及类似施工项目的实际成本等进行比较，了解成本的变动情况；同时也要分析主要技术经济指标对成本的影响，系统地研究成本变动的因素，检查成本计划的合理性，并通过成本分析，深入研究成本变动的规律，寻找降低施工项目成本的途径，以便有效地进行成本控制。成本偏差的控制，分析是关键，纠偏是核心；要针对分析得出的偏差发生原因，采取切实措施，加以纠正。

成本偏差分为局部成本偏差和累计成本偏差。局部成本偏差包括按项目的月度（或周、天等）核算成本偏差、按专业核算成本偏差以及按分部分项作业核算成本偏差等；累计成本偏差是指已完工程在某一时间点上实际总成本与相应的计划总成本的差异。分析成本偏差的原因，应采取定性和定量相结合的方法。

（六）施工成本考核

施工成本考核是指在施工项目完成后，对施工项目成本形成中的各责任者，按施工项目成本目标责任制的有关规定，将成本的实际指标与计划、定额、预算进行对比和考核，评定施工项目成本计划的完成情况和各责任者的业绩，并以此给予相应的奖励和处罚。通过成本考核，做到有奖有惩，赏罚分明，才能有效地调动每一位员工在各自施工岗位上努力完成目标成本的积极性,从而降低施工项目成本,提高企业的效益。

施工成本考核是衡量成本降低的实际成果,也是对成本指标完成情况的总结和评价。成本考核制度包括考核的目的、时间、范围、对象、方式、依据、指标、组织领导、评价与奖惩原则等内容。

以施工成本降低额和施工成本降低率作为成本考核的主要指标,要加强公司层对项目经理部的指导,并充分依靠管理人员、技术人员和作业人员的经验和只会,防止项目管理在企业内部异化为靠少数人承担风险的以包代管模式。成本考核也分别考核公司层和项目经理部。

公司层对项目经理部进行考核与奖惩时,既要防止虚盈实亏,也要避免实际成本归集差错等的影响,使施工成本考核真正做到公平、公正、公开,在此基础上落实施工成本管理责任制的奖惩措施。

施工成本管理的每一个环节都是相互联系和相互作用的。成本预测是成本决策的前提,成本计划是成本决策所确定目标的具体化。成本计划控制则是对成本计划的实施进行控制和监督,保证决策的成本目标的实现,而成本核算又是对成本计划是否实现的最后检验,它所提供的成本信息又将为下一个施工项目成本预测和决策提供基础资料。成本考核是实现成本目标责任制的保证和实现决策目标的重要手段。

1. 施工成本管理的基础工作

施工成本管理的基础工作是多方面的,成本管理责任体系的建立是其中最根本最重要的基础工作,涉及成本管理的一系列组织制度、工作程序、业务标准和责任制度的建立。此外,应从以下各方面为施工成本管理创造良好的基础条件。

(1)统一组织内部工程项目成本计划的内容和格式。其内容应能反映施工成本的划分、各成本项目的编码及名称、计量单位、单位工程量计划成本及合计金额等。这些成本计划的内容和格式应由各个企业按照自己的管理习惯和需要进行设计。

(2)建立企业内部施工定额并保持其适应性、有效性和相对的先进性,为施工成本计划的编制提供支持。

(3)建立生产资料市场价格信息的收集网络和必要的派出询价网点,做好市场行情预测,保证采购价格信息的及时性和准确性。同时,建立企业的分包商、供应商评审注册名录,发展稳定、良好的供方关系,为编制施工成本计划与采购工作提供支持。

(4)建立已完项目的成本资料、报告报表等的归集、整理、保管和使用管理制度。

(5)科学设计施工成本核算账册体系、业务台账、成本报告报表,为施工成本管理的业务操作提供统一的范式。

2. 施工成本管理的措施

为了取得施工成本管理的理想成效,应当从多方面采取措施实施管理,通常可以将这些措施归纳为组织措施、技术措施、经济措施和合同措施。

1）组织措施

组织措施是从施工成本管理的组织方面采取的措施。施工成本控制是全员的活动，如实行项目经理责任制，落实施工成本管理的组织机构和人员，明确各级施工成本管理人员的任务和职能分工、权力和责任。施工成本管理不仅是专业成本管理人员的工作，各级项目管理人员都负有成本控制责任。

组织措施的另一方面是编制施工成本控制工作计划、确定合理详细的工作流程。要做好施工采购计划，通过生产要素的优化配置、合理使用、动态管理，有效控制实际成本；加强施工定额管理和施工任务单管理，控制活劳动和物化劳动的消耗；加强施工调度，避免因施工计划不周和盲目调度造成窝工损失、机械利用率降低、物料积压等现象。成本控制工作只有建立在科学管理的基础之上，具备合理的管理体制，完善的规章制度，稳定的作业秩序，完整准确的信息传递，才能取得成效。组织措施是其他各类措施的前提和保障，而且一般不需要增加额外的费用，运用得当可以取得良好的效果。

2）技术措施

施工过程中降低成本的技术措施，包括：进行技术经济分析，确定最佳的施工方案；结合施工方法，进行材料使用的比选，在满足功能要求的前提下，通过代用、改变配合比、使用外加剂等方法降低材料消耗的费用；确定最合适的施工机械、设备使用方案；结合项目的施工组织设计及自然地理条件，降低材料的库存成本和运输成本；应用先进的施工技术，运用新材料，使用先进的机械设备等。在实践中，也要避免仅从技术角度选定方案而忽视对其经济效果的分析论证。

技术措施不仅对解决施工成本管理过程中的技术问题是不可缺少的，而且对纠正施工成本管理目标偏差也有相当重要的作用。因此，运用技术纠偏措施的关键，一是要能提出多个不同的技术方案，二是要对不同的技术方案进行技术经济分析比较，以选择最佳方案。

3）经济措施

经济措施是最易为人们所接受和采用的措施。管理人员应编制资金使用计划，确定、分解施工成本管理目标。对施工成本管理目标进行风险分析，并制定防范性对策。对各种支出，应认真做好资金的使用计划，并在施工中严格控制各项开支。及时准确地记录、收集、整理、核算实际支出的费用。对各种变更，应及时做好增减账、落实业主签证并结算工程款。通过偏差分析和未完工工程预测，可发现一些潜在的可能引起未完工程施工成本增加的问题，对这些问题应以主动控制为出发点，及时采取预防措施。因此，经济措施的运用绝不仅仅是财务人员的事情。

4）合同措施

采用合同措施控制施工成本，应贯穿整个合同周期，包括从合同谈判开始到合同终结的全过程。对于分包项目，首先是选用合适的合同结构，对各种合同结构模式进行分析、比较，在合同谈判时，要争取选用适合于工程规模、性质和特点的合同结构模式。其次，在合同的条款中应仔细考虑一切影响成本和效益的因素，特别是潜在的风险因素。通过对引起成本变动的风险因素的识别和分析，采取必要的风险对策，如通过合理的方式增加承担风险的个体数量以降低损失发生的比例，并最终将这些策略体现在合同的具体条款中。在合同执行期间，合同管理的措施既要密切注视对方合同执行的情况，以寻求合同索赔的机会；同时也要密切关注自己履行合同的情况，以防被对方索赔。

3. 高速铁路工程项目施工成本管理存在的问题及应对措施

（1）注意事后控制，忽视事中、事前控制。

高速铁路工程项目的成本形成贯穿于整个施工过程中，许多铁路施工企业对事后的成本核算非常重视，但对成本的事前、事中控制却不力，使得项目经理部人员事前不清楚分部各分项的成本控制目标，不明白每月的成本控制计划。因而就不知道在施工过程中采取组织措施、技术措施、经济措施和合同措施，对材料分包和施工管理费等成本进行控制，造成公司和项目经理不能随时掌握项目成本的真实情况，并及时进行偏差纠正，最终导致项目成本失控。

（2）项目管理人员经济观念不强。

目前，我国的铁路施工项目经理部普遍存在经济观念不强的现象，即在项目内部，搞技术的只负责技术和质量，搞工程的只负责施工生产和工程进度，搞材料的只负责材料的采购及进场点验，而无人关心工程项目的成本管理工作。表面看来职责清晰、分工明确，但项目效益是靠大家来创造的，如果搞技术的为了保证工程质量，选用了虽然可行却不经济的方案施工，必然会增大工程项目成本；如果搞材料的只从产品质量角度出发，采购了优质高价的材料，即使是材料使用中没有一点浪费，成本还是降不下来。

（3）"忽视不可预见成本"的管理与控制。

目前，高速铁路施工项目部重视生产成本，弱视质量成本、工期成本，而对高速铁路施工生产中出现的不可预见成本的发生只是顺应自然、任其发生，而不加以控制。实际上，不可预见成本也是可以控制的，如安全事故损失，只要按照安全操作规程施工，就可杜绝事故的发生，相应的损失就可以避免。其他诸如扰民费、政府部门罚款等也是可以减少或避免的。

（4）材料管理不严，浪费现象严重。

目前，有些铁路施工企业没有领料用料制度或有制度无人执行，致使材料进场无数，出库无数，余料无回收，失窃及浪费现象严重。尤其是实行计件承包后，工人班组忙于出产量，材料物资。

（5）高速铁路工程项目施工成本管理的应对措施：

高速铁路施工项目成本管理是根据铁路工程项目的要求级高速铁路工程的特殊

性，对项目成本组织实施、控制、分析、跟踪和考核等管理活动，是衡量铁路施工项目部经营管理的尺度，是反映施工项目管理的综合指标。所有铁路工程项目施工成本管理的内容包括：成本预测、成本计划、成本控制、成本核算、成本分析和考核。项目具体实施时，可以从开工前的酝酿准备阶段、施工中的严格管控阶段以及竣工后的及时分析阶段分别加以控制。

第二节　施工成本计划

一、施工成本计划的类型

对于施工项目而言，其成本计划的编制是一个不断深化的过程。在这一过程的不同阶段形成深度和作用不同的成本计划，若按照其发挥的作用可以分为以下3类。

（一）竞争性成本计划

竞争性成本计划是施工项目投标及签订合同阶段的估算成本计划。这类成本计划以招标文件中的合同条件、投标者须知、技术规范、设计图纸和工程量清单为依据，以有关价格条件说明为基础，结合调研、现场踏勘、答疑等情况，根据施工企业自身的工料消耗标准、水平、价格资料和费用指标等，对本企业完成投标工作所需要支出的全部费用进行估算。在投标报价过程中，虽也着重考虑降低成本的途径和措施，但总体上比较粗略。

（二）指导性成本计划

指导性成本计划是选派项目经理阶段的预算成本计划，是项目经理的责任成本目标。它是以合同价为依据，按照企业的预算定额标准制定的设计预算成本计划，且一般情况下确定责任总成本目标。

（三）实施性成本计划

实施性成本计划是项目施工准备阶段的施工预算成本计划，它是以项目实施方案为依据，以落实项目经理责任目标为出发点，采用企业的施工定额通过施工预算的编制而形成的实施性施工成本计划。

以上三类成本计划相互衔接、不断深化，构成了整个工程项目施工成本的计划过程。其中，竞争性成本计划带有成本战略的性质，是施工项目投标阶段商务标书的基础，而有竞争力的商务标书又是以其先进合理的技术标书为支撑的。因此，它奠定了施工成本的基本框架和水平。指导性成本计划和实施性成本计划，都是战略性成本计划的进一步开展和深化，是对战略性成本计划的战术安排。

（四）施工预算

施工预算是编制实施性成本计划的主要依据，是施工单位为了加强企业内部的经济核算，在施工图预算的控制下，依据企业内部的施工定额，以建筑安装单位工程为对象，根据施工图纸、施工定额、施工及验收规范、标准图集、施工组织设计（或施工方案）编制的单位工程（或分部分项工程）施工所需的人工、材料和施工机械台班用量的技术经济文件。它是施工企业的内部文件，同时也是施工企业进行劳动调配，物资技术供应，控制成本开支，进行成本分析和班组经济核算的依据。施工预算不仅规定了单位工程（或分部分项工程）所需人工、材料和施工机械台班用量，还规定了工种的类型，工程材料的规格、品种，所需各种机械的规格，以便有计划、有步骤地合理组织施工，从而达到节约人力、物力和财力的目的。

1. 施工预算的内容

施工预算的内容是以单位工程为对象，进行人工、材料、机械台班数量及其费用总和的计算。它由编制说明和预算表格两部分组成。

1）编制说明部分

施工预算的编制说明应简明扼要地叙述以下几个方面的内容：

（1）工程概况及建设地点。

（2）编制的依据（如采用的定额、图纸、图集、施工组织设计等）。

（3）对设计图纸和说明书的审查意见及编制中的处理方法。

（4）所编工程的范围。

（5）在编制时所考虑的新技术、新材料、新工艺、冬雨期施工措施、安全措施等。

（6）工程中还存在需要进一步解决的其他问题。

2）预算表格部分

（1）工程量计算汇总表。

工程量计算汇总表是按照施工定额的工程量计算规则做出的重要基础数据。为了便于生产、调度、计划、统计及分期材料供应，根据工程情况，可将工程量按分层、分段、分部位进行汇总，然后进行单位工程汇总。

（2）施工预算工料分析表。

施工预算工料分析表与施工图预算的工料分析表编制方法基本相同，要注意按照工程量计算汇总表的划分，做出分层、分段、分部位的工料分析结果，为施工分期生产计划提供方便条件。

（3）人工汇总表。

人工汇总表是将工料分析表中的人工按工种分层、分段、分部位进行汇总的表格，是编制劳动力计划、合理调配劳动力的依据。

（4）材料消耗量汇总表。

该表将工料分析表中不同品种、规格的材料按层、段、部位进行汇总。材料消耗量汇总表是编制材料供应计划的依据。一般工程常见的汇总表有：钢筋混凝土预制构件委托加工表；金属构件委托加工表；钢木门窗委托加工表；门窗五金明细表；周转性材料需用量表；现场分规格、品种的钢材、木材、水泥需用量表；现场分规格、品种的地方性材料需用量表；各种其他成品、半成品需用量表。

（5）机械台班使用量汇总表。

该表将工料分析表中各种施工机具及消耗台班数量按层、段、部位进行汇总。

（6）施工预算表。

该表将已汇总的人工、材料、机械台班消耗数量分别乘以所在地区的人工工资标准、材料预算价格、机械台班单价，计算出人料机费（有定额单价时可直接使用定额单价）。

（7）"两算"对比表。

这是指同一工程内容的施工预算与施工图预算的对比分析表。将计算出的人工、材料、机械台班消耗数量，以及人工费、材料费、机械费等与施工图预算进行对比，找出节约或超支的原因，作为开工之前的预测分析依据。

2. 施工预算编制要求、依据、方法及注意问题

1）施工预算编制要求

（1）编制深度的要求：

① 施工预算的项目要能满足签发施工任务单和限额领料单的要求，以便加强管理、实行队组经济核算。

② 施工预算要能反映出经济效果，以便为经济活动分析提供可靠的依据。

（2）编制要紧密结合现场实际。

按照所承担的任务范围、现场实际情况及采取的施工技术措施，结合企业管理水平进行编制。

2）施工预算编制依据

（1）会审后的施工图纸、设计说明书和有关的标准图。

（2）施工组织设计或施工方案。

（3）施工图预算书。

（4）现行的施工定额，材料预算价格，人工工资标准，机械台班费用定额及有关文件。

（5）工程现场实际勘察与测量资料，如工程地质报告、地下水位标高等。

（6）建筑材料手册等常用工具性资料。

3）施工预算编制方法

（1）熟悉施工图纸、施工组织设计及现场资料。

（2）熟悉施工定额及有关文件规定。

（3）列出工程项目，计算工程量。

（4）套用定额，计算人料机费并进行工料分析。

（5）单位工程人料机费及人工、材料、机械台班消耗量汇总。

（6）进行"两算"对比分析。

（7）编写编制说明并填写封面，装订成册。

4）编制时应注意的问题

（1）当定额中仅给出砌筑砂浆、混凝土标号（强度等级），而没有给出砂、石子、水泥用量时，必须根据砂浆或混凝土的标号（强度等级），按定额附录"砂浆配合比表"及"混凝土配合比表"的使用说明进行二次分析，计算出各原材料的用量。

（2）凡确定外加工的成品、半成品，如预制混凝土构件、钢木门窗制作等，不需进行工料分析，应与现场施工的项目区别开，便于基层施工班组的经济核算。

（3）人工分析中的其他用工是指各工种搭接和单位工程之间转移操作地点，临时停水停电，个别材料超运距以及其他细小，难以计算工程量的直接用工。下达班组施工任务单时不应包括这些用工。

3. 施工图预算与施工预算的对比

施工预算不同于施工图预算。虽然两者有一定联系，但区别较大。

1）"两算"的区别

（1）编制的依据不同

施工预算的编制以施工定额为主要依据，施工图预算的编制以预算定额为主要依据。而施工定额比预算定额划分得更详细、更具体，并对其中所包括的内容，如质量要求、施工方法以及所需劳动工日、材料品种、规格型号等均有较详细的规定或要求。

（2）适用的范围不同

施工预算是施工企业内部管理用的一种文件，与发包人无直接关系；而施工图预算既适用于发包人，又适用于承包人。

（3）发挥的作用不同

施工预算是承包人组织生产、编制施工计划、准备现场材料、签发任务书、考核工效、进行经济核算的依据，它也是承包人改善经营管理、降低生产成本和推行内部经营承包责任制的重要手段；而施工图预算则是投标报价的主要依据。

在编制实施性计划成本时要进行施工预算和施工图预算的对比分析，通过"两算"对比，分析节约和超支的原因，以便提出解决问题的措施，防止工程亏损，为降低工程成本提供依据。

2)"两算"对比的方法

"两算"对比的方法有实物对比法和金额对比法。

(1)实物对比法

将施工预算和施工图预算计算出的人工、材料、机械消耗量,分别填入两算对比表进行对比分析,算出节约或超支的数量及百分比,并分析其原因。

(2)金额对比法

将施工预算和施工图预算计算出的人工费、材料费、机具费分别填入两算对比表进行对比分析,算出节约或超支的金额及百分比,并分析其原因。

3)"两算"对比的内容

(1)人工量及人工费的对比分析

施工预算的人工数量及人工费比施工图预算一般要低 6%左右。这是由于两者使用不同定额造成的。例如,砌砖墙项目中,砂子、标准砖和砂浆的场内水平运输距离,施工定额按 50 m 考虑;而计价定额则包括了材料、半成品的超运距用工。同时,计价定额的人工消耗指标还考虑了在施工定额中未包括,而在一般正常施工条件下又不可避免发生的一些零星用工因素,如土建施工各工种之间的工序搭接所需停的时间;因工程质量检查和隐蔽工程验收而影响工人操作的时间;施工中不可避免的其他少数零星用工等。所以,施工定额的用工量一般都比预算定额低。

(2)材料消耗量及材料费的对比分析

施工定额的材料损耗率一般都低于计价定额,同时,编制施工预算时还要考虑扣除技术措施的材料节约量。所以,施工预算的材料消耗量及材料费一般低于施工图预算。

有时,由于两种定额之间的水平不一致,个别项目也会出现施工预算的材料消耗量大于施工图预算的情况。不过,总的水平应该是施工预算低于施工图预算。如果出现反常情况,则应进行分析研究,找出原因,制定相应的措施。

(3)施工机具费的对比分析

施工预算机具费指施工作业所发生的施工机械、仪器仪表使用费或其租赁费。而施工图预算的施工机具是计价定额综合确定的,与实际情况可能不一致。因此,施工机具部分只能采用两种预算的机具费进行对比分析。如果施工预算的机具费大量超支而又无特殊原因,则应考虑改变原施工方案,尽量做到不亏损而略有盈余。

(4)周转材料使用费的对比分析

周转材料主要指脚手架和模板。施工预算的脚手架是根据施工方案确定的搭设方式和材料计算的,施工图预算则综合了脚手架搭设方式,按不同结构和高度,以建筑面积为基数计算的;施工预算模板是按混凝土与模板的接触面积计算,施工图预算的模板则按混凝土体积综合计算。因而,周转材料宜按其发生的费用进行对比分析。

二、施工成本计划的编制依据

施工成本计划是施工项目成本控制的一个重要环节,是实现降低施工成本任务的指导性文件。如果针对施工项目所编制的成本计划达不到目标成本要求,就必须组织施工项目经理部的有关人员重新研究,寻找降低成本的途径,重新进行编制。同时,编制成本计划的过程也是动员全体施工项目管理人员的过程,是挖掘降低成本潜力的过程,是检验施工技术质量管理、工期管理、物资消耗和劳动力消耗管理等是否有效落实的过程。

编制施工成本计划,需要广泛收集相关资料并进行整理,以作为施工成本计划编制的依据。在此基础上,根据有关设计文件、工程承包合同、施工组织设计、施工成本预测资料等,按照施工项目应投入的生产要素,结合各种因素变化的预测和拟采取的各种措施,估算施工项目生产费用支出的总水平,进而提出施工项目的成本计划控制指标,确定目标总成本。目标总成本确定后,应将总目标分解落实到各级部门,以便有效地进行控制。最后,通过综合平衡,编制完成施工成本计划。

施工成本计划的编制依据包括:
(1)投标报价文件。
(2)企业定额、施工预算。
(3)施工组织设计或施工方案。
(4)人工、材料、机械台班的市场价。
(5)企业颁布的材料指导价、企业内部机械台班价格、劳动力内部挂牌价格。
(6)周转设备内部租赁价格、摊销损耗标准。
(7)已签订的工程合同、分包合同(或估价书)。
(8)结构件外加工计划和合同。
(9)有关财务成本核算制度和财务历史资料。
(10)施工成本预测资料。
(11)拟采取的降低施工成本的措施。
(12)其他相关资料。

三、按施工成本组成编制施工成本计划的方法

施工成本计划的编制以成本预测为基础,关键是确定目标成本。计划的制订需结合施工组织设计的编制过程,通过不断地优化施工技术方案和合理配置生产要素,进行工、料、机消耗的分析,制订一系列节约成本的措施,确定施工成本计划。一般情况下,施工成本计划总额应控制在目标成本的范围内,并建立在切实可行的基础上。

施工总成本目标确定之后,还需通过编制详细的实施性施工成本计划把目标成本层层分解,落实到施工过程的每个环节,有效地进行成本控制。施工成本计划的编制

方式有：

（1）按施工成本构成编制施工成本计划。

（2）按施工项目组成编制施工成本计划。

（3）按施工进度编制施工成本计划。

按照成本构成要素划分，建筑安装工程费由人工费、材料（包含工程设备）费、施工机具使用费、企业管理费、利润、规费和税金组成。其中人工费、材料费、施工机具使用费、企业管理费和利润包含在分部分项工程费、措施项目费、其他项目费中，如图 7-1 所示。

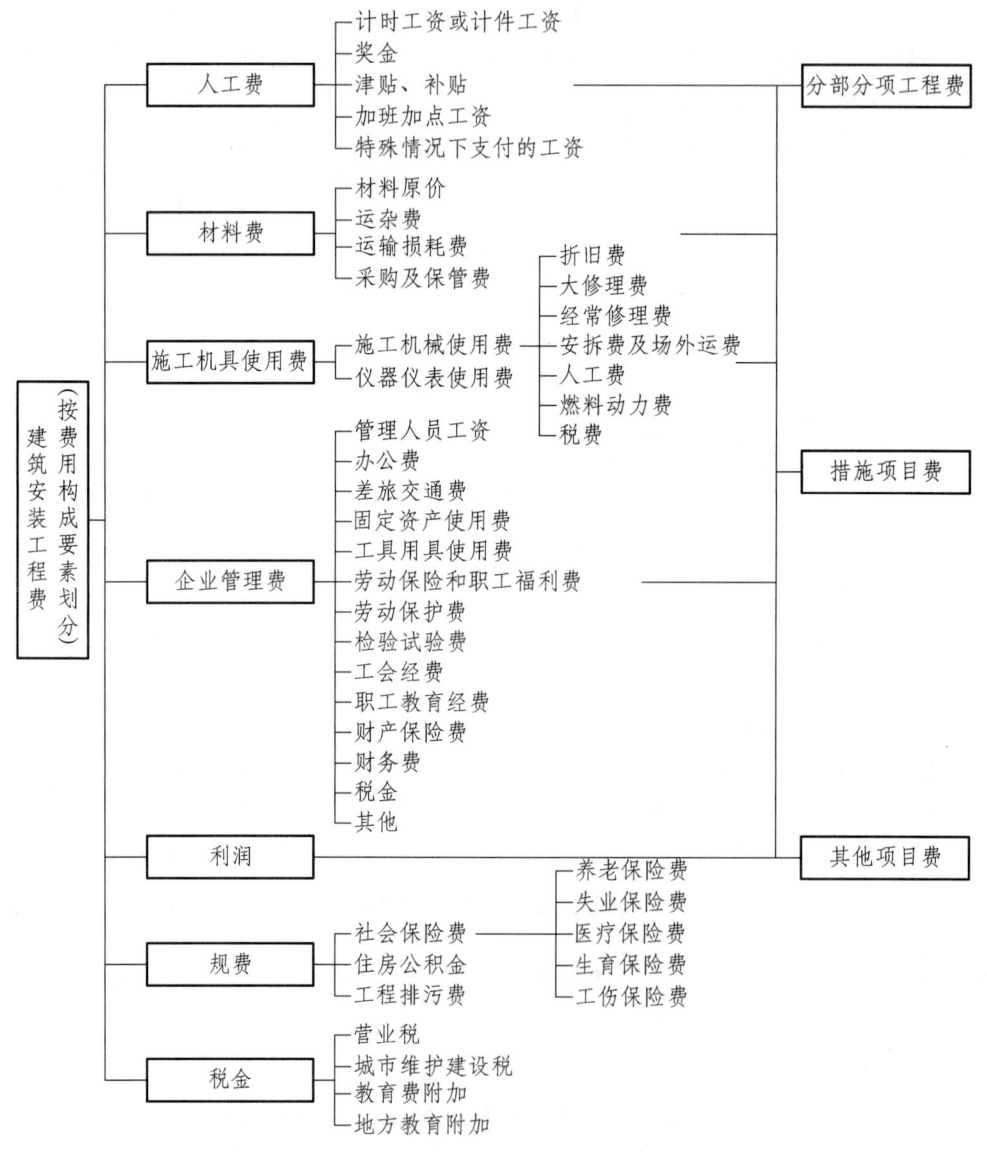

图 7-1　按成本构成要素划分的建筑安装工程费用项目组成

施工成本可以按成本构成分解为人工费、材料费、施工机具使用费和企业管理费等，如图 7-2 所示。在此基础上，编制按施工成本构成分解的施工成本计划。

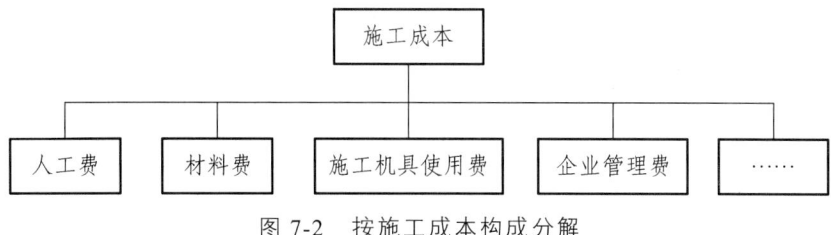

图 7-2 按施工成本构成分解

四、按施工项目组成编制施工成本计划的方法

大中型工程项目通常是由若干单项工程构成的，而每个单项工程包括了多个单位工程，每个单位工程又是由若干个分部分项工程所构成。因此，首先要把项目总施工成本分解到单项工程和单位工程中，再进一步分解到分部工程和分项工程中，如图 7-3 所示。

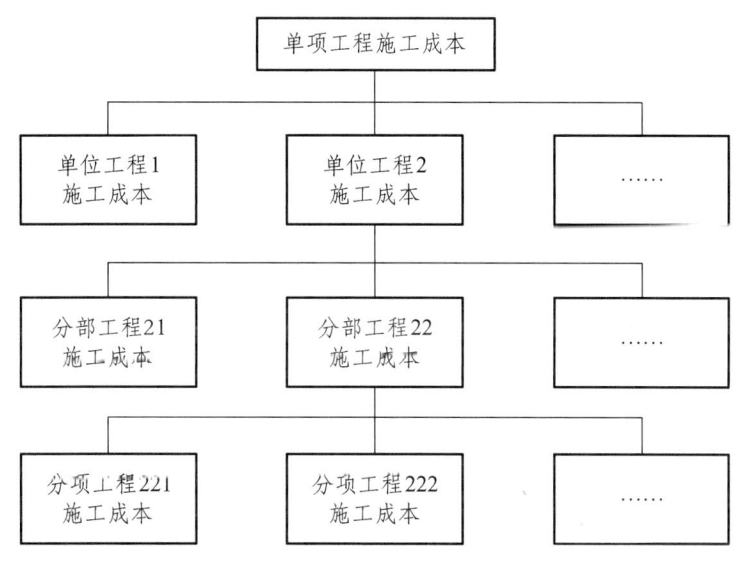

图 7-3 按项目组成分解

在完成施工项目成本目标分解之后，接下来就要具体地分配成本，编制分项工程的成本支出计划，从而形成详细的成本计划表，见表 7-2。

表 7-2 分项工程成本计划表

分项工程编码	工程内容	计量单位	工程数量	计划成本	本分项总计
（1）	（2）	（3）	（4）	（5）	（6）

在编制成本支出计划时，要在项目总体层面上考虑总的预备费，也要在主要的分项工程中安排适当的不可预见费，避免在具体编制成本计划时，可能发现个别单位工

程或工程量表中某项内容的工程量计算有较大出入，偏离原来的成本预算。因此，应在项目实施过程中对其尽可能地采取一些措施。

五、按施工进度组成编制施工成本计划的方法

按施工进度编制施工成本计划，通常可在控制项目进度的网络图的基础上进一步扩充得到。即在建立网络图时，一方面确定完成各项工作所需花费的时间，另一方面确定完成这一工作合适的施工成本支出计划。在实践中，将工程项目分解为既能方便地表示时间，又能方便地表示施工成本支出计划的工作是不容易的，通常如果项目分解程度对时间控制合适的话，则对施工成本支出计划可能分解过细，以至于不可能对每项工作确定其施工成本支出计划；反之亦然。因此在编制网络计划时，应在充分考虑进度控制对项目划分要求的同时，还要考虑确定施工成本支出计划对项目划分的要求，做到二者兼顾。

通过对施工成本目标按时间进行分解，在网络计划基础上，可获得项目进度计划的横道图。并在此基础上编制成本计划。其表示方式有两种：一种是在时标网络图上按月编制的成本计划直方图，如图7-4所示；另一种是用时间-成本累积曲线（S形曲线）表示，如图7-5所示。

时间-成本累积曲线的绘制步骤如下：

（1）确定工程项目进度计划，编制进度计划的横道图。

（2）根据每单位时间内完成的实物工程量或投入的人力、物力和财力，计算单位时间（月或旬）的成本，在时标网络图上按时间编制成本支出计划，如图7-4所示。

（3）计算规定时间 t 计划累计支出的成本额。其计算方法为：将各单位时间计划完成的成本额累加求和，可按式（7-1）计算。

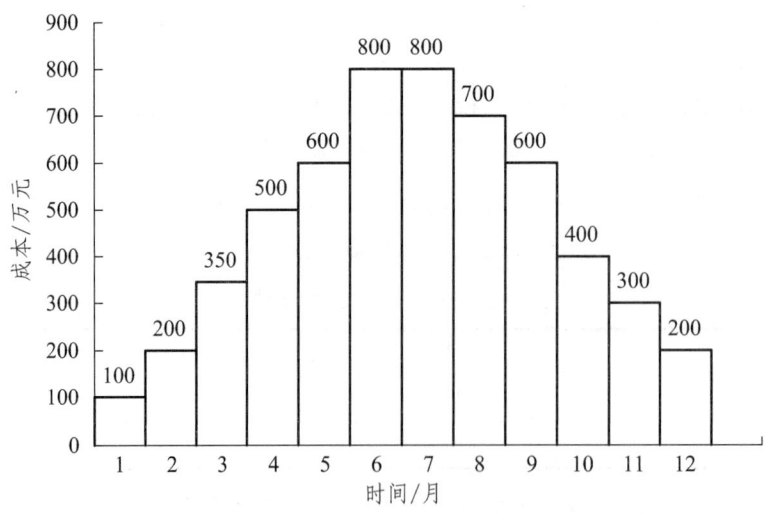

图 7-4　时标网络图上按月编制的成本计划

$$Q_t = \sum_{n=1}^{t} q_n \qquad (7\text{-}1)$$

式中　Q_t——某时间 t 内计划累计支出成本额；

　　　q_n——单位时间 n 的计划支出成本额；

　　　t——某规定计划时刻。

(4) 按各规定时间的 Q_t 值，绘制 S 形曲线，如图 7-5 所示。

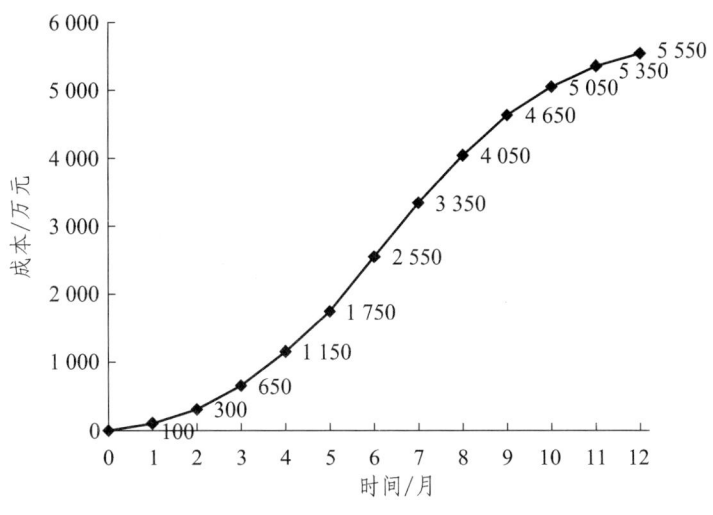

图 7-5　时间-成本累积曲线（S 形曲线）

每一条 S 形曲线都对应某一特定的工程进度计划。因为在进度计划的非关键路线中存在许多有时差的工序或工作，因而 S 形曲线必然包络在由全部工作都按最早开始时间开始和全部工作都按最迟必须开始时间开始的曲线所组成的"香蕉图"内。项目经理可根据编制的成本支出计划来合理安排资金，同时项目经理也可以根据筹措的资金来调整 S 形曲线，即通过调整非关键路线上的工序项目的最早或最迟开工时间，力争将实际的成本支出控制在计划的范围内。

一般而言，所有工作都按最迟开始时间开始，对节约资金贷款利息是有利的。但同时也降低了项目按期竣工的保证率，因此项目经理必须合理地确定成本支出计划，达到既节约成本支出又能控制项目工期的目的。

以上三种编制施工成本计划的方式并不是相互独立的。在实践中，往往是将这几种方式结合起来使用，从而可以取得扬长避短的效果。例如：将按项目分解总施工成本与按施工成本构成分解总施工成本两种方式相结合，横向按施工成本构成分解，纵向按子项目分解，或相反。这种分解方式有助于检查各分部分项工程施工成本构成是否完整，有无重复计算或漏算，同时还有助于检查各项具体的施工成本支出的对象是否明确或落实，并且可以从数字上校核分解的结果有无错误。或者还可将按了项目分解项目总施工成本计划与按时间分解项目总施工成本计划结合起来，一般纵向按子项目分解，横向按时间分解。

【例 7-1】已知某施工项目的数据资料见表 7-3，绘制该项目的时间-成本累积曲线。

表 7-3 工程数据资料

编码	项目名称	最早开始时间/月份	工期/月	成本强度/（万元/月）
11	场地平整	1	1	20
12	基础施工	2	3	15
13	主体工程施工	4	5	30
14	砌筑工程施工	8	3	20
15	屋面工程施工	10	2	30
16	楼地面施工	11	2	20
17	室内设施安装	11	1	30
18	室内装饰	12	1	20
19	室外装饰	12	1	10
20	其他工程		1	10

【解】

（1）确定施工项目进度计划，编制进度计划的横道图，如图 7-6 所示。

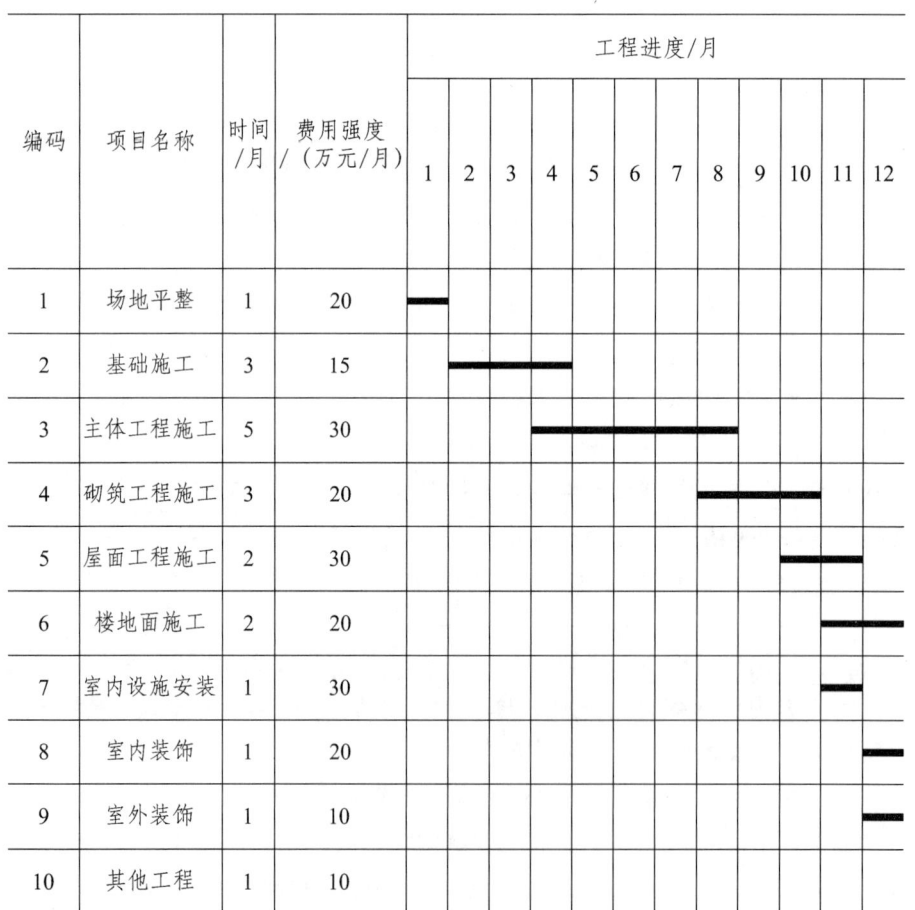

图 7-6 进度计划横道图

（2）在横道图上按时间编制成本计划，如图7-7所示。

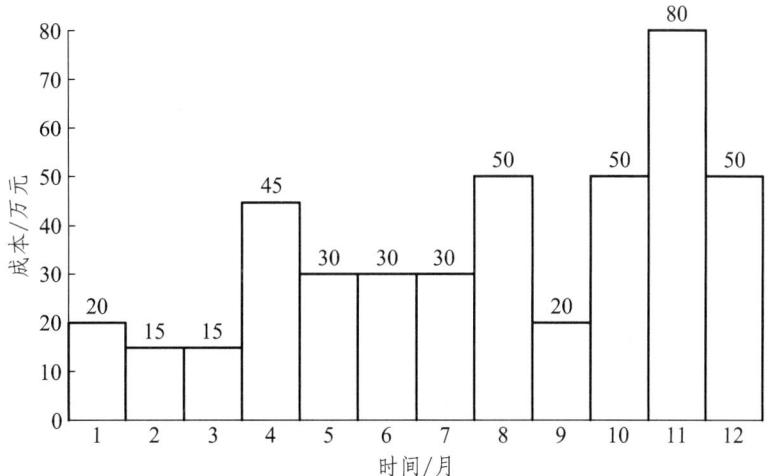

图 7-7 横道图上按时间编制的成本计划

（3）计算规定时间 t 计划累计支出的成本额。

根据公式 $Q_t = \sum_{n=1}^{t} q_n$ 可得如下结果：

$Q_1 = 20$，$Q_2 = 35$，$Q_3 = 50$，…，$Q_{10} = 305$，$Q_{11} = 385$，$Q_{12} = 435$

（4）绘制 S 形曲线，如图 7-8 所示。

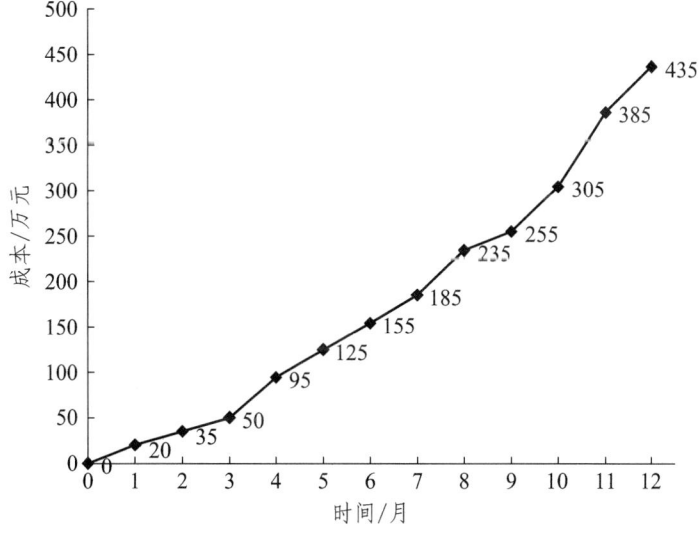

图 7-8 时间-成本累积曲线（S 形曲线）

六、降低铁路工程成本的途径

降低铁路工程施工项目成本的途径，应该是既开源又节流，或者说既增收又节支。只开源不节流，或者只节流不开源，都不可能达到降低成本的目的，至少是不会有理想的降低成本效果。

1. 认真会审图纸，积极提出修改意见

铁路建设工程在项目建设过程中，施工单位必须按图施工。但是，图纸是由设计单位按照建设方要求和项目所在地的自然地理条件（如水文地质情况等）设计的，其中起决定作用的是设计人员的主观意图，很少考虑为施工单位提供方便，有时还可能给施工单位出些难题。因此，施工单位应该在满足建设方要求和保证工程质量的前提下，联系项目施工的主客观条件，对设计图纸进行认真的会审，并提出积极的修改意见，在取得建设方和设计单位的同意后，修改设计图纸。在会审图纸的时候，对于结构复杂、施工难度高的项目，更要加倍认真，并且要从方便施工，有利于加快工程进度和保证工程质量，又能降低资源消耗、增加工程收入等方面综合考虑，提出有科学根据的合理化建议，争取建设单位和设计单位的认同。

2. 加强合同预算管理，增创工程预算收入

（1）深入研究招标文件、合同内容，正确编制施工图预算在编制施工图预算的时候，要充分考虑可能发生的成本费用，包括合同规定的属于包干性质的各项定额外补贴，并将其全部列入施工图预算，然后通过工程款结算向甲方取得补偿。也就是：凡是政策允许的，要做到该收的点滴不漏，以保证项目的预算收入。

（2）把合同规定的"开口"项目，作为增加预算收入的重要方面一般来说，按照设计图纸和预算定额编制的施工图预算，必须受预算定额的制约，很少有灵活伸缩的余地；而"开口"项目的取费则有比较大的潜力，是项目创收的关键。例如：合同规定，待图纸出齐后，由甲乙双方共同制定加快工程进度、保证工程质量的技术措施，费用按实结算。按照这一规定，项目经理和工程技术人员应该联系工程特点，充分利用自己的技术优势，采用先进的新技术、新工艺和新材料，经甲方签证后实施，这些措施，应符合以下要求：既能为施工提供方便，有利于加快施工进度，又能提高工程质量，还能增加预算收入。

（3）根据工程变更资料，及时办理增减账，由于设计、施工和甲方使用要求等种种原因，工程变更是项目施工过程中经常发生的事情，是不以人们的意志为转移的。随着铁路工程的变更，必然会带来工程内容的增减和施工工序的改变，从而也必然会影响成本费用的支出。因此，项目承包方应就工程变更对既定施工方法、机械设备使用、材料供应、劳动力调配和工期目标等的影响程度，以及为实施变更内容所需要的各种资源进行合理估价。及时办理增减账手续，并通过工程款结算从甲方取得补偿。

3. 制订先进的、经济合理的施工方案

主要包括四项内容：施工方法的确定、施工机具的选择、施工顺序的安排和流水施工的组织。施工方案的不同，工期就会不同，所需机具也不同，因而发生的费用也会不同。因此，正确选择施工方案是降低成本的关键所在。

制订施工方案要以合同工期和上级要求为依据,联系项目的规模、性质、复杂程度、现场条件、装备情况、人员素质等因素综合考虑。可以同时制订几个施工方案,倾听现场施工人员的意见,以便从中优选最合理、最经济的一个。必须强调,施工项目的施工方案,应该同时具有先进性和可行性。如果只先进不可行,不能在施工中发挥有效的指导作用,那就不是最佳施工方案。

4. 落实技术组织措施

走技术与经济相结合的道路,以技术优势来取得经济效益,是降低项目成本的又一个关键。一般情况下,铁路项目应在开工以前根据工程情况制订技术组织措施计划,作为降低成本计划的内容之一列入施工组织设计。在编制月度施工作业计划的同时,也可按照作业计划的内容编制月度技术组织措施计划。

为了保证技术组织措施计划的落实,并取得预期的效果,应在项目经理的领导下明确分工:由工程技术人员订措施,材料人员供材料,现场管理人员和生产班组负责执行,财务成本员结算节约效果,最后由项目经理根据措施执行情况和节约效果对有关人员进行奖励,形成落实技术组织措施的一条龙。必须强调,在结算技术组织措施执行效果时,除要按照定额数据等进行理论计算外,还要做好节约实物的验收,防止"理论上节约、实际上超用"的情况发生。

5. 组织均衡施工,加快施工进度

凡是按时间计算的成本费用,如项目管理人员的工资和办公费,现场临时设施费和水电费,以及施工机械和周转设备的租赁费等,在加快施工进度、缩短施工周期的情况下,都会有明显的节约。除此之外,还可从建设方那里得到一笔相当可观的提前竣工奖。因此,加快施工进度也是降低项目成本的有效途径之一。

为了加快施工进度,将会增加一定的成本支出。例如:在组织两班制施工的时候,需要增加夜间施工的照明费、夜点费和工效损失费;同时,还将增加模板的使用量和租赁费。因此,在签订合同时,应根据用户和赶工要求,将赶工费列入施工图预算。如果事先并未明确,而由用户在施工中临时提出的赶工要求,则应请用户签证,费用按实结算。

6. 降低材料成本

材料成本在整个项目成本中的比重最大,一般可达70%左右,而且有较大的节约潜力,往往在其他成本项目出现亏损时,要靠材料成本节约来弥补。因此,材料成本的节约也是降低项目成本的关键。可以采用节约采购成本、认真计量验收、严格执行材料消耗定额、正确核算材料消耗水平、改进施工技术、扩大材料代用、材料合理储备、加强现场管理等方法。

7. 提高机械利用率，节约机械使用费

通过加强机械设备的管理，在工程上应讲求机械设备的合理配备，加强设备的维修保养，提高其完好率和利用率，减少机械使用费和维护费，从而减低工程成本。做好设备管理主要有：设备选择、合理使用和检查维护、修理保养等。通过提高设备利用率，降低施工使用费费。此外，在设备购置与租赁两者之间做出科学合理的抉择。

8. 加强施工管理，节约施工管理费

通过精简管理机构，减少管理层次，通过科学组织施工，优化施工方案，强化施工现场管理，严格控制各项费用支出，提高工作效率和质量。同时，保证工程质量，减少返工损失，实行全面质量管理，减少和防止不合格建设项目和返工损失。加强安全管理，杜绝安全事故，减少事故损失。

第三节　施工成本控制

施工成本控制是在项目成本的形成过程中，对生产经营所消耗的人力资源、物资资源和费用开支进行指导、监督、检查和调整，及时纠正将要发生和已经发生的偏差，把各项生产费用，控制在计划成本的范围之内以保证成本目标的实现。

一、施工成本控制的依据

施工成本控制的依据包括以下内容。

1. 工程承包合同

施工成本控制要以工程承包合同为依据，围绕降低工程成本这个目标，从预算收入和实际成本两方面，研究节约成本、增加收益的有效途径，以求获得最大的经济效益。

2. 施工成本计划

施工成本计划是根据施工项目的具体情况制定的施工成本控制方案，既包括预定的具体成本控制目标，又包括实现控制目标的措施和规划，是施工成本控制的指导文件。

3. 进度报告

进度报告提供了对应时间节点的工程实际完成量，工程施工成本实际支付情况等重要信息。施工成本控制工作正是通过实际情况与施工成本计划相比较，找出二者之间的差别，分析偏差产生的原因，从而采取措施改进以后的工作。此外，进度报告还有助于管理者及时发现工程实施中存在的隐患，并在可能造成重大损失之前采取有效

措施，尽量避免损失。

4. 工程变更

在项目的实施过程中，由于各方面的原因，工程变更是很难避免的。工程变更一般包括设计变更、进度计划变更、施工条件变更、技术规范与标准变更、施工次序变更、工程量变更等。一旦出现变更，工程量、工期、成本都有可能发生变化，从而使得施工成本控制工作变得更加复杂和困难。因此，施工成本管理人员应当通过对变更要求中各类数据的计算、分析，及时掌握变更情况，包括已发生工程量、将要发生工程量、工期是否拖延、支付情况等重要信息，判断变更以及变更可能带来的索赔额度等。

除了上述几种施工成本控制工作的主要依据以外，施工组织设计、分包合同等有关文件资料也都是施工成本控制的依据。

二、施工成本控制的步骤

要做好施工成本的过程控制，必须制定规范化的过程控制程序。成本的过程控制中，有两类控制程序，一是管理行为控制程序，二是指标控制程序。管理行为控制程序是对成本全过程控制的基础，指标控制程序则是成本进行过程控制的重点。两个程序既相对独立又相互联系，既相互补充又相互制约。

1. 管理行为控制程序

管理行为控制的目的是确保每个岗位人员在成本管理过程中的管理行为符合事先确定的程序和方法的要求。从这个意义上讲，首先要清楚企业建立的成本管理体系是否能对成本形成的过程进行有效的控制，其次要考察体系是否处在有效的运行状态。管理行为控制程序就是为规范项目施工成本的管理行为而制定的约束和激励机制，内容如下：

（1）建立项目施工成本管理体系的评审组织和评审程序。

成本管理体系的建立不同于质量管理体系，质量管理体系反映的是企业的质量保证能力，由社会有关组织进行评审和认证；成本管理体系的建立是企业自身生存发展的需要，没有社会组织来评审和认证。因此企业必须建立项目施工成本管理体系的评审组织和审程序，定期进行评审和总结，持续改进。

（2）建立项目施工成本管理体系运行的评审组织和评审程序。

项目施工成本管理体系的运行有一个逐步推行的渐进过程。一个企业的各分公司、项目经理部的运行质量往往是不平衡的。因此，必须建立专门的常设组织，依照程序定期地进行检查和评审。发现问题，总结经验，以保证成本管理体系的持续改进。

（3）目标考核，定期检查。

管理程序文件应明确每个岗位人员在成本管理中的职责，确定每个岗位人员的管理行为，如应提供的报表、提供的时间和原始数据的质量要求等。要每个岗位人员是否按要求去履行职责作为一个目标来考核。为了方便检查，应将考核指标具体化，并设专人定期或不定期地检查。应根据检查的内容编制相应的检查表，由项目经理或其委托人检查后填写检查表。检查表要由专人负责整理归档。

（4）制定对策，纠正偏差。

对管理工作进行检查的目的是保证管理工作按预定的程序和标准进行，从而保证项目施工成本管理能够达到预期的目的。因此，对检查中发现的问题，要及时进行分析，然后根据不同的情况，及时采取对策。

2. 指标控制程序（图7-9）

能否达到预期的成本目标，是施工成本控制是否成功的关键。对各岗位人员的成本管理行为进行控制，就是为了保证成本目标的实现。施工项目成本指标控制程序如下。

（1）确定施工项目成本目标及月度成本目标。

在工程开工之初，项目经理部应根据公司与项目签订的"项目承包合同"确定项目的成本管理目标，并根据工程进度计划确定月度成本计划目标。

（2）收集成本数据，监测成本形成过程。

过程控制的目的就在于不断纠正成本形成过程中的偏差，保证成本项目的发生是在预定范围之内。因此，在施工过程中要定期收集反映施工成本支出情况的数据，并将实际发生情况与目标计划进行对比，从而保证有效控制成本的整个形成过程。

（3）分析偏差原因，制定对策。

施工过程是一个多工种、多方位立体交叉作业的复杂活动，成本的发生和形成是很难按预定的目标进行的，因此，需要及时分析偏差产生的原因，分清是客观因素（如市场调价）还是人为因素（如管理行为失控），及时制定对策并予以纠正。

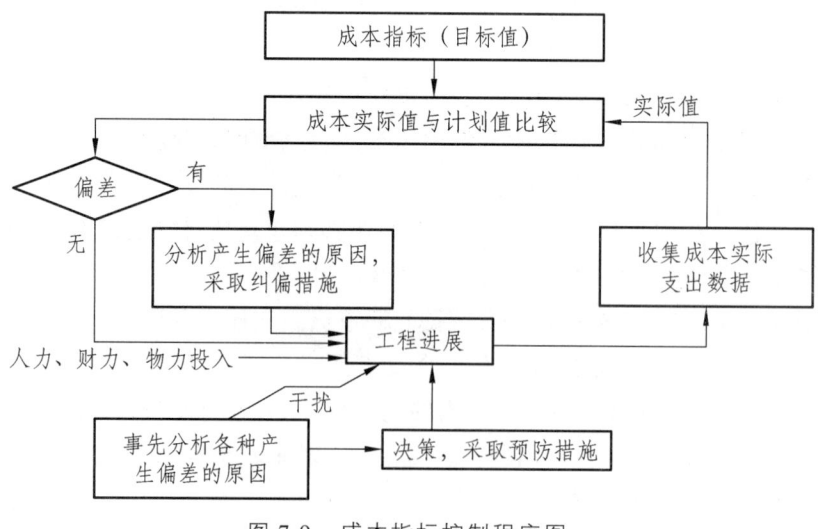

图7-9 成本指标控制程序图

（4）用成本指标考核管理行为，用管理行为来保证成本指标。

管理行为的控制程序和成本指标的控制程序是对项目施工成本进行过程控制的主要内容，这两个程序在实施过程中，是相互交叉、相互制约又相互联系的。只有把成本指标的控制程序和管理行为的控制程序相结合，才能保证成本管理工作有序地、富有成效地进行。图7-9所示是成本指标控制程序图。

三、施工成本控制的方法

（一）施工成本的过程控制方法

施工阶段是成本发生的主要阶段，这个阶段的成本控制主要是通过确定成本目标并按计划成本组织施工，合理配置资源，对施工现场发生的各项成本费用进行有效控制，其具体的控制方法如下。

1. 人工费的控制

人工费的控制实行"量价分离"的方法，将作业用工及零星用工按定额工日的一定比例综合确定用工数量与单价，通过劳务合同进行控制。

1）人工费的影响因素

（1）社会平均工资水平。建筑安装工人人工单价必须和社会平均工资水平趋同。社会平均工资水平取决于经济发展水平。由于我国改革开放以来经济迅速增长，社会平均工资也有大幅增长，从而导致人工单价的大幅提高。

（2）生产消费指数。生产消费指数的提高会导致人工单价的提高，以减少生活水平的下降，维持原来的生活水平。生活消费指数的变动取决于物价的变动，尤其取决于生活消费品物价的变动。

（3）劳动力市场供需变化。劳动力市场如果供不应求，人工单价就会提高；供过于求，人工单价就会下降。

（4）政府推行的社会保障和福利政策也会影响人工单价的变动。

（5）经会审的施工图，施工定额、施工组织设计等决定人工的消耗量。

2）控制人工费的方法

加强劳动定额管理，提高劳动生产率，降低工程耗用人工工日，是控制人工费支出的主要手段。

（1）制定先进合理的企业内部劳动定额，严格执行劳动定额，并将安全生产、文明施工及零星用工下达到作业队进行控制。全面推行全额计件的劳动管理办法和单项工程集体承包的经济管理办法，以不超出施工图预算人工费指标为控制目标，实行工资包干制度。认真执行按劳分配的原则，使职工个人所得与劳动贡献相一致，充分调动广大职工的劳动积极性，以提高劳动力效率。把工程项目的进度、安全、质量等指标与定额管理结合起来，提高劳动者的综合能力，实行奖励制度。

（2）提高生产工人的技术水平和作业队的组织管理水平，根据施工进度、技术要求，合理搭配各工种工人的数量，减少和避免无效劳动。不断地改善劳动组织，创造良好的工作环境，改善工人的劳动条件，提高劳动效率。合理调节各工序人数安排情况，安排劳动力时，尽量做到技术工不做普通工的工作，高级工不做低级工的工作，避免技术上的浪费，既要加快工程进度，又要节约人工费用。

（3）加强职工的技术培训和多种施工作业技能的培训，不断提高职工的业务技术水平和熟练操作程度，培养一专多能的技术工人，提高作业工效。提倡技术革新和推广新技术，提高技术装备水平和工厂化生产水平，提高企业的劳动生产率。

（4）实行弹性需求的劳务管理制度。对施工生产各环节上的业务骨干和基本的施工力量，要保持相对稳定。对短期需要的施工力量，要做好预测、计划管理，通过企业内部的劳务市场及外部协作队伍进行调剂。严格做到项目部的定员随工程进度要求及时进行调整，进行弹性管理。要打破行业、工种界限，提倡一专多能，提高劳动力的利用效率。

2. 材料费的控制

材料费控制同样按照"量价分离"原则，控制材料用量和材料价格。

1）材料用量的控制

在保证符合设计要求和质量标准的前提下，合理使用材料，通过定额控制、指标控制、计量控制、包干控制等手段有效控制物资材料的消耗，具体方法如下。

2）材料价格的控制

材料价格主要由材料采购部门控制。材料价格是由买价、运杂费、运输中的合理损耗等所组成，因此控制材料价格，主要是通过掌握市场信息，应用招标和询价等方式控制材料、设备的采购价格。

施工项目的材料物资，包括构成工程实体的主要材料和结构件，以及有助于工程实体形成的周转使用材料和低值易耗品。从价值角度看，材料物资的价值约占建筑安装工程造价的60%甚至70%以上，因此，对材料价格的控制非常重要。由于材料物资的供应渠道和管理方式各不相同，所以控制的内容和所采取的控制方法也将有所不同。

3. 施工机械使用费的控制

合理选择施工机械设备，合理使用施工机械设备对成本控制具有十分重要的意义，尤其是高层建筑施工。据某些工程实例统计，高层建筑地面以上部分的总费用中，垂直运输机械费用占 6%～10%。不同的起重运输机械各有不同的特点，因此在选择起重运输机械时，首先应根据工程特点和施工条件确定采取的起重运输机械的组合方式。在确定采用何种组合方式时，首先应满足施工需要，其次要考虑到费用的高低和综合经济效益。

施工机械使用费主要由台班数量和台班单价两方面决定,因此为有效控制施工机械使用费支出,应主要从这两个方面进行控制。

1)台班数量

(1)根据施工方案和现场实际情况,选择适合项目施工特点的施工机械,制订设备需求计划,合理安排施工生产,充分利用现有机械设备,加强内部调配,提高机械设备的利用率。

(2)保证施工机械设备的作业时间,安排好生产工序的衔接,尽量避免停工、窝工,尽量减少施工中所消耗的机械台班数量。

(3)核定设备台班定额产量,实行超产奖励办法,加快施工生产进度,提高机械设备单位时间的生产效率和利用率。

(4)加强设备租赁计划管理,减少不必要的设备闲置和浪费,充分利用社会闲置机械资源。

2)台班单价

(1)加强现场设备的维修、保养工作。降低大修、经常性修理等各项费用的开支,提高机械设备的完好率,最大限度地提高机械设备的利用率,避免因使用不当造成机械设备的停置。

(2)加强机械操作人员的培训工作。不断提高操作技能,提高施工机械台班的生产效率。

(3)加强配件的管理。建立健全配件领发料制度,严格按油料消耗定额控制油料消耗,做到修理有记录,消耗有定额,统计有报表,损耗有分析。通过经常分析总结,提高修理质量,降低配件消耗,减少修理费用的支出。

(4)降低材料成本。做好施工机械配件和工程材料采购计划,降低材料成本。

(5)成立设备管理领导小组,负责设备调度、检查、维修、评估等具体事宜。对主要部件及其保养情况建立档案,分清责任,便于尽早发现问题,找到解决问题的办法。

4. 施工分包费用的控制

分包工程价格的高低,必然对项目经理部的施工项目成本产生一定的影响。因此,施工项目成本控制的重要工作之一是对分包价格的控制。项目经理部应在确定施工方案的初期就要确定需要分包的工程范围,决定分包范围的因素主要是施工项目的专业性和项目规模。对分包费用的控制,主要是要做好分包工程的询价、订立平等互利的分包合同、建立稳定的分包关系网络、加强施工验收和分包结算等工作。

(二)赢得值(挣值)法

赢得值法(Earned Value Management,EVM)作为一项先进的项目管理技术,最初是美国国防部于 1967 年首次确立的。目前，国际上先进的工程公司已普遍采用赢得值法进行工程项目的费用、进度综合分析控制。用赢得值法进行费用、进度综合分析控制，基本参数有 3 项，即已完工作预算费用、计划工作预算费用和已完工作实际费用。

1. 赢得值法的 3 个基本参数

1）已完工作预算费用

已完工作预算费用为 BCWP（Budgeted Cost for Work Performed），是指在某一时间已经完成的工作（或部分工作），以批准认可的预算为标准所需要的资金总额，由于发包人正是根据这个值为承包人完成的工作量支付相应的费用，也就是承包人获得（挣得）的金额，故称赢得值或挣值。

$$已完工作预算费用（BCWP）= 已完成工作量 \times 预算单价 \qquad (7-2)$$

2）计划工作预算费用

计划工作预算费用，简称 BCWS（Budgeted Cost for Work Scheduled），即根据进度计划，在某一时刻应当完成的工作（或部分工作），以预算为标准所需要的资金总额。一般来说，除非合同有变更，BCWS 在工程实施过程中应保持不变。

$$计划工作预算费用（BCWS）= 计划工作量 \times 预算单价 \qquad (7-3)$$

3）已完工作实际费用

已完工作实际费用，简称 ACWP（Actual Cost for Work Performed），即到某一时刻为止，已完成的工作（或部分工作）所实际花费的总金额。

$$已完工作实际费用（ACWP）= 已完成工作量 \times 实际单价 \qquad (7-4)$$

2. 赢得值法的 4 个评价指标

在这 3 个基本参数的基础上，可以确定赢得值法的 4 个评价指标，它们都是时间的函数。

1）费用偏差 CV（Cost Variance）

$$费用偏差（CV）= 已完工作预算费用（BCWP）- 已完工作实际费用（ACWP） \qquad (7-5)$$

当费用偏差 CV 为负值时，即表示项目运行超出预算费用；当费用偏差 CV 为正值时，表示项目运行节支，实际费用没有超出预算费用。

2）进度偏差 SV（Schedule Variance）

$$进度偏差（SV）= 已完工作预算费用（BCWP）- 计划工作预算费用（BCWS） \qquad (7-6)$$

当进度偏差 SV 为负值时，表示进度延误，即实际进度落后于计划进度；当进度偏差 SV 为正值时，表示进度提前，即实际进度快于计划进度。

3）费用绩效指数（CPI）

$$费用绩效指数（CPI）=已完工作预算费用（BCWP）/已完工作实际费用（ACWP） \quad (7\text{-}7)$$

当费用绩效指数（CPI）<1 时，表示超支，即实际费用高于预算费用；
当费用绩效指数（CPI）>1 时，表示节支，即实际费用低于预算费用。

4）进度绩效指数（SPI）

$$进度绩效指数（SPI）=已完工作预算费用（BCWP）/计划工作预算费用（BCWS） \quad (7\text{-}8)$$

当进度绩效指数（SPI）<1 时，表示进度延误，即实际进度比计划进度慢；
当进度绩效指数（SPI）>1 时，表示进度提前，即实际进度比计划进度快。

费用（进度）偏差反映的是绝对偏差，结果很直观，有助于费用管理人员了解项目费用出现偏差的绝对数额，并依此采取一定措施，制订或调整费用支出计划和资金筹措计划。但是，绝对偏差有其不容忽视的局限性。如同样是 10 万元的费用偏差，对于总费用 1 000 万元的项目和总费用 1 亿元的项目而言，其严重性显然是不同的。因此，费用（进度）偏差仅适合于对同一项目作偏差分析。费用（进度）绩效指数反映的是相对偏差，它不受项目层次的限制，也不受项目实施时间的限制，因而在同一项目和不同项目比较中均可采用。

在项目的费用、进度综合控制中引入赢得值法，可以克服过去进度、费用分开控制的缺点，即当发现费用超支时，很难立即知道是由于费用超出预算，还是由于进度提前。相反，当发现费用低于预算时，也很难立即知道是由于费用节省，还是由于进度拖延。而引入赢得值法即可定量地判断进度、费用的执行效果。

（三）偏差分析的表达方法

偏差分析可以采用不同的表达方法，常用的有横道图法、表格法和曲线法。

1. 横道图法

用横道图法进行费用偏差分析，是用不同的横道标识已完工作预算费用（BCWP）、计划工作预算费用（BCWS）和已完工作实际费用（ACWP），横道的长度与其金额成正比例。如图 7-10 所示。

横道图法具有形象、直观、一目了然等优点，它能够准确表达出费用的绝对偏差，而且能直观地表明偏差的严重性。但这种方法反映的信息量少，一般在项目的较高管理层应用。

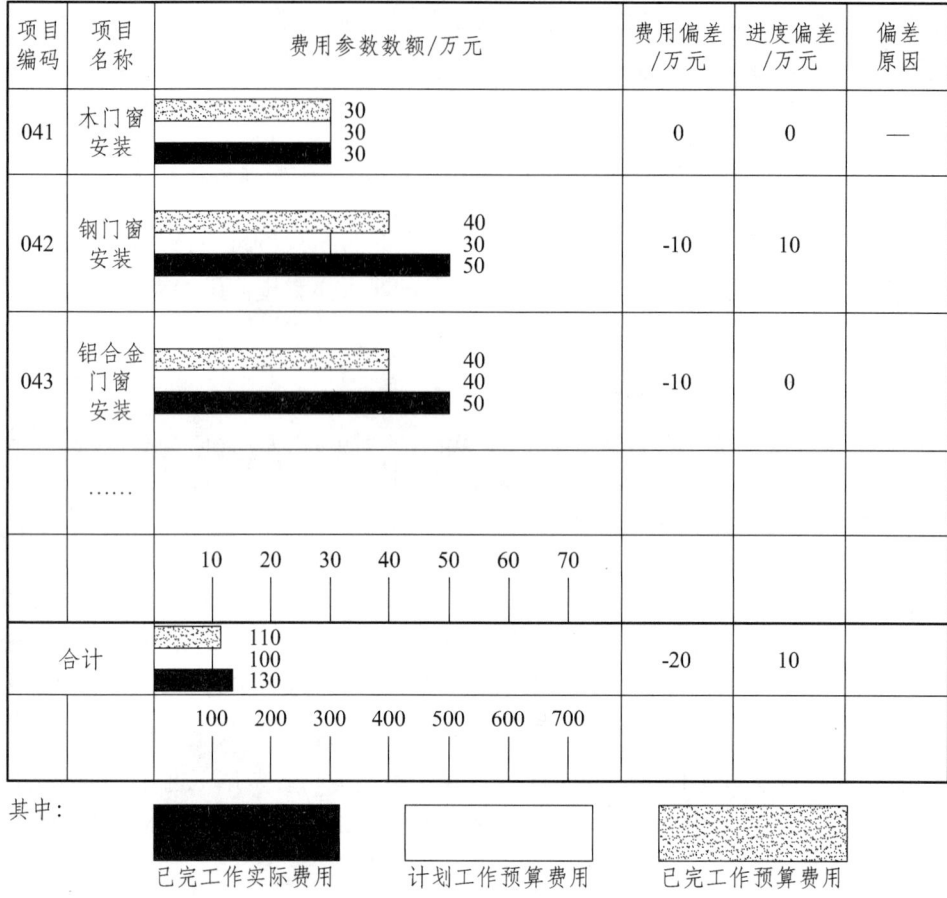

图 7-10 费用偏差分析的横道图法

2. 表格法

表格法是进行偏差分析最常用的一种方法。它将项目编号、名称、各费用参数以及费用偏差数综合归纳入一张表格中，并且直接在表格中进行比较。各偏差参数都在表中列出，使得费用管理者能够综合地了解并处理这些数据。

用表格法进行偏差分析具有如下优点：

（1）灵活、适用性强。可根据实际需要设计表格，进行增减项。

（2）信息量大。可以反差分析所需的资料，从而有利于费用控制人员及时采取针对性措施，加强控制。

（3）表格处理可借助于计算机，从而节约大量数据处理所需的人力，并大大提高速度。表 7-4 是用表格法进行偏差分析的例子。

表 7-4 费用偏差分析表

项目编码	（1）	041	042	043
项目名称	（2）	木门窗安装	钢门窗安装	铝合金门窗安装
单位	（3）			
预算（计划）单价	（4）			
计划工作量	（5）			
计划工作预算费用（BCWS）	（6）=（5）×（4）	30	30	40
已完成工作量	（7）			
已完工作预算费用（BCWP）	（8）=（7）×（4）	30	40	40
实际单价	（9）			
其他款项	（10）			
已完工作实际费用（ACWP）	（11）=（7）×（9）+（10）	30	50	50
费用局部偏差	（12）=（8）-（11）	0	-10	-10
费用绩效指数 CPI	（13）=（8）÷（11）	1	0.8	0.8
费用累计偏差	（14）=∑（12）	-20		
进度局部偏差	（15）=（8）-（6）	0	10	0
进度绩效指数 SPI	（16）=（8）÷（6）	1	1.33	1
进度累计偏差	（17）=∑（15）	10		

3. 曲线法

在项目实施过程中，以上 3 个参数可以形成 3 条曲线，即计划工作预算费用（BCWS）、已完工作预算费用（BCWP）、已完工作实际费用（ACWP）曲线，如图 7-11 所示。

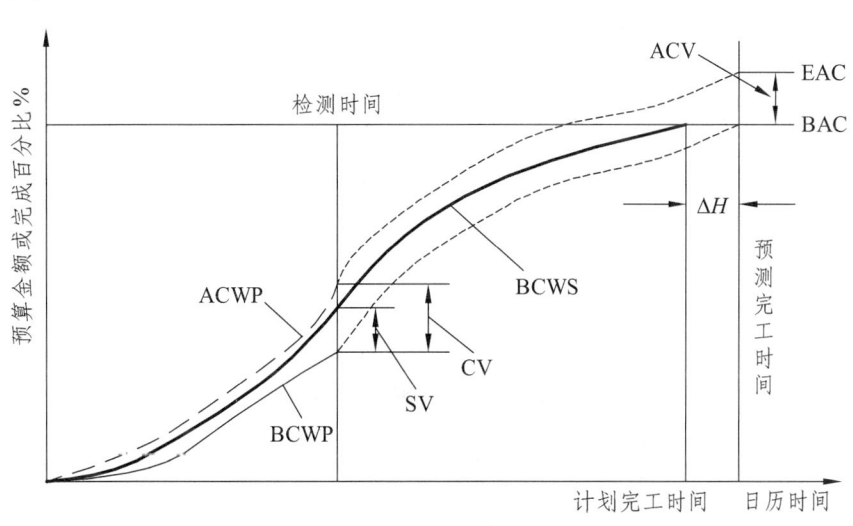

图 7-11 赢得值法评价曲线

图中：CV = BCWP − ACWP，由于两项参数均以已完工作为计算基准，所以两项参数之差，反映项目进展的费用偏差。

SV = BCWP − BCWS，由于两项参数均以预算值（计划值）作为计算基准，所以两者之差，反映项目进展的进度偏差。

采用赢得值法进行费用、进度综合控制，还可以根据当前的进度、费用偏差情况，通过原因分析，对趋势进行预测，预测项目结束时的进度、费用情况。图 7-11 中：

BAC（Budget at Completion）——项目完工预算，指编计划时预计的项目完工费用。

EAC（Estimate at Completion）——预测的项目完工估算，指计划执行过程中根据当前的进度、费用偏差情况预测的项目完工总费用。

ACV（at Completion Variance）——预测项目完工时的费用偏差。

$$ACV = BAC - EAC \tag{7-9}$$

【例 7-2】某工程项目有 2 000 m² 缸砖面层地面施工任务，交由某分包商承担，计划于 6 个月内完成，计划的各工作项目单价和计划完成的工作量如表 7-6 所示，该工程进行了 3 个月以后，发现某些工作项目实际已完成的工作量及实际单价与原计划有偏差，其数值见表 7-5。

表 7-5　工作量表

工作项目名称	平整场地	室内夯填土	垫层	缸砖面砂浆结合	踢脚
单位	100 m²	100 m²	10 m²	100 m²	100 m²
计划工作量（3个月）	150	20	60	100	13.55
计划单价（元/单位）	16	46	450	1 520	1 620
已完成工作量（3个月）	150	18	48	70	9.5
实际单价（元/单位）	16	46	450	1 800	1 650

问题：

（1）试计算出并用表格法列出至第三个月末时各工作的计划工作预算费用（BCWS）、已完工作预算费用（BCWP）、已完工作实际费用（ACWP），并分析费用局部偏差值、费用绩效指数 CPI、进度局部偏差值、进度绩效指数 SPI，以及费用累计偏差和进度累计偏差。

（2）用横道图法表明各项工作的进展以及偏差情况，分析并在图上标明其偏差情况。

（3）用曲线法表明该项施工任务总的计划和实际进展情况，标明其费用及进度偏差情况（说明：各工作项目在 3 个月内均是以匀速、等值进行的）。

【解】

（1）用表格法分析费用偏差，见表 7-6。

表 7-6 缸砖面层地面施工费用分析表

(1) 项目编码		001	002	003	004	005	总计
(2) 项目名称	计算方法	平整场地	室内夯填土	垫层	缸砖面结合	踢脚	
(3) 单位		100 m²	100 m²	10 m²	100 m²	100 m²	
(4) 计划工作量(3个月)	(4)	150	20	60	100	13.55	
(5) 计划单价(元/单位)	(5)	16	46	450	1 520	1 620	
(6) 计划工作预算费用(BCWS)	(6)=(4)×(5)	2 400	920	27 000	152 000	21 951	204 271
(7) 已完成工作量(3个月)	(7)	150	18	48	70	9.5	
(8) 已完工作预算费用(BCWP)	(8)=(7)×(5)	2 400	828	21 600	106 400	15 390	146 618
(9) 实际单价(元/单位)	(9)	16	46	450	1 800	1 650	
(10) 已完工作实际费用(ACWP)	(10)=(7)×(9)	2 400	828	216 000	126 000	15 675	166 503
(11) 费用局部偏差	(11)=(8)-(10)	0	0	0	-19 600	-285	
(12) 费用绩效指数(CPI)	(12)=(8)÷(10)	1.0	1.0	1.0	0.847	0.98	
(13) 费用累计偏差	(13)=∑(11)	-19 885					
(14) 进度局部偏差	(14)=(8)-(6)	0	-92	-5 400	-45 600	-6 561	
(15) 进度绩效指数 SPI	(15)=(8)÷(6)	1	0.9	0.8	0.7	0.7	
(16) 进度累计偏差	(16)=∑(14)	-57 653					

(2) 横道图费用偏差分析,见表 7-7,其中各横道形式表示为:

计划工作预算费用(BCWS) ▬▬ ;已完工作预算费用(BCWP) ▭ ;已完工作实际费用(ACWP) ▨ 。

(3) 用曲线法表明该项施工任务在第三个月末时,其费用及进度的偏差情况如图 7-12 所示。

用曲线法分析时,由于假定各项工作均是匀速进行,故所绘曲线呈直线形,如图 7-12 所示。

表7-7 费用偏差分析表

项目编号	项目名称	费用数额/千元	费用偏差/千元	进度偏差/千元
001	平整场地	2.40 / 2.40 / 2.40	0	0
002	夯填土	0.92 / 0.83 / 0.83	0	-0.09
003	垫层	27.00 / 21.60 / 21.60	0	-5.40
004	缸砖面结合	152.00 / 106.40 / 126.00	-19.6	-45.60
005	踢脚	21.95 / 15.39 / 15.68	-0.29	-6.56
合计		204.27 / 146.62 / 166.50	-19.89	-57.65

注：因空间所限，表中各项工作的横道比例尺大小不同。

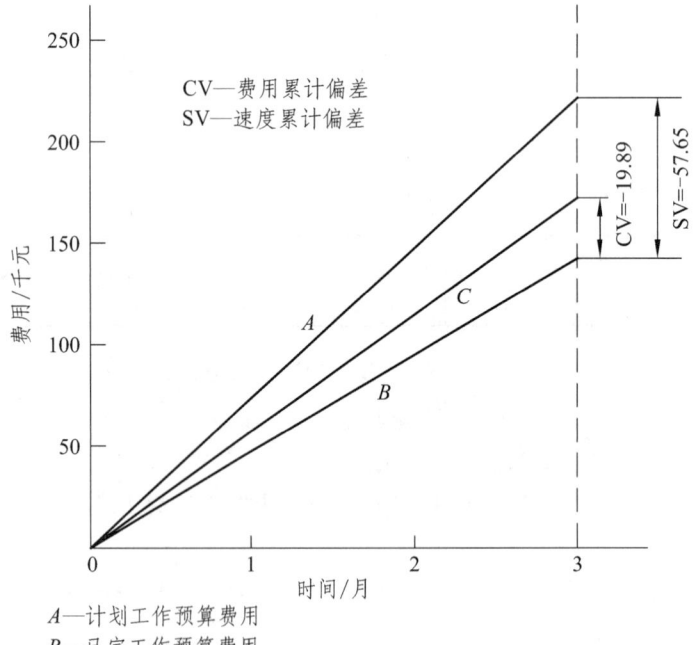

A—计划工作预算费用
B—已完工作预算费用
C—已完工作实际费用

图7-12 费用及进度的偏差情况

（四）偏差原因分析与纠偏措施

1. 偏差原因分析

在实际执行过程中，最理想的状态是已完工作实际费用（ACWP）、计划工作预算费用（BCWS）、已完工作预算费用（BCWP）三条曲线靠得很近、平稳上升，表示项目按预定计划目标进行。如果三条曲线离散度不断增加，则可能出现较大的投资偏差。

偏差分析的一个重要目的就是要找出引起偏差的原因，从而采取有针对性的措施，减少或避免相同问题的再次发生。在进行偏差原因分析时，首先应当将已经导致和可能导致偏差的各种原因逐一列举出来。导致不同工程项目产生费用偏差的原因具有一定共性，因而可以通过对已建项目的费用偏差原因进行归纳、总结，为该项目采取预防措施提供依据。

一般来说，产生费用偏差的原因有以下几种，如图7-13所示。

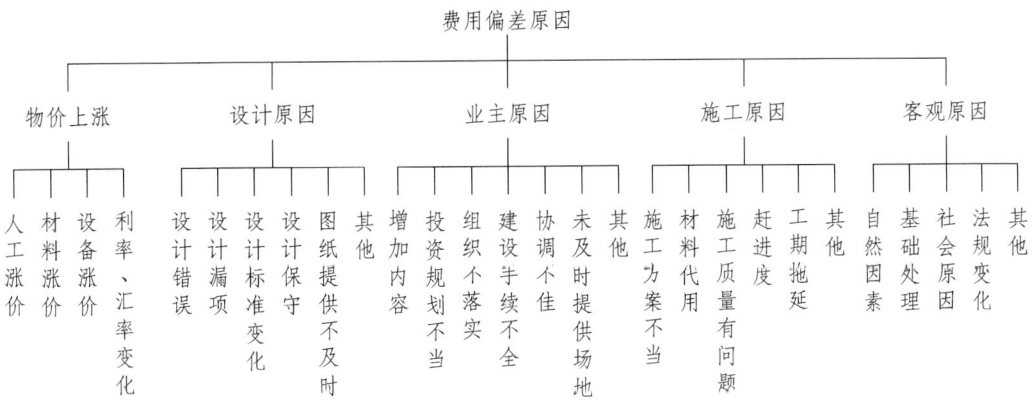

图7-13 费用偏差原因

2. 纠偏措施

通常要压缩已经超支的费用，而不影响其他目标是十分困难的，一般只有当给出的措施比原计划已选定的措施更为有利，比如使工程范围减少或生产效率提高等，成本才能降低。例如：

（1）寻找新的、效率更高的设计方案。
（2）购买部分产品，而不是采用完全由自己生产的产品。
（3）重新选择供应商，但会产生供应风险，选择需要时间。
（4）改变实施过程。
（5）变更工程范围。
（6）索赔，例如向业主、承（分）包商、供应商索赔以弥补费用超支。

表7-8为赢得值法参数分析与对应措施表。

表 7-8　赢得值法参数分析与对应措施表

序号	图　形	三参数关系	分　析	措　施
1	ACWP、BCWS、BCWP曲线	ACWP＞BCWS＞BCWP SV＜0；CV＜0	效率低； 进度较慢； 投入超前	用工作效率高的人员更换一批工作效率低的人员
2	BCWP、BCWS、ACWP曲线	BCWP＞BCWS＞ACWP SV＞0；CV＞0	效率高； 进度较快； 投入延后	若偏离不大，维持现状
3	BCWP、ACWP、BCWS曲线	BCWP＞ACWP＞BCWS SV＞0；CV＞0	效率较高； 进度快； 投入延后	抽出部分人员，放慢进度
4	ACWP、BCWP、BCWS曲线	ACWP＞BCWP＞BCWS SV＞0；CV＜0	效率较低； 进度较快； 投入超前	抽出部分人员，增加少量骨干人员
5	BCWS、ACWP、BCWP曲线	BCWS＞ACWP＞BCWP SV＜0；CV＜0	效率较低； 进度慢； 投入超前	增加高效人员投入
6	BCWS、BCWP、ACWP曲线	BCWS＞BCWP＞ACWP SV＜0；CV＞0	效率较高； 进度较慢； 投入延后	迅速增加人员投入

第四节 施工成本分析

一、施工成本分析的依据

通过施工成本分析，可从账簿、报表反映的成本现象中看清成本的实质，从而增强项目成本的透明度和可控性，为加强成本控制、实现项目成本目标创造条件。施工成本分析的主要依据是会计核算、业务核算和统计核算所提供的资料。

1. 会计核算

会计核算主要是价值核算。会计是对一定单位的经济业务进行计量、记录、分析和检查，作出预测，参与决策，实行监督，旨在实现最优经济效益的一种管理活动。它通过设置账户、复式记账、填制和审核凭证、登记账簿、成本计算、财产清查和编制会计报表等一系列有组织有系统的方法，来记录企业的一切生产经营活动，然后据此提出一些用货币来反映的有关各种综合性经济指标的数据，如资产、负债、所有者权益、收入、费用和利润等。由于会计记录具有连续性、系统性、综合性等特点，所以它是施工成本分析的重要依据。

2. 业务核算

业务核算是各业务部门根据业务工作的需要建立的核算制度，它包括原始记录和计算登记表，如单位工程及分部分项工程进度登记，质量登记，工效、定额计算登记，物资消耗定额记录，测试记录等。业务核算的范围比会计、统计核算要广。会计和统计核算一般是对已经发生的经济活动进行核算，而业务核算不但可以核算已经完成的项目是否达到原定的目的、取得预期的效果，而且可以对尚未发生或正在发生的经济活动进行核算，以确定该项经济活动是否有经济效果，是否有执行的必要。它的特点是对个别的经济业务进行单项核算，例如各种技术措施、新工艺等项目。业务核算的目的在于迅速取得资料，以便在经济活动中及时采取措施进行调整。

3. 统计核算

统计核算是利用会计核算资料和业务核算资料，把企业生产经营活动客观现状的大量数据，按统计方法加以系统整理，以发现其规律性。它的计量尺度比会计宽，可以用货币计算，也可以用实物或劳动量计量。它通过全面调查和抽样调查等特有的方法，不仅能提供绝对数指标，还能提供相对数和平均数指标，可以计算当前的实际水平，还可以确定变动速度以预测发展的趋势。

二、施工成本分析的方法

由于施工项目成本涉及的范围很广，需要分析的内容较多，因此应该在不同的情况下采取不同的分析方法，除了基本的分析方法外，还有综合成本的分析方法、成本项目的分析方法和专项成本的分析方法等。

（一）施工成本分析的基本方法

施工成本分析的基本方法包括比较法、因素分析法、差额计算法、比率法等。

1. 比较法

比较法又称"指标对比分析法"，是指对比技术经济指标，检查目标的完成情况，分析产生差异的原因，进而挖掘降低成本的方法。这种方法通俗易懂、简单易行、便于掌握，因而得到了广泛的应用，但在应用时必须注意各技术经济指标的可比性。比较法的应用通常有以下形式。

1）将实际指标与目标指标对比

以此检查目标完成情况，分析影响目标完成的积极因素和消极因素，以便及时采取措施，保证成本目标的实现。在进行实际指标与目标指标对比时，还应注意目标本身有无问题，如果目标本身出现问题，则应调整目标，重新评价实际工作。

2）本期实际指标与上期实际指标对比

通过本期实际指标与上期实际指标对比，可以看出各项技术经济指标的变动情况，反映施工管理水平的提高程度。

3）与本行业平均水平、先进水平对比

通过这种对比，可以反映本项目的技术和经济管理水平与行业的平均及先进水平的差距，进而采取措施提高本项目管理水平。

以上三种对比，可以在一张表中同时反映。例如，某项目本年计划节约"三材" 100 000 元，实际节约 120 000 元，上年节约 95 000 元，本企业先进水平节约 130 000 元。

2. 因素分析法

因素分析法又称连环置换法，可用来分析各种因素对成本的影响程度。在进行分析时，假定众多因素中的一个因素发生了变化，而其他因素则不变，然后逐个替换，分别比较其计算结果，以确定各个因素的变化对成本的影响程度。因素分析法的计算步骤如下。

（1）确定分析对象，计算实际与目标数的差异。

（2）确定该指标是由哪几个因素组成的，并按其相互关系进行排序（排序规则是：先实物量，后价值量；先绝对值，后相对值）。

(3)以目标数为基础,将各因素的目标数相乘,作为分析替代的基数。

(4)将各个因素的实际数按照已确定的排列顺序进行替换计算,并将替换后的实际数保留下来。

(5)将每次替换计算所得的结果,与前一次的计算结果相比较,两者的差异即为该因素对成本的影响程度。

(6)各个因素的影响程度之和,应与分析对象的总差异相等。

【例 7-3】商品混凝土目标成本为 443 040 元,实际成本为 473 697 元,比目标成本增加 30 657 元,资料见表 7-9。分析成本增加的原因。

表 7-9　商品混凝土目标成本与实际成本对比表

项目	单位	目标	实际	差额
产量	m³	600	630	+30
单价	元	710	730	+20
损耗率	%	4	3	-1
成本	元	443 040	473 697	+30 657

【解】

(1)分析对象是商品混凝土的成本,实际成本与目标成本的差额为 30 657 元,该指标是由产量、单价、损耗率三个因素组成的,其排序见表 7-9。

(2)以目标数 443 040 元(=600×710×1.04)为分析替代的基础。

第一次替代产量因素,以 630 替代 600:
$$630×710×1.04=465\ 192\ 元$$

第二次替代单价因素,以 730 替代 710,并保留上次替代后的值:
$$630×730×1.04=478\ 296\ 元$$

第三次替代损耗率因素,以 1.03 替代 1.04,并保留上两次替代后的值:
$$630×730×1.03=473\ 697\ 元$$

(3)计算差额:

第一次替代与目标数的差额=465 192-443 040=22 152 元

第二次替代与第一次替代的差额=478 296-465 192=13 104 元

第三次替代与第二次替代的差额=473 697-478 296=-4 599 元

(4)产量增加使成本增加了 22 152 元,单价提高使成本增加了 13 104 元,而损耗率下降使成本减少了 4 599 元。

(5)各因素的影响程度之和=22 152+13 104-4 599=30 657 元,与实际成本与目标成本的总差额相等。

为了使用方便,企业也可以通过运用因素分析表来求出各因素变动对实际成本的影响程度,其具体形式见表 7-10。

表 7-10 商品混凝土成本变动因素分析表

顺　序	连环替代	计算差异/元	因素分析
目标数	600×710×1.04		
第一次替代	630×710×1.04	22 152	由于产量增加 30 m³，成本增加 22 152 元
第二次替代	630×730×1.04	13 104	由于单价提高 20 元，成本增加 13 104 元
第三次替代	630×730×1.03	-4 599	由于损耗率下降 1%，成本减少 4 599 元
合　计	22 152＋13 104-4 599=30 657	30 657	

3．差额计算法

差额计算法是因素分析法的一种简化形式，它利用各个因素的目标值与实际值的差额来计算其对成本的影响程度。

【例 7-4】某施工项目某月的实际成本降低额比计划提高了 2.40 万元，见表 7-11。

表 7-11 降低成本计划与实际对比表

项　目	单　位	计　划	实　际	差　额
预算成本	万元	300	320	＋20
成本降低率	%	4	4.5	＋0.5
成本降低额	万元	12	14.40	＋2.40

根据表 7-11 资料，应用"差额计算法"分析预算成本和成本降低率对成本降低额的影响程度。

【解】

（1）预算成本增加对成本降低额的影响程度

（320-300）×4%=0.80 万元

（2）成本降低率提高对成本降低额的影响程度

（4.5%-4%）×320=1.60 万元

以上两项合计：0.80-1.60=2.40 万元

4．比率法

比率法是指用两个以上的指标的比例进行分析的方法。它的基本特点是：先把对比分析的数值变成相对数，再观察其相互之间的关系。常用的比率法有以下几种。

1）相关比率法

由于项目经济活动的各个方面是相互联系、相互依存、相互影响的，因而可以两个性质不同且相关的指标加以对比，求出比率，并以此来考察经营成果的好坏。例如：产值和工资是两个不同的概念，但它们是投入与产出的关系。在一般情况下，都希望以最少的工资支出完成最大的产值。因此，用产值工资率指标来考核人工费的支出水平，可以很好地分析人工成本。

2）构成比率法

又称比重分析法或结构对比分析法。通过构成比率，可以考察成本总量的构成情况及各成本项目占总成本的比重，同时也可看出预算成本、实际成本和降低成本的比例关系，从而寻求降低成本的途径。

3）动态比率法

动态比率法是将同类指标不同时期的数值进行对比，求出比率，以分析该项指标的发展方向和发展速度。动态比率的计算，通常采用基期指数和环比指数两种方法。

（二）综合成本的分析方法

综合成本是指涉及多种生产要素，并受多种因素影响的成本费用，如分部分项工程成本、月（季）度成本、年度成本等。这些成本都是随着项目施工的进展而逐步形成的，与生产经营有着密切的关系，因此，做好上述成本的分析工作，无疑将促进项目的生产经营管理，提高项目的经济效益。

1. 分部分项工程成本分析

分部分项工程成本分析是施工项目成本分析的基础。分部分项工程成本分析的对象为已完成分部分项工程，分析的方法是：进行预算成本、目标成本和实际成本的"三算"对比，分别计算实际偏差和目标偏差，分析偏差产生的原因，为今后的分部分项工程成本寻求节约途径。

分部分项工程成本分析的资料来源为：预算成本来自投标报价成本，目标成本来自施工预算，实际成本来自施工任务单的实际工程量、实耗人工和限额领料单的实耗材料。

由于施工项目包括很多分部分项工程，无法也没有必要对每一个分部分项工程都进行成本分析。特别是一些工程量小、成本费用少的零星工程。但是，对于那些主要分部分项工程必须进行成本分析，而且要做到从开工到竣工进行系统的成本分析。因为通过主要分部分项工程成本的系统分析，可以基本上了解项目成本形成的全过程，为竣工成本分析和今后的项目成本管理提供参考资料。

2. 月（季）度成本分析

月（季）度成本分析，是施工项目定期的、经常性的中间成本分析，对于施工项目来说具有特别重要的意义。通过月（季）度成本分析，可以及时发现问题，以便按照成本目标指定的方向进行监督和控制，保证项目成本目标的实现。

月（季）度成本分析的依据是当月（季）的成本报表，分析通常包括以下几个方面。

（1）通过实际成本与预算成本的对比，分析当月（季）的成本降低水平；通过累计实际成本与累计预算成本的对比，分析累计的成本降低水平，预测实现项目成本目标的前景。

（2）通过实际成本与目标成本的对比，分析目标成本的落实情况以及目标管理中的问题和不足，进而采取措施，加强成本管理，保证成本目标的实现。

（3）通过对各成本项目的成本分析，可以了解成本总量的构成比例和成本管理的薄弱环节。例如：在成本分析中，若发现人工费、机械费等项目大幅度超支，则应该对这些费用的收支配比关系进行研究，并采取应对措施，防止今后再超支。如果是属于规定的"政策性"亏损，则应从控制支出着手，把超支额压缩到最低限度。

（4）通过主要技术经济指标的实际与目标对比，分析产量、工期、质量、"三材"节约率、机械利用率等对成本的影响。

（5）通过对技术组织措施执行效果的分析，寻求更加有效的节约途径。

（6）分析其他有利条件和不利条件对成本的影响。

3. 年度成本分析

企业成本要求一年结算一次，不得将本年成本转入下一年度。而项目成本则以项目的寿命周期为结算期，要求从开工到竣工直至保修期结束连续计算，最后结算出总成本及其盈亏。由于项目的施工周期一般较长，除进行月（季）度成本核算和分析外，还要进行年度成本的核算和分析。这不仅是企业汇编年度成本报表的需要，同时也是项目成本管理的需要，通过年度成本的综合分析，可以总结一年来成本管理的成绩和不足，为今后的成本管理提供经验和教训，从而可对项目成本进行更有效的管理。

年度成本分析的依据是年度成本报表。年度成本分析的内容，除了月（季）度成本分析的六个方面以外，重点是针对下一年度的施工进展情况制定切实可行的成本管理措施，以保证施工项目成本目标的实现。

4. 竣工成本的综合分析

凡是有几个单位工程且单独进行成本核算（即成本核算对象）的施工项目，其竣工成本分析应以各单位工程竣工成本分析资料为基础，再加上项目管理层的经营效益（如资金调度、对外分包等所产生的效益）进行综合分析。如果施工项目只有一个成本核算对象（单位工程），就以该成本核算对象的竣工成本资料作为成本分析的依据。

单位工程竣工成本分析，应包括以下三方面内容：

（1）竣工成本分析。

（2）主要资源节超对比分析。

（3）主要技术节约措施及经济效果分析。

通过以上分析，可以全面了解单位工程的成本构成和降低成本的来源，对今后同类工程的成本管理提供参考。

（三）成本项目的分析方法

1. 人工费分析

项目施工需要的人工和人工费，由项目经理部与作业队签订劳务分包合同，明确承包范围、承包金额和双方的权利、义务。除了按合同规定支付劳务费以外，还可能发生一些其他人工费支出，主要有：

（1）因实物工程量增减而调整的人工和人工费。

（2）定额人工以外的计日工工资（如果已按定额人工的一定比例由作业队包干，并已列入承包合同的，不再另行支付）。

（3）对在进度、质量、节约、文明施工等方面作出贡献的班组和个人进行奖励的费用。

项目管理层应根据上述人工费的增减，结合劳务分包合同的管理进行分析。

2. 材料费分析

材料费分析包括主要材料、结构件和周转材料使用费的分析以及材料储备的分析。

1）主要材料和结构件费用的分析

主要材料和结构件费用的高低，主要受价格和消耗数量的影响。而材料价格的变动，受采购价格、运输费用、途中损耗、供应不足等因素的影响；材料消耗数量的变动，则受操作损耗、管理损耗和返工损失等因素的影响。因此，可在价格变动较大和数量超用异常的时候再作深入分析。为了分析材料价格和消耗数量的变化对材料和结构件费用的影响程度，可按下列公式计算：

因材料价格变动对材料费的影响=（计划单价-实际单价）×实际数量

因消耗数量变动对材料费的影响=（计划用量-实际用量）×实际价格

2）周转材料使用费分析

在实行周转材料内部租赁制的情况下，项目周转材料费的节约或超支，取定于材料周转率和损耗率，周转减慢，则材料周转的时间增长，租赁费支出就增加；而超过规定的损耗，则要照价赔偿。

3）采购保管费分析

材料采购保管费属于材料的采购成本，包括：材料采购保管人员的工资、工资附加费、劳动保护费、办公费、差旅费，以及材料采购保管过程中发生的固定资产使用费、工具用具使用费、检验试验费、材料整理及零星运费和材料物资的盘亏及毁损等。材料采购保管费一般应与材料采购数量同步，即材料采购多，采购保管费也会相应增加。因此，应根据每月实际采购的材料数量（金额）和实际发生的材料采购保管费，分析保管费率的变化。

4）材料储备资金分析

材料的储备资金是根据日平均用量、材料单价和储备天数（即从采购到进场所需要的时间）计算的。上述任何一个因素变动，都会影响储备资金的占用量。材料储备资金的分析，可以应用"因素分析法"。

3. 机械使用费分析

由于项目施工具有的一次性，项目经理部不可能拥有自己的机械设备，而是随着施工的需要，向企业动力部门或外单位租用。在机械设备的租用过程中，存在两种情况：一是按产量进行承包，并按完成产量计算费用，如土方工程。项目经理部只要按实际挖掘的土方工程量结算挖土费用，而不必考虑挖土机械的完好程度和利用程度。另一种是按使用时间（台班）计算机械费用的，如塔吊、搅拌机、砂浆机等，如果机械完好率低或在使用中调度不当，必然会影响机械的利用率，从而延长使用时间，增加使用费。因此，项目经理部应该给予一定的重视。

由于建筑施工的特点，在流水作业和工序搭接上往往会出现某些必然或偶然的施工间隙，影响机械的连续作业；有时，又因为加快施工进度和工种配合，需要机械日夜不停地运转，这样便造成机械综合利用效率不高，比如机械停工，则需要支付停班费。因此，在机械设备的使用过程中，应以满足施工需要为前提，加强机械设备的平衡调度，充分发挥机械的效用；同时，还要加强平时的机械设备的维修保养工作，提高机械的完好率，保证机械的正常运转。

4. 管理费分析

管理费分析，也应通过预算（或计划）数与实际数的比较来进行。预算与实际比较的表格形式见表 7-12。

表 7-12 现场管理费预算（计划）与实际比较

序号	项目	预算	实际	比较	备注
1	管理人员工资				包括职工福利费和劳动保护费
2	办公费				包括生活水电费、取暖费
3	差旅交通费				
4	固定资产使用费				包括折旧及修理费
5	工具用具使用费				
6	劳动保险费				
	…				
合计					

（四）专项成本分析方法

针对与成本有关的特定事项的分析，包括成本盈亏异常分析、工期成本分析、资金成本分析等内容。

1. 成本盈亏异常分析

施工项目出现成本盈亏异常情况，必须引起高度重视，必须彻底查明原因并及时纠正。

检查成本盈亏异常的原因，应从经济核算的"三同步"入手。因为项目经济核算的基本规律是：在完成多少产值、消耗多少资源、发生多少成本之间，有着必然的同步关系。如果违背这个规律，就会发生成本的盈亏异常。

"三同步"检查是提高项目经济核算水平的有效手段，不仅适用于成本盈亏异常的检查，也可用于月度成本的检查。"三同步"检查可以通过以下 5 个方面的对比分析来实现。

（1）产值与施工任务单的实际工程量和形象进度是否同步。

（2）资源消耗与施工任务单的实耗人工、限额领料单的实耗材料、当期租用的周转材料和施工机械是否同步。

（3）其他费用（如材料价、超高费和台班费等）的产值统计与实际支付是否同步。

（4）预算成本与产值统计是否同步。

（5）实际成本与资源消耗是否同步。

通过以上 5 个方面的分析，可以探明成本盈亏的原因。

2. 工期成本分析

工期成本分析是计划工期成本与实际工期成本的比较分析。计划工期成本是指在假定完成预期利润的前提下计划工期内所耗用的计划成本；而实际成本是在实际工期中耗用的实际成本。

工期成本分析一般采用比较法，即将计划工期成本与实际工期成本进行比较，然后应用"因素分析法"分析各种因素的变动对工期成本差异的影响程度。

3. 资金成本分析

资金与成本的关系是指工程收入与成本支出的关系。根据工程成本核算的特点，工程收入与成本支出有很强的相关性。进行资金成本分析通常应用"成本支出率"指标，即成本支出占工程款收入的比例，计算公式如下：

$$成本支出率 = \frac{计算期实际成本支出率}{计算期实际工程款收入} \times 100\%$$

通过对"成本支出率"的分析，可以看出资金收入中用于成本支出的比重。结合储备金和结存资金的比重，分析资金使用的合理性。

第八章 施工安全管理

第一节 施工安全管理概述

建筑工程是事故风险较高的行业，政府对建筑安全问题极为重视，并制定了"预防为主、安全第一、综合治理"的安全工作方针。建设部、安全生产监督管理总局对建筑工程的管理力度加大并要求所有建筑工程从建设单位到分包单位配备安全员，并要求对施工作业人员实行三级安全教育（厂级教育、车间教育、班组教育）；特殊工种和高危岗位的工作人员要通过国家相关部门的考试后持证上岗。

1. 安全生产

为确保本工程施工过程中的安全，减少轻伤事故，杜绝发生重大事故，建立健全各级安全生产责任制。切实分解、落实安全生产责任制。明确各级人员在安全生产方面的职责，并认真严格执行，确保本项工程实现安全生产目标。

2. 项目经理

（1）项目经理是工程安全生产第一负责人，对本项目工程安全生产负责。

（2）认真贯彻执行国家、政府主管部门及企业的安全生产规章制度，落实上级制定的安全生产技术措施。

（3）组织职工学习安全生产技术操作规程和规章制度，坚持交任务的同时交安全要领，定期组织检查施工现场安全状况。

（4）正确处理生产和安全的关系，不违章指挥，对违章作业的班组和个人按本项目奖惩规定进行处理。

（5）对施工现场搭设的脚手架、井架和机械设备、电器设备等安全防护装置组织验收，合格后方能使用。

（6）抓好分承包队伍的安全管理，使用的分包队伍要具有安全资质，对不具备条件的承包队伍，杜绝进入本现场施工。

（7）发生工伤事故，立即组织抢救，迅速上报，并保护现场。

3. 质量员

（1）贯彻执行安全生产有关法令、法规、规范、标准、操作规程及公司安全生产规章制度。

（2）负责监督、验收安全防护用品的质量是否符合有关验收标准。

（3）负责项目部分项目工程砼强度的检测，确定砼拆模时间，确保工程质量和安全。

（4）参与安全检查，协助纠正安全事故隐患。

（5）在检查质量的同时要检查安全生产，发现安全事故隐患要立即报告有关人员进行整改。

4. 施工员

（1）项目施工员是项目工程分阶段的安全生产负责人，对所管的分部工程安全生产负直接责任。

（2）项目施工员应熟悉掌握有关安全生产操作规程，帮助督促生产班组遵守安全生产规章制度和本工种安全生产技术操作规程。

（3）认真执行安全生产规章制度，不违章指挥。

（4）安排施工前，应将施工组织设计中的安全措施详细向施工班组进行书面安全交底，对施工环境应采取有效的安全防护措施，并督促班组执行。

（5）对违章作业的班组和个人应及时制止，对坚持违章作业的班组和个人有权暂停工作直至改正为止。

（6）班组人员发生工伤事故要立即上报和保护现场，并配合有关人员的调查处理。

5. 安全员

（1）项目安全员是生产一线的安全生产监督检查员。

（2）监督检查本项目施工安全、文明生产。

（3）配合有关部门开展安全生产的宣传教育工作，协助项目经理组织安全检查，并做好安全资料管理工作。

（4）监督检查并及时发现生产中的安全隐患，立即提出改进意见和措施，并督促落实整改。

（5）熟悉本项目施工组织设计和编制的安全生产技术措施，并对贯彻执行情况进行监督检查。

（6）与有关部门共同做好新进场工人安全技术培训和三级教育。

（7）负责项目工伤事故的统计、分析的报告，参与工伤事故的调查和处理。

（8）制止违章指挥和违章作业，如有严重不安全的情况，有权暂停生产。督促有关部门做好职工劳逸结合和女职工的特殊保护工作。

（9）对违反劳动法规定的行为，可视情况进行教育，并向领导提出处理建议。

6. 设备材料

（1）制定本项目所有机械设备的安全操作规程要领和安全管理制度。

（2）对各类机械设备，必须配齐安全防护装置，并经常检查，执行维修、保养制度,确保安全运行。

(3)定期组织设备安全检查,及时向主管领导汇报设备运转情况。

(4)配合有关部门做好特殊工种培训、考核发证工作,确保持证上岗。

(5)参加对各类机械设备安全事故的调查分析。

(6)认真执行本项目有关产品质量管理规定,杜绝伪劣产品进入施工现场。

(7)确保供应施工生产中安全技术措施所需要的材料,对现场使用钢管、扣件、脚手板、竹笆片、夹板等材料,必须保证质量。

(8)配合有关部门做好劳保用品管理发放工作。

(9)加强仓库人员的安全教育,严格执行有关危险品的运输、储存、发放等规定。

7. 负责人

(1)在公司及项目经理的领导下,负责项目施工技术管理工作,加强施工图、标准图及有关技术资料的管理,并对工程质量负全面技术责任。

(2)熟悉设计意图,组织图纸自审,参加图纸会审,并做好图纸会审记录及进行技术交底,负责变更通知的签发和项目竣工文档的编制。

(3)在公司技术负责人的领导下,参与编制单位工程的《施工组织设计》和《施工方案》,对分部工程进行技术交底,对施工方案进行审核,并对工程质量实施有效的技术控制。

(4)及时解决一般工程技术问题,对重大技术问题及时汇报,组织参加隐蔽工程验收,制订特殊物资的搬运方案和特殊过程施工方案,以及施工全过程成品、半成品的防护措施,参加中间及竣工验收,并办理交工验收手册。

(5)组织职工培训,学习贯彻各项技术标准、规范、规程和技术管理制度。

(6)组织不合格成品原因分析,负责纠正和预防措施的制定和实施,并参与其实施效果的验证。

(7)组织质量分析会,收集质量信息,负责不合格成品的评审和处理,并按不合格成品的严重程度分别向有关部门传递。

(8)负责统计技术的具体实施和管理,做好上级交办的其他事宜。

8. 班组长

(1)学习、领会并认真执行上级部门及本项目部门的规章制度。

(2)带领全班组安全作业,并且模范遵守安全操作规程。

(3)安排生产任务时,认真进行安全技术交底,严格执行本工程安全操作,有权拒绝违章指挥。

(4)组织班组安全活动,开好班组安全生产会,并根据作业环境和职工的思想、体质、技术状况合理分配生产任务。

(5)发生工伤事故,立即抢救,及时报告并保护好现场。

9. 规章制度

为有效控制本工程施工过程中的安全，减少轻伤事故，杜绝发生重大事故。建立健全安全规章制度，明确各级人员在生产时应遵守党和国家的安全生产方针、政策、法规及本公司的安全规章制度，保证安全生产的顺利进行。

1）安全生产教育培训制度

安全教育的内容主要包括：法制法规教育、企业有关规章制度教育、安全生产管理知识、安全技术知识教育、劳动纪律教育、典型事故案例分析等。

2）工人安全教育

（1）三级安全教育

① 凡新进企业的员工、合同工、临时工、培训和实习人员等在分配工作前，应由公司、劳资、安全等部门进行第一级安全教育。教育内容：国家有关安全生产法令、法规、本企业安全生产有关制度、本行业安全基本知识、劳动纪律等。

② 上述人员到施工项目部门后，应由施工项目部进行二级安全教育。教育内容：本项目工程生产概况、安全生产情况、施工作业区状况、机电设施安全、安全规章制度、劳动纪律。

③ 上述人员上岗前应由工长、班组长进行岗位教育，即第三级安全教育。教育内容：本工种班组安全生产概况，安全检查操作规程，操作环境安全与安全防护措施要求，个人防护用品、防护用具正确使用，事故前的判断与预防，事故发生后的紧急处理等。

④ 对经过三级安全教育的工人应登记建卡，由项目部安全检查负责管理教育资料。

⑤ 没有经过三级安全教育的人员禁止上岗。

⑥ 对变换工种的员工，要先进行新任工种的安全教育，安全教育的时间、内容要有书面记录。

（2）特种作业人员的安全教育

由于特种作业人员接触不安全因素多、危险性较大、安全技术知识要求严，对进行特种作业人员的培训教育，其办法执行公司《特种作业人员管理制度》。

（3）经常性安全教育

① 项目部每周一应对本项目员工进行安全检查教育，教育内容：有关安全生产文件精神宣传教育，上周本项目工程安全检查生产小结，本周安全生产要求，表扬遵章守纪员工，批评违章作业行为，通报事故的处理。

② 对重大施工项目及危险性大的作业，在员工作业前，必须按制定的安全措施和要求，对施工员工进行安全教育，否则不准作业。

③ 重大的节假日前，员工探亲放假前后，应对员工进行针对性的安全教育。

④ 利用工地黑板报等，定期或不定期进行安全生产宣传教育，表扬好人好事，

报道安全生产动态，宣传安全生产知识、规程等。

以上几种形式的教育，相关领导应参加和主持，并做好书面记录。

10. 施工现场

（1）进入现场必须戴好安全帽，扣好帽带，并正确使用个人劳动防护用品。

（2）2米以上的高处、悬空作业、无安全设施的，必须戴好安全带、扣好保险钩。

（3）高处作业时，不准往下或向上乱抛材料和工具等物件。

（4）各种电动机械设备必须有可靠有效的安全接地和防震装置，方能开动使用。

（5）不懂电气和机械的人员，严禁使用和玩弄机电设备。

（6）吊装区域非操作人员严禁入内，吊装机械必须完好，把杆垂直下方不准站人。

11. 特种人员

（1）特种作业人员必须具备的基本条件：年满18周岁以上，工作认真负责，身体健康，没有妨碍本工种作业的疾病和生理缺陷，具有本工种所需的文化程度和安全、技术知识及实践经验。

（2）新上岗的特种作业人员必须连续从事本工种作业实际时间1年以上，并且具备操作技能后，向公司提出培训申请。

（3）凡未经培训考核取得"特种作业操作证"前，各类特种作业人员均不准独立上岗操作。

（4）公司安全部门负责特种作业人员的培训、复审考核工作，负责有关培训、复审建档。

（5）公司应建立各自分管的特种作业人员的培训、复审档案。

（6）公司应在年初向公司申报本年度特种作业人员的培训、复审计划。

（7）特种作业人员操作证有效期除锅炉工为4年以外，其余工种为2年。凡到期不参加复审者，其"特种作业操作证"作废，不得继续独立作业。

（8）各类特种作业人员禁止操作与本人"特种作业操作证"规定不相符的机械。

（9）对在安全生产和预防事故中做出显著成绩的特种作业人员，公司应给予奖励，并记入操作证。

（10）对违章作业和造成事故的特种作业人员，公司根据违章或事故情节有权扣证1~12个月，并记入操作证。对情节严重者，申报发证部门吊销操作证，公司也可给予经济处罚或行政处分，直至移送有关部门追究刑事责任。

（11）本制度指定的依据是：

《特种作业人员安全技术考核管理规则》GB 5308—85。

（12）本制度适用于公司下属所有基层单位，下列是特种作业范围人员：

① 电工作业：维修电工（施工现场电工），电气安装工，送、配电工（配电房值班电工）。

② 金属焊接：手工电弧焊工、电渣压力焊。
③ 建筑登高架设作业：建筑架子工、井架搭设工。
④ 机动车辆：建筑工地翻斗车、装载机、载重车辆。
⑤ 起重机械作业：建筑起重机械司机和作业指挥人员。
⑥ 其他机械操作工：混凝土搅拌机、机操工。

12. 施工现场

（1）必须严格执行中华人民共和国消防条例、公安部《关于建筑工地防火基本措施》，做好施工现场防火安全工作。施工现场消防工作纳入施工组织设计和施工管理计划，项目经理是该工地的消防负责人。

（2）建立施工消防管理网络，根据施工现场平面布置，划分消防管理责任区域消防负责人，公布上墙，并在施工现场入口处设置明显标志。

（3）各重点防火区域应配备一定数量的消防器材和消防设施，由消防责任人定期检查，确保完备好用。消防器材、设施不得随便移动或挪作他用。

（4）建立义务消防组织，义务消防人员要进行消防知识的学习和培训，坚持每月开一次消防安全例会，检查当月消防工作情况。

（5）施工现场应设吸烟点，禁止吸游烟、乱丢烟蒂。动用明火必须按规定办理审批手续，动火作业必须有专人监护，必须有消防器材，必须严格遵守有关安全措施。

（6）从事焊接作业人员，必须持有有效证件上岗，严格执行"十不烧"的规定，无证人员一律不准进行焊接作业。

（7）施工现场严禁使用电炉、煤油炉、小太阳灯和碘钨灯等大功率灯具烘烤衣物。

（8）所有电气线路、机械设备必须由专业人员按规定安装并符合标准。电气线路、机械设备应经常检查，防止因短路、超负荷等原因引起火灾事故。

（9）凡仓库和存放易燃、易爆物品的区域必须设置禁火牌，要制定有关防火管理规定，配备符合要求的消防设施，设置消防通道、消防水源。

（10）木工间必须设置禁火标志，刨花锯屑等易燃物品应做到及时清理，按规定设置消防器材，禁止吸烟及动火作业。

（11）凡设置消防器材的地点禁止堆放各种杂物，消防通道、施工现场道路、建筑物通道要保持通畅。

（12）脚手架上禁止吸烟，禁止无证、无措施动火作业，禁止在脚手架上弃放其他易燃物品。

（13）施工现场日常消防管理由项目部安全保卫部门管理，要做到经常检查，定期向项目部经理汇报。

（14）对施工现场消防工作做出显著成绩的班组和个人应给予奖励，反之，对造成火灾事故的责任人应视情节给予处罚或移交有关部门处理。

13. 安全制度

（1）建立安全责任制，落实责任人。安全措施是对施工项目安全生产进行计划、组织、指挥、协调或监控的一系列活动，它可以保证施工中的人身安全、设备安全、结构安全、财产安全并创造适宜的施工环境。在施工中要坚持"安全第一，预防为主"的方针。项目负责人是该项目的责任人，控制的重点是施工中人员的不安全行为、设备设施的不安全状态、作业环境的不安全因素以及管理上的不安全缺陷。责任人在施工前要进行安全检查，把不安全因素消灭在萌芽状态。

（2）设专职安全员，全面负责施工工程的安全，统筹工程安全生产工作，保证并监督各项措施的实施。

（3）加强安全教育和宣传工作，使安全意识得到进一步提高。

（4）加强施工现场管理。坚持"三不放过""工前交底和工后讲评"的制度，加强施工现场用电安全管理，严格按照《施工现场用电安全技术规范》及其他有关规定执行。

（5）严格按照规范和程序施工。工作人员要严格按照施工规范进行施工，施工期间谨慎小心，杜绝一切侥幸心理的存在，要深刻认识到"安全生产"是争取效益的主要因素。

14. 安全规则

（1）凡进入工地人员必须戴安全帽，严禁喝酒上班，或带其他非工地工作人员进入工地。

（2）使用梯子不能缺挡，不可垫高使用，梯脚要有防滑措施，超过2米以上梯子要有监护人，严禁两人以上同在梯子上作业，人字梯中间要有绳子扣牢。

（3）使用移动电动工具者必须穿绝缘鞋、戴绝缘手套，金属外壳必须接地保护或接零保护。高空作业时要扎安全带、戴安全帽、脚手架外挂安全网封闭施工。

（4）现场临时用电，电箱要保持完好无损，损伤的电气元器件必须及时更换。

（5）照明动力要分开，并有二级保护，用电设备一机一闸，严禁乱接乱拖，一闸多机。

（6）拆除的材料不得乱扔，作业下方派人监护。

（7）现场临时电源线应采用橡皮电缆线，禁止使用塑料花线，禁止使用电线直接插入插座内。

（8）设备的防护装置要完好，尤其是砂轮切割机，设备外壳要有完好的接地或接零保护。

（9）施工设备要加强现场的维护保养，保持完好率，禁止带病运转和超负荷作业。

（10）施工现场材料设备堆放整齐，不得存放在主要通道上。

（11）施工现场动用电火焊，在作业区周围清除易燃物品，作业后要检查，杜绝火种，以免留下后患。

（12）服从工地的安全管理，遵守工地的安全管理的规章制度。
（13）特殊工种需持证上岗。

15. 现场文明

（1）现场材料设备施工机具在指定地点堆放整齐。
（2）保持现场周边环境的卫生，进出材料后现场清理干净。
（3）做好现场监护工作，在施工作业区谢绝与本工程无关人员入内。
（4）工具间内零星材料堆放整齐。
（5）施工现场做到文明施工，活完场地清，每天工作结束后作业面内亦要清理整理好。
（6）做好现场成品、半成品的保护工作，自身的产品要保护好，其他工种的产品亦要保护好，只有互相保护好才能确保整个工程的完好质量。
（7）服从和执行现场综合管理措施。

16. 生产禁令

2011年1月1日，国务院国有资产管理委员会第24号令，发布了中央企业安全生产9条禁令：
（1）严禁在安全生产条件不具备、隐患未排除、安全措施不到位的情况下组织生产。
（2）严禁使用不具备国家规定资质和安全生产保障能力的承包商和分包商。
（3）严禁超能力、超强度、超定员组织生产。
（4）严禁违章指挥、违章作业、违反劳动纪律。
（5）严禁违反程序擅自压缩工期、改变技术方案和工艺流程。
（6）严禁使用未经检验合格、无安全保障的特种设备。
（7）严禁不具备相应资格的人员从事特种作业。
（8）严禁未经安全培训教育并考试合格的人员上岗作业。
（9）严禁迟报、漏报、谎报、瞒报生产安全事故。

第二节　施工项目健康安全与环境管理

随着人类社会进步和科技发展，职业健康安全与环境的问题越来越受关注。为了保证劳动者在劳动生产过程中的健康安全和保护人类的生存环境，必须加强职业健康安全与环境管理。

本节主要包括以下4个方面的内容：
（1）职业健康安全管理体系与环境管理体系。
（2）建设工程安全生产管理。

（3）建设工程生产安全事故应急预案和事故处理。
（4）建设工程施工现场职业健康安全与环境管理的要求。

一、建设工程健康安全与环境管理的概念

建设工程健康安全是指影响工作场所内员工、临时工作人员、合同方人员、访问者和其同情啊人员健康安全的条件和因素。它包括为制订、实施、实现、评审和保持职业健康安全方针所需的组织结构、计划活动、职责、惯例、程序、过程和资源。

环境是指组织运行活动的外部存在，包括空气、水、自然资源、植物、动物、人，以及他们之间的相互关系。

在高速铁路工程施工作业活动或环境中，存在着许多危险源，可能会损坏财物、危害环境、影响人体健康，甚至造成伤害事故。这些危险源有物理的、化学的、生物的和其他种类的。人们将某一或某些危险源引发事故的可能性和其可能造成的后果成为风险。风险可用发生概率、危害范围、损失大小指标来评定。

建设工程项目健康安全是指施工过程处于避免人身伤害、设备损坏及其他不可接受的损害风险的状态。其中不可接受的损害风险通常是指：超出了法律、法规和规章的要求，超出了方针、目标和企业规定的其他要求，超出了人们普遍接受的要求。工程项目健康安全和环境管理是为了实现项目职业健康安全管理目标，针对危险源和风险的管理活动，包括组织结构、策划活动、职责、惯例、程序过程和资源等。管理的基本理念是以人为本，系统化的实施风险预防。

二、建设工程健康安全与环境管理的目标和任务

1. 建设工程健康安全与环境管理的目的

高速铁路工程施环境管理的目的是防止和减少生产安全事故，保护产品生产者的健康与安全，保障人民群众的生命和财产免受损失。

高速铁路工程施工健康安全管理的目的是保护生态环境，使社会的经济发展与人类的生存环境相协调。要控制作业现场的各种粉尘、废水、废气、固体废弃物以及噪声、振动对环境的污染和危害，考虑能源节约和避免资源的浪费。

2. 建设工程健康安全与环境管理的任务

施工健康安全与环境管理的任务是建筑生产组织（企业）为达到建筑工程的职业健康安全与环境管理的目的而进行的组织、计划、控制、领导和协调的活动，包括7项管理任务，即：组织机构、计划活动、职责、惯例、程序、过程和资源，并为此建立安全、健康与环境管理体系。

建设工程项目各个阶段的施工健康安全与环境管理的主要任务包括以下几方面。

1）建设工程项目决策阶段

办理各种有关安全与环境保护方面的审批手续。

2）工程设计阶段

进行环境保护设施和安全设施的设计，防止因设计考虑不周而导致生产安全事故的发生或对环境造成不良影响。

3）工程施工阶段

建设单位应当自开工报告批准日起 15 日内，将保证安全施工的措施报送建设工程所在地的县级以上人民政府建设行政主管部门或其他有关部门备案。施工单位应依法建立安全生产责任制度，采取安全生产保障措施和实施安全教育培训制度。

4）项目验收运行阶段

项目竣工后，建设单位应向审批建设工程环境影响报告书、环境影响报告或者环境影响登记表的环境保护行政主管部门申请，对环保设施进行竣工验收。

3. 建设工程健康安全与环境管理的特点

（1）建筑产品的固定性和生产的流动性及受外部环境影响因素多，决定了职业健康安全与环境管理的复杂性。

（2）产品的多样性和生产的单件性决定了职业健康安全与环境管理的多变性。

（3）产品生产过程的连续性和分工性决定了职业健康安全与环境管理的协调性。

（4）产品的委托性决定了职业健康安全与环境管理的不符合性。

（5）产品生产的阶段性决定了职业健康安全与环境管理的持续性。

（6）产品的时代性、社会性与多样性决定了环境管理的经济性。

（7）产品的时代性和社会性决定了环境管理的多样性和经济性。

三、建设工程健康安全管理体系与环境管理体系

（一）建设工程健康安全管理体系标准与环境管理体系标准

1. 职业健康安全管理体系标准

职业健康安全管理体系是企业总体管理体系的一部分。作为我国推荐性标准的职业健康安全管理体系标准，目前被企业普遍采用，用以建立职业健康安全管理体系。该标准覆盖了国际上的 OHSAS18000 体系标准，即：

《职业健康安全管理体系 要求》GB/T28001—2011

《职业健康安全管理体系 实施指南》GB/T28002—2011

根据《职业健康安全管理体系 要求》GB/T28001—2011 的定义，职业健康安全是指影响或可能影响工作场所内的员工或其他工作人员（包括临时工和承包方员工）、

访问者或任何其他人员的健康安全的条件和因素。

2. 环境管理体系标准

随着全球经济的发展，人类赖以生存的环境不断恶化。20世纪80年代，联合国组建了世界环境与发展委员会，提出了"可持续发展"的观点。国际标准化制定的ISO14000体系标准，被我国等同采用。即：

《环境管理体系　要求及使用指南》GB/T24001—2004

《环境管理体系原则、体系和支持技术通用指南》GB/T24004—2004

在《环境管理体系　要求及使用指南》GB/T24001—2004中，环境是指"组织运行活动的外部存在，包括空气、水、土地、自然资源、植物、动物、人，以及它（他）们之间的相互关系"。这个定义是以组织运行活动为主体，其外部存在主要是指人类认识到的、直接或间接影响人类生存的各种自然因素及其相互关系。

3. 职业健康安全与环境管理体系标准的比较

根据《职业健康安全管理体系　要求》GB/T28001—2011和《环境管理体系　要求及使用指南》GB/T24001—2004，职业健康安全管理和环境管理都是组织管理体系的一部分，其管理的主体是组织，管理的对象是一个组织的活动、产品或服务中能与职业健康安全发生相互作用的不健康、不安全的条件和因素，以及能与环境发生相互作用的要素。两个管理体系所需要满足的对象和管理侧重点有所不同，但管理原理基本相同。

1）职业健康安全和环境管理体系的相同点

（1）管理目标基本一致。

上述两个管理体系均为组织管理体系的组成部分，管理目标一致。一是分别从职业健康安全和环境方面，改进管理绩效；二是增强顾客和相关方的满意程度；三是减小风险降低成本；四是提高组织的信誉和形象。

（2）管理原理基本相同。

职业健康安全和环境管理体系标准均强调了预防为主、系统管理、持续改进和PDCA循环原理；都强调了为制定、实施、实现、评审和保持响应的方针所需要的组织活动、策划活动、职责、程序、过程和资源。

（3）不规定具体绩效标准。

这两个管理体系标准都不规定具体的绩效标准，它们只是组织实现目标的基础、条件和组织保证。

2）职业健康安全和环境管理体系的不同点

（1）需要满足的对象不同。

建立职业健康安全管理体系的目的是"消除或尽可能降低可能暴露于与组织活动

相关的职业健康安全危险源中的员工和其他相关方所面临的风险",即主要目标是使员工和相关方对职业健康安全条件满意。建立环境管理体系的目的是"针对众多相关方和社会对环境保护的不断的需要",即主要目标是使公众和社会对环境保护满意。

(2)管理的侧重点有所不同。

职业健康安全管理体系通过对危险源的辨识,评价风险、控制风险、改进职业健康安全绩效,满足员工和相关方的要求。环境管理体系通过对环境产生不利影响的因素的分析,进行环境管理,满足相关法律法规的要求。

(二)建设工程健康安全管理体系和环境管理体系运行模式

1. 职业健康安全管理体系的运行模式

为适应现代职业健康安全管理的需要,《职业健康安全管理体系要求》GB/T28001—2011 在确定职业健康安全管理体系模式时,强调按系统理论管理职业健康安全及其相关事务,以达到预防和减少生产事故和劳动疾病的目的。具体实施中采用了戴明模型,即一种动态循环并螺旋上升的系统化管理模式。职业健康安全管理体系运行模式如图 8-1 所示。

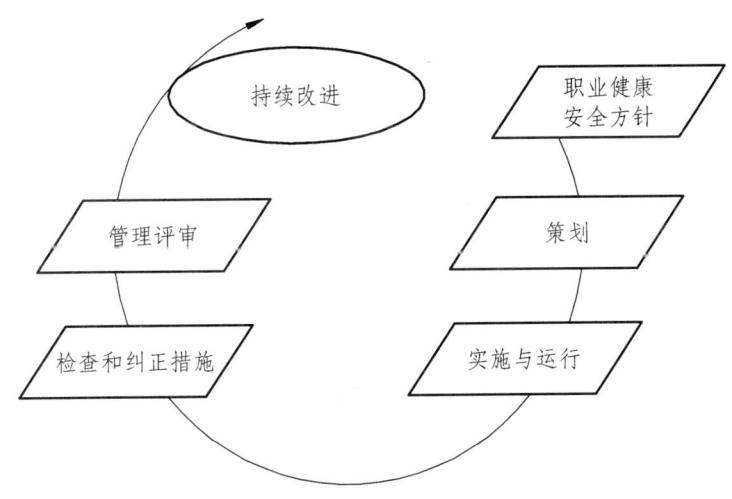

图 8-1　建设工程健康安全管理体系运行模式

1)各要素之间的相互关系

职业健康安全管理体系包括 17 个基本要素,这 17 个要素的相互关系、相互作用共同有机地构成了职业健康安全管理体系的整体。为了更好地理解职业健康安全管理体系要素间的关系,可将其分为两类,一类是体现主体框架和基本功能的核心要素,另一类是支持体系主体框架和保证实现基本功能的辅助性要素。

2)核心要素内容

核心要素包括以下 10 个要素:职业健康安全方针;对危险源辨识、风险评价和控制措施的确定；法律法规和其他要求；目标和方案；资源、作用、职责、责任和权限；合规性评价；运行控制；绩效测量和监视；内部审核；管理评审。

7个辅助性要素包括：能力、培训和意识；沟通、参与和协商；文件；文件控制；应急准备和响应；事件调查、不符合、纠正措施和预防措施；记录控制。

2. 环境管理体系的运行模式

《环境管理体系 要求及使用指南》GB/T24001—2004 是环境管理体系系列标准的主要标准，也是在环境管理体系标准中唯一可供认证的管理标准。

图 8-2 所示给出了环境管理体系的运行模式，该模式为环境管理体系提供了一套系统的方法，指导其组织合理有效地推行环境管理工作。该模式是由"策划、实施、检查、评审和改进"构成的动态循环过程，与戴明的 PDCA 循环模式是一致的。

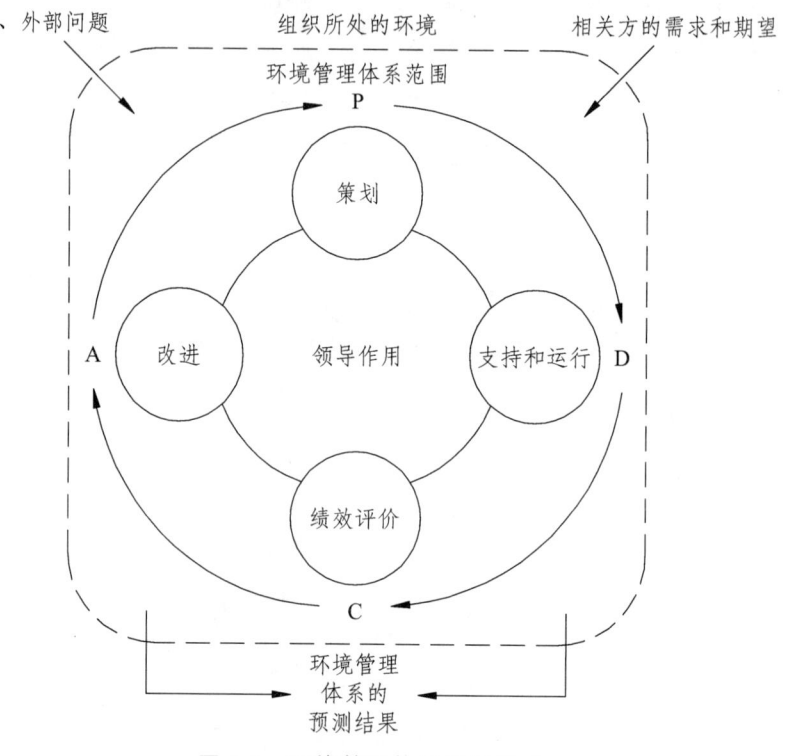

图 8-2　环境管理体系运行模式

（三）建设工程健康安全与环境管理的目的

1. 建设工程职业健康安全管理的目的

职业健康安全管理的目的是在生产活动中，通过职业健康安全生产的管理活动，对影响生产的具体因素进行状态控制，使生产因素中的不安全行为和状态尽可能减少或消除，且不引发事故，以保证生产活动中人员的健康和安全。对于建设工程项目，职业健康安全管理的目的是防止和尽可能减少生产安全事故、保护产品生产者的健康与安全、保障人民群众的生命和财产免受损失；控制影响或可能影响工作场所内的员工或其他工作人员（包括临时工和承包方员工）、访问者或任何其他人员的健康安全的条件和因素；避免因管理不当对在组织控制下工作的人员健康和安全造成危害。

2. 建设工程环境管理的目的

环境保护是我国的一项基本国策。环境管理的目的是保护生态环境，使社会的经济发展与人类的生存环境相协调。对于建设工程项目，环境保护主要是指保护和改善施工现场的环境。企业应当遵照国家和地方的相关法律法规以及行业和企业自身的要求，采取措施控制施工现场的各种粉尘、废水、废气、固体废弃物以及噪声、振动对环境的污染和危害，并且要注意节约资源和避免资源的浪费。

四、建设工程健康安全与环境管理的特点和要求

（一）建设工程职业健康安全与环境管理的特点

依据建设工程产品的特性，建设工程职业健康安全与环境管理有以下特点。

1. 复杂性

建设项目的职业健康安全和环境管理涉及大量的露天作业，受到气候条件、工程地质和水文地质、地理条件和地域资源等不可控因素的影响较大。

2. 多变性

一方面是项目建设现场材料、设备和工具的流动性大；另一方面由于技术进步，项目不断引入新材料、新设备和新工艺，这都加大了相应的管理难度。

3. 协调性

项目建设涉及的工种甚多，包括大量的高空作业、地下作业、用电作业、爆破作业、施工机械、起重作业等较危险的工程，并且各工种经常需要交叉或平行作业。

4. 持续性

项目建设一般具有建设周期长的特点，从设计、实施直至投产阶段，诸多工序环环相扣。前一道工序的隐患，可能在后续的工序中暴露，酿成安全事故。

5. 经济性

产品的时代性、社会性与多样性决定环境管理的经济性。

6. 多样性

产品的时代性和社会性决定了环境管理的多样性。

（二）建设工程职业健康安全与环境管理的要求

1. 建设工程项目决策阶段

建设单位应按照有关建设工程法律法规的规定和强制性标准的要求，办理各种有关安全与环境保护方面的审批手续。对需要进行环境影响评价或安全预评价的建设工程项目，应组织或委托有相应资质的单位进行建设工程项目环境影响评价和安全预评价。

2. 建设工程设计阶段

设计单位应按照有关建设工程法律法规的规定和强制性标准的要求，进行环境保护设施和安全设施的设计，防止因设计考虑不周而导致生产安全事故的发生或对环境造成不良影响。

在进行工程设计时，设计单位应当考虑施工安全和防护需要，对涉及施工安全的重点部分和环节在设计文件中应进行注明，并对防范生产安全事故提出指导意见。

对于采用新结构、新材料、新工艺的建设工程和特殊结构的建设工程，设计单位应在设计中提出保障施工作业人员安全和预防生产安全事故的措施建议。

在工程总概算中，应明确工程安全环保设施费用、安全施工和环境保护措施费等。

设计单位和注册建筑师等执业人员应当对其设计负责。

3. 建设工程施工阶段

建设单位在申请领取施工许可证时，应当提供建设工程有关安全施工措施的资料。对于依法批准开工报告的建设工程，建设单位应当自开工报告批准之日起15日内，将保证安全施工的措施报送至建设工程所在地的县级以上人民政府建设行政主管部门或者其他有关部门备案。

对于应当拆除的工程，建设单位应当在拆除工程施工15日前，将拆除施工单位资质等级证明，拟拆除建筑物、构筑物及可能涉及毗邻建筑的说明，拆除施工组织方案，堆放、清除废弃物的措施的资料报送至建设工程所在地的县级以上的地方人民政府主管部门或者其他有关部门备案。

施工企业在其经营生产的活动中必须对本企业的安全生产负全面责任。企业的代表人是安全生产的第一负责人，项目经理是施工项目生产的主要负责人。施工企业应当具备安全生产的资质条件，取得安全生产许可证的施工企业应设立安全机构，配备合格的安全人员，提供必要的资源；要建立健全职业健康安全体系以及有关的安全生产责任制和各项安全生产规章制度。对项目要编制切合实际的安全生产计划，制定职业健康安全保障措施；实施安全教育培训制度，不断提高员工的安全意识和安全生产素质。

建设工程实行总承包的，由总承包单位对施工现场的安全生产负总责并自行完成工程主体结构的施工。分包单位应当接受总承包单位的安全生产管理,分包合同中应当明确各自的安全生产方面的权利、义务。分包单位不服从管理导致生产安全事故的,由分包单位承担主要责任,总承包和分包单位对分包工程的安全生产承担连带责任。

4. 项目验收试运行阶段

项目竣工后,建设单位应向审批建设工程项目环境影响报告书、环境影响报告或者环境影响登记表的环境保护行政主管部门申请,对环保设施进行竣工验收。环保行政主管部门应在收到申请环保设施竣工验收之日起 30 日内完成验收。验收合格后,才能投入生产和使用。

对于需要试生产的建设工程项目,建设单位应当在项目投入试生产之日起 3 个月内向环保行政主管部门申请对其项目配套的环保设施进行竣工验收。

五、建设工程健康安全与环境管理的建立和运行

(一)建设工程健康安全管理体系与环境管理体系的建立

1. 领导决策

最高管理者亲自决策,以便获得各方面的支持,有助于获得体系建立过程中所需的资源。

2. 成立工作组

最高管理者或授权管理者代表组建工作小组负责建立体系。工作小组的成员要覆盖组织的主要职能部门,组长最好由管理者代表担任,以保证小组对人力、资金、信息的获取。

3. 人员培训

培训的目的是使有关人员具有完成对职业健康与环境有影响的任务的相应能力,了解建立体系的重要性,了解标准的主要思想和内容。

4. 初始状态评审

初始状态评审是对组织过去和现在的职业健康安全与环境的信息、状态进行收集、调查分析、识别,获取现行法律法规和其他要求,进行危险源辨识和风险评价、环境因素识别和重要环境因素评价。评审结果将作为确定职业健康安全与环境方针、制定管理方案、编制体系文件的基础。初始状态评审的内容包括:

(1)辨识工作场所中的危险源和环境因素。

(2)明确适用的有关职业健康安全与环境法律、法规和其他要求。

(3)评审组织现有的管理制度,并与标准进行对比。

（4）评审过去的事故，进行分析评价，检查组织是否建立了处罚和预防措施。

（5）了解相关方对组织在职业健康安全与环境管理工作的看法和要求。

5. 制定方针、目标、指标和管理方案

方针是组织对其职业健康安全与环境行为的原则和意图的声明，也是组织自觉承担其责任和义务的承诺。方针不仅为组织确定了总的指导方向和行动准则，而且是评价一切后续活动的依据，并为更加具体的目标和指标提供一个框架。

职业健康安全及环境目标、指标的制定是组织为了实现其在职业健康安全及环境方针中所体现出的管理理念及其对整体绩效的期许与原则，与企业的总目标相一致。目标和指标制定的依据和准则为：

（1）依据并符合方针。

（2）考虑法律、法规和其他要求。

（3）考虑自身潜在的危险和重要环境因素。

（4）考虑商业机会和竞争机遇。

（5）考虑可实施性。

（6）考虑监测考评的现实性。

（7）考虑相关方的观点。

管理方案是实现目标、指标的行动方案。为保证职业健康安全和环境管理体系目标的实现，需结合年度管理目标和企业客观实际情况，策划制定职业健康安全和环境管理方案，方案中应明确旨在实现目标、指标的相关部门的职责、方法、时间表以及资源的要求。

6. 管理体系策划与设计

体系策划与设计是依据制定的方针、目标和指标、管理方案确定组织机构职责和筹划各种运行程序。策划与设计的主要工作有：

（1）确定文件结构。

（2）确定文件编写格式。

（3）确定各层文件名称及编号。

（4）制定文件编写计划。

（5）安排文件的审查、审批和发布工作。

7. 体系文件编写

体系文件包括管理手册、程序文件、作业文件三个层次。

1）体系文件编写的原则

职业健康安全与环境管理体系是系统化、结构化、程序化的管理体系，是遵循PDCA管理模式并以文件为支持的管理制度和管理办法。

体系文件编写和实施应遵循以下原则：标准要求的要写到、文件写到的要做到、做到的要有有效记录。

2）管理手册的编写

管理手册是对组织整个管理体系的整体性描述，为体系的进一步展开以及后续程序文件的制定提供了框架要求和原则规定，是管理体系的纲领性文件。手册可使组织的各级管理者明确体系概况，了解各部门的职责权限和相互关系，以便统一分工和协调管理。

管理手册除了反映了组织管理体系需要解决的问题所在，也反映出了组织的管理思路和理念。同时也向组织内外部人员提供了查询所需文件和记录的途径，相当于体系文件的索引。

其主要内容包括：

（1）方针、目标、指标、管理方案。

（2）管理、运行、审核和评审工作人员的主要职责、权限和相互关系。

（3）关于程序文件的说明和查询途径。

（4）关于管理手册的管理、评审和修订工作的规定。

3）程序文件的编写

程序文件的编写应符合以下要求：

（1）程序文件要针对需要编制程序文件体系的管理要素。

（2）程序文件的内容可按"4W1H"的顺序和内容来编写，即明确程序中管理要素由谁做（Who），什么时间做（When），在什么地点做（Where），做什么（What），怎么做（How）。

（3）程序文件一般格式可按照目的和适用范围、引用的标准及文件、术语和定义、职责、工作程序、报告和记录的格式以及相关文件等的顺序来编写。

4）作业文件的编制

作业文件是指管理手册、程序文件之外的文件，一般包括作业指导书（操作规程）、管理规定、监测活动准则及程序文件引用的表格。其编写的内容和格式与程序文件的要求基本相同。在编写之前应对原有的作业文件进行清理，摘其有用，删除无关。

8. 文件的审查、审批和发布

文件编写完成后应进行审查，经审查、修改、汇总后进行审批，然后发布。

（二）建设工程健康安全管理体系与环境管理体系的运行

1. 管理体系的运行

体系运行是指按照已建立体系的要求实施，其实施的重点包括培训意识和能力，信息交流，文件管理，执行控制程序，监测，不符合、纠正和预防措施，记录等。上述运行活动简述如下。

1）培训意识和能力

组织应确定与职业健康安全管理风险、环境风险及体系相关的培训需求，应提供培训或采取其他措施来满足这些需求，评价培训或采取的措施的有效性，并保存相关记录。

2）信息交流

信息交流是确保各要素构成一个完整的、动态的、持续改进的体系和基础，应关注信息交流的内容和方式。

3）文件管理

（1）对现有有效文件进行整理编号，方便查询索引。

（2）对适用的规范、规程等行业标准应及时购买补充，对适用的表格要及时发放。

（3）对在内容上有抵触的文件和过期的文件要及时作废并妥善处理。

4）执行控制程序文件的规定

体系的运行离不开程序文件的指导，程序文件及其相关的作业文件在组织内部都具有法定效力，必须严格执行，才能保证体系正确运行。

5）监　测

为保证体系正确有效地运行，必须严格监测体系的运行情况。监测中应明确监测的对象和监测的方法。

6）不符合、纠正和预防措施

体系在运行过程中，不符合的出现是不可避免的，包括事故也难免要发生，关键是相应的纠正与预防措施是否及时有效。组织应建立、实施并保持程序，以处理实际和潜在的不符合，并采取纠正措施和预防措施。

7）记　录

在体系运行过程中及时按文件要求进行记录，如实反映体系运行情况。

2. 管理体系的维持

1）内部审核

内部审核是组织对其自身的管理体系进行的审核，是对体系是否正常运行以及是否达到了规定的目标所作的独立的检查和评价，是管理体系自我保证和自我监督的一种机制。

内部审核前要明确审核的方式方法和步骤，形成审核计划，并发至相关部门。

2）管理评审

管理评审是由组织的最高管理者对管理体系的系统评价，判断组织的管理体系面对内部情况和外部环境的变化是否充分适应有效，由此决定是否对管理体系做出调整，包括方针、目标、机构和程序等。

管理评审中应注意以下问题：

（1）信息输入的充分性和有效性。

（2）评审过程充分严谨，应明确评审的内容和对相关信息的收集、整理，并进行充分的讨论和分析。

（3）评审结论应该清楚明了，表述准确。

（4）评审中提出的问题应认真进行整改，不断持续改进。

3）合规性评价

为了履行遵守法律法规要求的承诺，合规性评价分为公司级和项目组级评价两个层次进行。项目组级评价，由项目经理组织有关人员对施工中应遵守的法律法规和其他要求的执行情况进行一次合规性评。当某个阶段施工时间超过半年时，合规性评价不少于一次。项目工程结束时应针对整个项目工程进行系统的合规性评价。公司级评价每年进行一次，制定计划后由管理者代表组织企业相关部门和项目组，对公司应遵守的法律法规和其他要求的执行情况进行合规性评价。各级合规性评价后，对不能充分满足要求的相关活动或行为，通过管理方案或纠正措施等方式进行逐步改进。上述评价和改进的结果，应形成必要的记录和证据，作为管理评审的输入。

管理评审时，最高管理者应结合上述合规性评价的结果、企业的客观管理实际、相关法律法规和其他要求，系统评价体系运行过程中对适用法律法规和其他要求的遵守执行情况，并由相关部门或最高管理者提出改进要求。

第九章 施工项目信息资料管理

项目信息管理应适应项目管理的需要，为预测未来和正确决策提供依据，提高管理水平。项目经理部应建立项目信息电子管理系统，实现项目管理数据化并及时收集信息，并将信息准确、完整地传递给使用单位和人员。

项目信息应包括项目经理部在项目管理过程中形成的各种数据、表格、图纸、文字、音像资料等。项目经理部应配备信息管理人员，项目信息管理员必须经有资质的培训单位培训。

项目经理部应负责收集、整理、管理本项目范围内的信息。实行总分包的项目，项目分包人应负责分包范围的信息收集整理，承包人负责汇总、整理各分包人的全部信息。项目信息搜集应随工程的进展进行，保证真实、准确，按照项目信息管理的要求及时整理，经有关负责人审核签字。

一、项目施工信息

（一）基建文件类信息

（1）工程地质勘察报告；（2）建筑用地钉桩通知单；（3）验线合格文件；（4）建设工程规划许可证、附件及附图；（5）建设工程施工许可证；（6）工程质量监督手续；（7）建设工程竣工验收备案表；（8）工程竣工验收报告；（9）由规划、公安消防、环保等部门出具的认可文件或准许使用文件；（10）房屋建筑工程质量保修书；（11）建设工程规划验收合格文件；（12）工程声像资料。

（二）监理资料类信息

（1）监理会议纪要；（2）工程技术文件报审表；（3）施工测量放线报验表；（4）工程工程物资进场报验表；（5）工程动工报审表；（6）分包单位资质报审表；（7）分项/分部工程施工报验表；（8）月工、料、机动态表；（9）工程复工报审表；（10）工程延期申请表；（11）监理通知回复单；（12）监理通知；（13）监理抽检记录；（14）不合格项处置记录；（15）工程暂停令；（16）工程延期审批表；（17）旁站监理记录；（18）质量事故报告及处理资料；（19）见证取样备案文件；（20）单位工程竣工预验收报验单；（21）竣工移交证书；（22）工程质量评估报告；（23）工作联系单。

（三）施工资料类信息

1. 工程管理与验收资料

（1）工程概况表；（2）设工程质量事故调（勘）查笔录；（3）建设工程质量事故报告书；（4）单位（子单位）工程质量竣工验收记录；（5）单位（子单位）工程质量控制资料核查记录；（6）单位（子单位）工程安全和功能检查资料核查及主要功能抽查记录；（7）单位（子单位）工程观感质量检查记录；（8）室内环境检测报告；（9）施工总结；（10）工程竣工报告。

2. 施工管理资料

（1）施工现场质量管理检查记录；（2）企业资质证书及相关专业人员岗位证书；（3）见证记录；（4）施工日志。

3. 施工技术资料

（1）施工组织设计及施工方案；（2）技术交底记录；（3）图纸会审记录；（4）设计变更通知单；（5）工程洽商记录。

4. 施工测量记录

（1）工程定位测量记录；（2）基槽验线记录；（3）楼层平面放线记录；（4）楼层标高抄测记录；（5）建筑物垂直度、标高测量记录；（6）沉降观测记录。

5. 施工物资资料

（1）材料、构配件进场检验记录；（2）材料试验报告（通用）；（3）设备开箱检验记录（机电通用）；（4）设备及管道附件试验记录（机电通用）；（5）各种物资出厂合格证、质量保证书和商检证等；（6）半成品钢筋出厂合格证；（7）预制混凝土构件出厂合格证；（8）钢构件出厂合格证；（9）预拌混凝土出厂合格证；（10）钢材性能检测报告；（11）水泥性能检测报告；（12）外加剂性能检测报告；（13）防水材料性能检测报告；（14）砖（砌块）性能检测报告；（15）门、窗性能检测报告；（16）吊顶材料性能检测报告；（17）饰面板材料性能检测报告；（18）饰面石材性能检测报告；（19）饰面砖性能检测报告；（20）涂料性能检测报告；（21）玻璃性能检测报告；（22）装修用粘结剂性能检测报告；（23）防火涂料性能检测报告；（24）隔声/隔热/阻燃/防潮材料特殊性能检测报告；（25）钢结构用焊接材料检测报告；（26）高强度大六角头螺栓连接副扭矩系数检测报告；（27）扭剪型高强度螺栓连接副预接力检测报告；（28）幕墙性能检测报告；（29）幕墙用硅酮结构胶检测报告；（30）幕墙用玻璃性能检测报告；（31）幕墙用金属板性能检测报告；（32）材料污染物含量检测报告；（33）钢材试验报告；（34）水泥试验报告；（35）砂试验报告；（36）碎（卵）石试验报告；（37）外加剂试验报告；（38）掺合料试验报告；（39）防水涂料试验报告；（40）防水卷材试验报告；（41）轻集料试验报告；（42）装饰装修用门窗复试报告；（43）装饰装修用花岗石复试报告；（44）装饰装修用人造木板复试报告；（45）装饰装修用安全玻璃复试报告；（46）钢结构金相试验报告；（47）钢结构用钢材复试报告；（48）钢结构用焊接材料复试报告；（49）钢结构用高强度大六角头螺栓连接副复试报告；（50）钢结构用扭剪型高强连接副复试报告；（51）幕墙用铝塑板复试报告；（52）幕墙用石材复试报告；（53）幕墙用安全玻璃复试报告；（54）幕墙用结构胶复试报告；（55）电梯设备开箱检验记录；（56）电梯主要设备、材料及附件出厂合格证、产品说明书、安装技术文件。

6. 施工记录

（1）隐蔽工程检查记录；（2）预检记录；（3）施工检查记录（通用）；（4）交接检查记录；（5）基坑支护变形监测记录；（6）地基槽检查记录；（7）地基钎探记录；（8）混凝土浇灌申请书；（9）预拌混凝土运输单；（10）混凝土拆模申请单；（11）混凝土搅拌测温记录；（12）混凝土养护测温记录；（13）大体积混凝土养护测温记录；（14）构件吊装记录；（15）焊接材料烘焙记录；（16）地下工程防水效果检查记录；（17）防水工程试水检查记录；（18）通风（烟）道、垃圾道检查记录；（19）钢结构施工记录；（20）网架施工记录；（21）幕墙注胶检查记录；（22）电梯承重梁、起重吊环埋设隐蔽工程检查记录；（23）电梯钢丝绳头灌注隐蔽工程检查记录；（24）电梯导轨、层门的支架、螺栓埋设隐蔽工程检查记录；（25）电梯电气装置安装检查记录（一）~（三）；（26）电梯机房、井道预检记录；（27）自动扶梯、自动人行道安装与土建交接预检记录；（28）自动扶梯、自动人行道的相邻区域检查记录；（29）自动扶梯、自动人行道电气装置检查记录（一）（二）；（30）自动扶梯、自动人行道整机安装质量检查记录。

7. 施工试验记录

（1）施工试验记录（通用）；（2）设备单机试运转记录（机电通用）；（3）系统试运行调试记录（机电通用）；（4）锚杆、土钉锁定力（抗拔力）试验报告；（5）土工击实试验报告；（6）回填土试验报告；（7）钢筋机械连接型式检验报告；（8）钢筋连接工艺检验报告；（9）钢筋连接试验报告；（10）砂浆配合比申请单、通知单；（11）砌筑砂浆试块强度统计、评定记录；（12）混凝土配合比申请单、通知单；（13）混凝土抗压强度试验报告；（14）混凝土试块强度统计、评定记录；（15）混凝土抗渗试验报告；（16）混凝土碱含量计算书；（17）饰面砖粘结强度试验报告；（18）后置埋件拉拔试验报告；（19）超声波探伤报告；（20）超声波探伤记录；（21）钢构件射线探伤报告；（22）磁粉探伤报告；（23）高强螺栓抗滑移系数检测报告；（24）钢结构焊接工艺评定；（25）网架节点承载力试验报告；（26）钢结构涂料厚度检测报告；（27）幕墙双组分硅酮结构胶混匀性及拉断试验报告；（28）灌（满）水试验记录；（29）强度严密性试验记录；（30）通水试验记录；（31）吹（冲）洗（脱脂）试验记录；（32）通球试验记录；（33）补偿器安装记录；（34）消火栓试射记录；（35）安全附件安装检查记录；（36）锅炉封闭及烘炉（烘干）记录；（37）锅炉煮炉试验记录；（38）锅炉试运行记录；（39）安全阀调试记录；（40）电气接地电阻测试记录；（41）电气防雷接地装置隐检与平面示意图；（42）电气绝缘电阻测试记录；（43）电气器具通电安全检查记录；（44）电气设备空载试运行记录；（45）建筑物照明通电试运行记录；（46）大型照明灯具承载试验记录；（47）高压部分试验记录；（48）漏电开关模拟试验记录；（49）电度表检定记录；（50）大容量电气线路结点测温记录；（51）避雷带支架拉力测试记录；（52）风管漏光检测记录；（53）风管漏风检测记录；（54）现场组装除尘器、空调机漏风检测记录；（55）各房间室内风量温度测量记录；（56）管网风量平衡记录；（57）空调系统试运转调试记录；（58）空调水系统试运转调试记录；（59）制冷系统气密性试验记录；（60）净化空调系统测试记录；（61）防排烟系统联合试运行记录；（62）轿厢平层准确度测量记录；（63）电梯层门安全装置检验记录；（64）电梯电气安全装置检验记录；（65）电梯整机功能检验记录；（66）电梯主要功能检验记录；（67）电梯负荷运行试验记录；（68）电梯负荷运行试验曲线图；（69）电梯噪声测试记录；（70）自动扶梯、自动人行道安全装置检验记录（一）～（二）；（71）自动扶梯、自动人行道整机性能、运行试验记录。

8. 施工质量验收记录

（1）结构实体混凝土强度验收记录；（2）结构实体钢筋保护层厚度验收记录；（3）钢筋保护层厚度试验记录；（4）检验批质量验收记录表；（5）分项工程质量验收记录表；（6）分部（子分部）工程验收记录表。

二、项目管理信息

（一）项目管理规划及实施规划信息

（1）施工组织设计；（2）质量计划；（3）企业安全健康环境管理计划；（4）项目管理制度汇编；（5）工程创优计划。

（二）项目进度控制信息

（1）工程动工报审表；（2）总进度计划；（3）月进度计划；（4）周进度计划；（5）总进度计划网络图；（6）结构施工网络图；（7）内装修施工网络图；（8）外装修施工网络图。

（三）项目质量控制信息

（1）项目质量目标管理制度；（2）工程创优质量保证措施；（3）样板先行制度；

(4)质量检查制度;(5)关键工序和特殊工序控制制度;(6)质量评定制度;(7)质量事故处理办法;(8)质量优劣奖罚措施。

(四)项目安全控制信息

(1)年度安全管理目标;(2)安全管理系统图;(3)安全生产责任制;(4)总包、分包单位安全生产责任制;(5)安全生产教育制度;(6)安全生产检查制度;(7)安全生产奖惩制度;(8)施工队安全包保责任书;(9)特殊工种安全责任包保书;(10)入场安全教育记录;(11)日常安全教育记录;(12)特殊工种人员花名册及证书复印件;(13)应知应会考核;(14)安全技术方案;(15)安全技术交底单;(16)安全技术验收单;(17)安全分项验收单;(18)安全防护设施核查验收单;(19)安全员工作日志;(20)日检表;(21)综合检查记录;(22)项目部安全隐患违章罚款单;(23)防护用品合格证及检测资料;(24)安全生产统计表;(25)月安全工作计划及总结;(26)安全检查记录;(27)保卫工作方案;(28)现场保卫检查记录;(29)警卫值班记录;(30)现场消防制度;(31)消防工作方案、预案;(32)现场消防许可证;(33)消防器材登记表;(34)消防设施平面图;(35)防火教育记录;(36)消防设施器材维修验收记录;(37)消防检查记录及检查评分表(日检表)。

(五)项目成本控制信息(成本经理负责)

(1)项目成本计划;(2)项目材料计划;(3)机械费用计划;(4)工料分析资料;(5)月核算报表;(6)工程招标文件、总承包合同、施工协议书;(7)分包商合同;(8)月人工费结算单;(9)月机械费结算单;(10)月现场经费结算单;(11)月分包工程结算单;(12)工程概算书;(13)甲、乙方材料确认单;(14)变更洽商及费用分析;(15)工程造价信息;(16)竣工决算书;(17)项目成本分析例会纪要;(18)竣工成本分析报表;(19)定额文件资料;(20)工程量计算书;(21)工程合同评审表;(22)工程合同变更评审表;(23)合同变更文件;(24)合同文件学习记录。

(六)项目现场管理信息

(1)现场平面布置图;(2)施工现场场容管理制度;(3)现场文明施工管理制度;(4)现场环保环卫制度;(5)作业层现场管理制度;(6)现场临设管理规定;(7)现场卫生管理制度;(8)卫生责任区划分平面图。

(七)项目合同管理信息

(1)工程招标文件、总包合同、施工协议书;(2)分包商合同、协议书;(3)劳务承包合同;(4)机械设备租赁合同;(5)物资采购合同;(6)合同分析;(7)工程合同评审表;(8)工程合同变更评审表;(9)合同变更文件;(10)合同文件学习记录。

第九章 施工项目信息资料管理

（八）项目劳动力管理信息

（1）合格外埠劳务队伍名册；（2）选用外埠劳务队伍审批表；（3）劳务队花名册；（4）外埠劳务队伍信誉评价记录表；（5）工、料、机、动态表；（6）劳务安排计划；（7）月劳务队员动态表。

（九）项目材料管理信息、构配件管理信息和仪器管理信息

（1）总备料计划；（2）月需材料计划表；（3）工程物资进场报验表；（4）材料配件检验记录；（5）设备开箱检查记录；（6）限额发料单；（7）分供方调查表；（8）分格分供方评估表；（9）采购计划；（10）材料点验单、发料单；（11）缺、损坏变质产品记录表；（12）年度物资清点表；（13）业主供货收发记录；（14）业主供货点验单；（15）业主供货不合格情况记录表；（16）外部进入不合格品报告；（17）材料进场验证记录。

（十）项目人力资源管理信息

（1）项目组织机构示意图；（2）项目人员分工表；（3）项目人员岗位职责；（4）项目职工签到表；（5）月份出勤情况统计表；（6）职工有薪事假申请表；（7）职工病例、事假申请表；（8）双休日、节假日出勤安排；（9）夜间值班名单表；（10）月份职工绩效评分表；（11）月职工人数变更表。

（十一）项目机械设备管理信息

（1）施工机械安全技术交底；（2）施工机械防雷及保护接地遥测记录；（3）施工机械保养修理记录；（4）施工检查记录；（5）检查评分表；（6）机械操作花名册及操作证复印件；（7）应知应会考核；（8）机械租赁合同及安全管理协议书；（9）施工现场机械安全管理规定；（10）施工现场机械平面图标识；（11）施工现场机械一览表；（12）施工机械安装验收记录（塔式起重机、外用电梯、中小型机械）；（13）签定环保协议；（14）下发环保指导书；（15）生产设备、机具计划；（16）机械台账。

（十二）项目资金管理信息

（1）总账；（2）明细账；（3）季、年报表；（4）每月凭证；（5）科目汇总表；（6）上交款台账；（7）施工成本台账；（8）现场经费台账：①其他直接费台账；②期间费用台账；（9）验工计价台账；（10）工程款收缴台账；（11）应付款明细（付款单位）；（12）日记账（现金、银行）；（13）银行对账单及余额调节表；（14）现金盘点表。

（十三）项目技术管理信息

（1）图纸会审制度；（2）施工组织设计制度；（3）技术交底制度；（4）进货检验

制度;(5)技术内业资料管理制度;(6)材料计划管理制度;(7)进度计划管理制度;(8)技术总结制度;(9)试验管理制度;(10)测量管理制度;(11)仪器管理制度。

(十四)项目组织协调信息

(1)月项目会议纪要;(2)工程例会纪要;(3)工程例会签到表;(4)项目协调会签到表;(5)项目发文记录;(6)项目收文记录;(7)联检单。

(十五)项目竣工验收信息

(1)工程竣工报告;(2)基础主体工程验收记录;(3)单位工程验收记录。

三、考核与评价信息

(一)工程管理需留存信息

1. 法律、法规与公司规章信息(资料室资料员负责)

2. 市场及造价信息(预算室成本经理负责)

3. 工程经理

(1)合格分包商推荐表;(2)合格分包商审批表;(3)合格分包商名册;(4)分包商检查记录表;(5)合格分包商评估记录表;(6)工程项目选用合格分包商审批表;(7)分包商单位签订合同副本;(8)分包商考察记录表;(9)合格外埠劳务队伍名册;(10)选用外埠劳务队伍审批表;(11)外埠劳务队伍信誉评价记录表;(12)进入工地劳务队花名册名册;(13)劳务审批表;(14)工程例会纪要;(15)工程例会签到表;(16)工程协调会签到表;(17)周进度计划;(18)月工、料、机动态表;(19)月劳务人员动态表;(20)月份工程结处算申请单;(21)劳务安排计划;(22)工程分包计划;(23)施工日志;(24)施工组织设计;(25)分包商进场申请表;(26)分包商进场登记表;(27)分包商退场申请表;(28)分包商退场登记表;(29)分包配合联系单;(30)劳务队分包商培训记录。

4. 工 长

(1)临设审批表;(2)技术交底记录;(3)设计变更、洽商记录;(4)设计图纸会审记录;(5)特殊过程和关键过程施工记录。

(二)安全管理留存信息(安全员负责)

(1)项目应急准备和响应方案;(2)应急准备和响应报告书;(3)法律、法规与其他要求获取登记表;(4)法律、法规与其他要求目录清单;(5)文件发放登记表;

（6）年度安全管理目标；（7）安全管理系统图；（8）安全生产责任制；（9）总包、分包单位安全生产责任制；（10）安全生产教育制度；（11）安全生产检查制度；（12）安全生产奖惩制度；（13）安全包保责任书；（14）施工队安全责任保包书；（15）特殊工种安全责任包保书；（16）入场安全教育记录；（17）日常安全教育记录；（18）特殊工种人员花名册及证书复印件；（19）应知应会考核；（20）安全技术措施；（21）外架安全技术方案；（22）安全技术交底单（基础工程、主体工程、装修工程）；（23）安全技术验收单；（24）安全分项验收单；（25）安全防护设施检查验收单；（26）安全员工作日志；（27）日检表；（28）综合检查记录；（29）检查评分表；（30）项目部安全隐患、违章罚款单；（31）防护用品合格证及检测资料；（32）安全生产统计表；（33）月安全工作计划及总结；（34）安全检查记录。

（三）消防保卫、环卫卫生

1．工程经理

（1）保卫工作方案；（2）治安保卫教育记录；（3）现场保卫检查记录；（4）警卫值班记录。

2．消防环卫负责人

（1）现场义务消防组织系统领导小组及义务消防队员名单、职责、现场消防制度；（2）现场工作方案、预案；（3）现场消防许可证；（4）消防器材登记表；（5）消防设施平面图；（6）防火教育记录；（7）消防设施器材维修的验收记录；（8）保温材料验收记录；（9）动火证；（10）电焊工人员花名册及操作证复印件；（11）消防检查记录及检查评分表（日检表）；（12）应知应会考核；（13）现场卫生管理制度；（14）卫生责任区划分平面图；（15）现场食堂卫生许可证复印件；（16）炊事人员健康证培训证复印件；（17）冬季取暖设施合格验收证；（18）现场急救组织；（19）月卫生检查记录及检查评分表；（20）应知应会考核。

（四）环保留存信息（环境管理员负责）

（1）外埠劳务队伍环境保护协议书；（2）外埠劳务队伍环境管理考评表；（3）施工现场环境保护申报表；（4）职业安全健康环境管理运行检查记录表；（5）环境管理记录处理登记台账；（6）环境管理体系审核程序；（7）环境管理评审程序；（8）职业安全健康环境管理体系运行检查记录表；（9）废弃物清运协议书；（10）废弃物处理统计表清单；（11）废弃物清单；（12）废弃物准运资格、收购、接纳证明资料。（13）环保监测计划表；（14）职业安全健康环境管理不符合、纠正与预防通知单；（15）相关方答复表；（16）环境信息交流报告书。

（五）机械设备留存信息（机械管理员负责）

（1）施工机械安全技术交底；（2）施工机械防雷及保护接地遥测记录；（3）施工机械保养修理记录；（4）施工检查记录；（5）检查评分表；（6）机械操作花名册及操作证复印件；（7）应知应会考核；（8）机械租赁合同及安全管理协议书；（9）施工现场机械安全管理规定；（10）施工现场机械平面图标识；（11）施工现场机械一览表；（12）施工机械安装验收记录（塔式起重机、外用电梯、中小型机械）；（13）签订环保协议；（14）下发环保指导书；（15）生产设备、机具计划；（16）机械台账。

（六）技术管理留存信息

1. 总 工

（1）建设工程概况表；（2）项目大事记；（3）建设工程质量事故调（勘）查笔录；（4）施工组织设计；（5）基础/主体工程验收记录；（6）单位工程验收记录；（7）工程竣工报告；（8）工程动工报审表；（9）单位工程施工总进度计划；（10）工程月进度计划；（11）施工进度计划报审表；（12）施工进度计划（横道图、网络图）；（13）总备料计划；（14）工程创优计划；（15）工程创优质量保证措施；（16）设计变更、洽商记录；（17）特殊非标订货计划；（18）施组及质量计划审批表；（19）公司检查记录；（20）纠正/预防单通知单；（21）纠正/预防措施实施通知单；（22）内审不合格项整改报告；（23）职工业务培训计划；（24）工程相片；（25）桩位交接记录；（26）职工培训办班记录表；（27）职工培训办班申请表；（28）季度例会（设计、施工、监理、业主参加）；（29）紧急放行申请单；（30）文件学习记录；（31）回访记录表；（32）工程物资选样送审表。

2. 专业负责人

（1）施工日志；（2）月需材料计划表；（3）现场质量会记录；（4）设计交底记录；（5）工程质量维修通知单；（6）施工方案；（7）技术交底；（8）QC活动记录；（9）其他相关技术资料，如整改措施、检查记录等；（10）成品保护方案；（11）地基钎探记录；（12）地基处理记录；（13）桩基施工记录；（14）工程物资进场报验表；（15）材料、配件检验记录；（16）设备开箱检查记录；（17）隐蔽工程检查记录表；（18）砼浇灌记录；（19）工程技术资料报审表；（20）预检记录；（21）限额发料单；（22）现场交底记录；（23）施工日志；（24）砌筑砂浆试块强度统计、评定记录；（25）砼强度统计、评定记录。

3. 试验员

（1）钢筋连接试验报告；（2）回填土干密度试验报告；（3）钢材机械性能试验报告；（4）材料试验报告（通用）；（5）水泥试验报告；（6）钢材试验报告；（7）砌墙

砖（砌块）试验报告；（8）砂试验报告；（9）碎（卵）石试验报告；（10）轻集料试验报告；（11）外加剂试验报告；（12）防水卷材（涂料）试验报告；（13）砼掺合料试验报告；（14）砼搅拌测温记录；（15）砼养护测量记录；（16）砼配合比申请单；（17）砼开盘鉴定；（18）砌筑砂浆强度试验报告；（19）砼抗压强度试验报告；（20）砼抗渗试验报告；（21）材料试验计划（方案）。

4. 质检员

（1）现场质量检查记录；（2）现场质量整改记录。

5. 测量员

（1）工程定位测量记录；（2）地基验槽检查记录；（3）楼层平面放线记录；（4）楼层标高抄测记录；（5）测量技术交底；（6）建筑物垂直度、标高测量记录；（7）基坑支护变形监测记录；（8）沉降观测记录。

6. 计量员

（1）设备台账；（2）设备检定、检测资料；（3）设备维护登记卡。

（七）资料管理留存信息（资料员负责）

（1）施工技术资料的核查、整理、归档：① 工程管理与验收资料，② 施工管理资料；③ 施工技术资料；④ 施工测量记录；⑤ 施工物资资料；⑥ 施工记录；⑦ 施工试验记录；⑧ 施工质量验收记录；⑨ 工程规划许可证、施工开工许可证、安全生产许可证、消防安全许可证；⑩ 工程地质勘察报告；⑪ 红线桩位置及测量成果报告；（2）移交公司的竣工资料；（3）交业主的竣工资料；（4）移交城建档案馆的竣工资料；（5）施工技术资料移交明细表；（6）ISO9002质量记录的整理归档；（7）公司文件的接收、借阅记录；（8）公司杂志接收、借阅记录；（9）施工图纸的收发记录；（10）设计变更、工程洽商的收发记录；（11）项目文件的发放记录；（12）现行有效的质量体系目录清单；（13）工程技术资料有效目录清单；（14）作废文件的标识、处理；（15）复印纸张的消耗统计；（16）质量借阅记录；（17）印章使用记录；（18）公司检查记录；（19）文件传阅学习登记表；（20）工程技术资料管理规定；（21）项目会议纪要；（22）施工方案报验、收发记录。

（八）成本管理留存信息

1. 成本经理

1）合同文件资料

（1）本工程招标文件，总包合同，施工协议书；（2）甲方指定分包合同，分包协议书;(3)与预算概算相关的甲方来函及项目发函。

2)成本控制方面的资料

(1)项目的成本计划;(2)项目材料计划;(3)机械费用计划。

3)竣工结算资料

(1)已核对完的工程标底;(2)未核对完的工程概算书;(3)甲、乙双方议价单;(4)钢筋计算表;(5)竣工期调价等的资料;(6)完及政策性文件资料;(7)工程造价信息。

2. 预算员

1)合同文件资料

(1)劳务、分包、机械、临设、现场管理范畴等内部合同文件与合同评审、物资合同的合同分析;(2)对外招标文件。

2)成本控制方面的资料

(1)项目有关的费用预提;(2)工料分析资料;(3)月核算报表。

3)内部结算资料

人工、机械、分包及临设费用的结算资料。

4)竣工结算资料

(1)变更洽商及费用分析;(2)月验工计价及已完工程月报表;(3)竣工决算书;(4)成本分析例会纪要;(5)竣工成本分析报告。

5)统计计划资料

(1)公司下发的生产计划;(2)项目施工进度计划;(3)每月上报工程部的统计计划报表。

6)图　纸

7)定额文件资料

8)重要的电脑备份资料

9)工程量计算书

(九)财务管理留存信息

(1)总账;(2)明细账;(3)季、年报表;(4)每月凭证;(5)科目汇总表;(6)上交款台账;(7)施工成本台账;(8)现场经费台账:①其他直接费台账;②期间费用台账;(9)验工计价台账;(10)工程款收缴台账;(11)应付款明细(付款单位);(12)日记账(现金、银行);(13)银行对账单及余额调节表;(14)现金盘点表。

（十）材料管理留存信息（内业管理员负责）

（1）分供方的调查记录；（2）物资采购合同；（3）材料消耗及支付费用明细账；（4）分供方申报表；（5）分供方调查表；（6）合格分供方评估表；（7）订货合同；（8）材料供应计划；（9）采购计划；（10）材料点验单、发料单；（11）月材料进销存报表；（12）库房材料明细账；（13）材料的接收、发放记录；（14）缺、损坏变质产品记录表；（15）报废或降级出售的申请报告；（16）年度物资清点表；（17）余料、滞料及废料统计；（18）业主供货的收发记录；（19）业主供货的点验单（业主、监理签字）；（20）业主供货的不合格情况记录表；（21）业主供货的缺、损坏及不适用记录；（22）外部进入的不合格品报告；（23）租赁周转材料租费台账；（24）租赁周转材料明细账；（25）租赁周转材料的进场验证；（26）电气专业材料进场验证；（27）主材进场明细账；（28）主材进场验证记录；（29）材质单收集整理；（30）主材的进场发放；（31）水暖专业材料进场验证。

（十一）行政管理及其他留存信息

1. 考勤员

（1）工程值班记录；（2）项目职工签到表（每月1份）；（3）夜间值班名单表（轮流值班）；（4）夜间值班记录本（每本记完后统一存档）；（5）月份出勤情况统计表（月初统计并存档）；（6）职工有薪事假申请表（发放并存档）；（7）职工病、事假申请表（发放并存档）；（8）加班申请表（发放并存档）；（9）双休日、节假日出勤安排（书面形式张贴并存档）。

2. 劳资员

（1）月份工资奖金发放明细表（张榜公布并存档）；（2）月份工资报表（报公司并存档）；（3）月份职工绩效评分表（存档）；（4）信息费及其他扣款凭证（公布并存档）；（5）每月上报职工人数变更情况；（6）项目临时工劳动合同及费用结算单；（7）按月代扣职工住房、养老、补充养老个人缴纳部分；（8）每月记录职工住房、养老、补充养老台账；（9）每月上报职工住房、养老、补充养老变更情况；（10）年底进行有关台账的汇总。

四、项目信息化应用

（1）项目配备11台计算机，建立项目局域网，保证项目各部室信息共享。

（2）项目设兼职信息管理员，以上网、电话等方式与公司、北京市等各级行政、管理部门保持紧密联系，以获取施工需要的各种最新信息。

（3）项目各部室主管人员与本部室有关的甲方、监理、设计、公司、环保、市政、建委等各级部门保持经常性联系，保证信息沟通。

（4）项目内部由项目经理、书记、总工定期组织最新信息的培训、传达、学习，保证各种信息在项目内部的流通、落实。

五、项目回访、保修管理

项目回访是指交付使用后，对工程质量情况的回访、调查、保修。

（1）在工程竣工交付使用前 10 天，项目总工负责编制项目的"工程服务、回访计划"。

（2）在工程竣工后，项目总工负责向建设单位提供竣工报告和质量保修书，保修书中明确工程保修的范围、内容、保修起止日期、工程使用注意事项等。

（3）项目设专人具体负责工程的回访、保修工作。

（4）根据项目编制的"回访计划"，回访负责人定期以电话、上门服务调查等方式向业主进行质量回访，对出现因施工造成的质量问题，及时给予维修。

（5）每次回访后，做好回访记录，对出现的问题进行调查、分析，做好纠正和预防措施。

（6）对于业主投诉电话、信函等，接到人做好记录，并及时通知项目领导组织技术、质量人员到现场调查原因，对不属于施工造成的问题，向业主解释清楚。对因施工造成的问题，及时给予处理，并做好维修记录。

（7）每年对工程的回访、保修工作进行小结，每一分项工程保修期满后，对改分项工程质量进行总结。

第十章　施工项目合同管理

随着我国社会主义市场经济体系的建立和不断完善，国内工程市场逐步走向了法制化和规范化。随着我国加入世界贸易组织，国内工程市场将逐步与国际工程市场接轨，国外工程承包商的进入使我国工程市场的竞争将更加激烈。承包商如何完成工程施工，争取更大的经济效益、争取索赔和避免反索赔，最终使整个工程项目取得成功，合同管理已成为工程项目管理中举足轻重的内容。本章内容就结合在施工工程过程中的一些经验做些探讨。

第一节　合同管理概述

合同管理（Contract Management），企业的经济往来，主要是通过合同形式进行的。一个企业的经营成败和合同及合同管理有密切关系。企业合同管理是指企业对以自身为当事人的合同依法进行订立、履行、变更、解除、转让、终止以及审查、监督、控制等一系列行为的总称。其中订立、履行、变更、解除、转让、终止是合同管理的内容，审查、监督、控制是合同管理的手段。合同管理必须是全过程的、系统性的、动态性的。

合同管理全过程就是由洽谈、草拟、签订、生效开始，直至合同失效为止。不仅要重视签订前的管理，更要重视签订后的管理。系统性就是凡涉及合同条款内容的各部门都要一起来管理。动态性就是注重履约全过程的情况变化，特别要掌握对自己不利的变化，及时对合同进行修改、变更、补充或中止和终止。

建设工程施工合同是业主与施工单位以工程施工为目的，明确相互权利与义务关系的协议；施工单位应按合同规定完成业主交给的建筑安装工程任务，业主应按合同规定提供必要条件并支付工程价款。施工合同是建设单位（发包方）和施工企业（承包方）在工程施工中必须共同遵循的法律文件和技术经济文件，施工合同是以工程施工为目的，明确建设工程发包方和承包方在工程中的权利和义务，是建设工程阶段实行社会监理的依据，同时也是建设工程实施的法律依据。以经济合同法为准则，以市场经济管理方法和法律手段对建设工程进行经济承包，是为了保质保量按期完成工程任务，降低工程造价，提高经济效益，有力地促进建设单位和施工企业发展的最高准则，而且是加强和维护我国经济法制建设的具体表现。合同依法成立，即具有法律约束力,甲、乙双方都必须严格履行。合同的履行,就是双方单位按照施工合同规定的时间、地点和方式全面地完成双方所承担的义务。

随着我国加入世贸组织,建筑行业内相关人士对建设工程施工合同在建设项目中的重要性及在法律上的严肃性已逐步形成共识,也都能认同施工合同管理是建立和维持良好建筑市场中经济秩序的重要手段和有效方法,同时它也在形成公开、公平、公正的市场竞争机制、提高工程质量、降低工程造价和缩短工程工期等方面发挥着重要的作用。然而由于目前建筑市场相关法规还很不完善,加之一些思想观念及管理体制存在的深层问题,使得建设施工合同执行过程步履艰难。

第二节 工程项目施工中合同管理的现状和存在的问题分析

一、工程项目施工中合同管理的现状

(1)招标不够规范,为合同管理埋下了隐患。

由于施工合同的双方在利益上存在矛盾,表现在合同上,如某些工程在招标过程中,利用僧多粥少的心理对承包人提出一些苛刻条件,迫使承包人压级压价,给承包人增加额外负担,甚至直接压低中标价格,使承包人受到一定的经济损失,以至于项目不能顺利实施,工程建设质量得不到保证,给施工合同管理带来被动。

(2)合同一方的承诺不能兑现,造成工程无法顺利实施。

在工程建设过程中,某一方应提供的资源没有及时提供,或者根本无法提供,造成工程项目无法开工或实施被动,特别是一些中小型项目,由于前期工作缺乏必要的法律依据,工作开展比较困难,进展缓慢,造成工程项目被动拖期。在施工过程中人员资格和数量,设备的数量及型号,工程工期等与合同内容不相符,甚至差异很大。特别是投标项目,实际施工过程中与标书内容不一致,标书中的承诺不能完全兑现,对工程项目的顺利实施造成负面影响。另外一些应急度汛的水利工程,工期短,时效性强,如工程不能按期竣工,可能造成防汛抢险的被动,并造成不必要的经济损失。

(3)合同条文不够完善,对合同双方不能很好地进行约束。

主要表现在工程招投标不规范,有的招投标过于简单,邀约及承诺不能构成合同签订的依据。建设双方有的不使用合同范本,而是由双方商定形成一个合同,有时由于经验不足或缺乏对工程的细致分析,造成合同履行过程中出现一些合同涉及不了的问题,合同的预见性较差,双方需要重新进行协商,给工程建设带来不必要的麻烦。有的合同条款不够严密,有歧义,在合同执行过程中容易产生不必要的争执。

(4)有的工程项目在实施过程中存在违法转包或分包现象,给合同管理带来麻烦。

根据合同法规定,承包人不得将其承包的全部建设工程转包给第三人或者将其承包的建设工程肢解后以分包的名义分别转包给第三人。禁止承包人将工程分包给不具备相应资质条件的单位。禁止分包单位将其承包的工程再分包。建设工程主体结构的施工必须由承包人自行完成。但在工程实际建设过程中,非法转包或分包的行为仍然存在,造成合同履行起来困难重重,工程质量很难保证,出现一些债务纠纷,造成工期拖延,给合同管理工作带来不必要的麻烦。

二、存在的问题分析

(1) 建设单位不按建设工程合同示范文本签订施工合同。

某些建设单位不按建设工程合同示范文本签订施工合同,致使施工合同不能顺利执行。为规范建设市场正常经济秩序,1991年,建设部和国家工商行政管理局联合制定了《建设工程施工合同示范文本》,1999年12月根据工程建设有关法律、法规,立足我国建设工程实际,总结经验教训,并借鉴国际 FIDIC 合同模式,又颁布了经重新修订的《建设工程施工合同示范文本》(GF-1999—0201),目的是为了确定合同双方的权利、义务与职责,规范合同当事人双方的行为,维护建筑行业内正常的经济秩序。但是,一些建设单位不能严格按照施工合同示范文本签订施工合同,个别企业甚至自制不规范的施工合同文本,与施工企业签订施工合同,也有的建设单位的建设项目未按规定的程序报建及招、投标,由建设单位自己指定施工单位,用自己制定的施工合同文本与承包商签订施工合同。这都给施工合同的规范管理带来隐患。

(2) 施工合同管理与投标管理缺乏有效衔接。

工程施工合同管理是有效控制施工进度、施工质量、施工资金投入的法律性文件。然而在实际工作中,施工企业招投标中"经济标""技术标"编制及管理与工程项目的施工合同管理分属公司内不同职能部门及工程项目组。一旦投标中标,施工合同与甲方签订后,此"合同"只是以文件形式转给项目经理部,技术交底往往流于形式,最终使得施工合同管理与招、投标管理在实施过程中缺乏有效衔接导致二者严重脱节。

(3) 承、发包双方法律意识淡薄,缺乏索赔意识。

我国承、发包双方不注重搜集、整理与施工索赔有关的依据和资料,及时提出索赔报告。施工合同经承、发包方双方依法签订生效,就是承发包双方在工程中遵守的规则,具有法律约束力,任何一方不得擅自变更或解除或不履行合同赋予的权力和义务。但在实际履行中,往往因一些意见分歧和经济利益驱动人为因素,不严格执行合同文件。尤其是在市场经济和目前"僧多粥少"的情况下,工程承包竞争激烈,在工程招标时,承包商采取"低价夺标,索赔盈利"的策略,而业主却以低报价者中标,不考虑此中标价是否合理。但在具体施工中,不可避免地出现不合理低标价引起的种种原因使建筑成本不断增加,合同的双方又不愿意承担义务或让步,致使工程项目不能按质按量如期交付使用,因而引起垫支、拖欠工程款、银行利息、工期、质量等原因的工程纠纷和施工索赔。一旦发生纠纷却拿不出一个完整的索赔法律依据；不利于在停工项目中应用合同条款利用法律程序索赔，导致企业遭受不必要的损失。在众多分包工程中，有相当一部分合同主体是自然人，而不是具有工程承包资格的施工企业，这本身就不合法。如果施工中出现意外，恐怕状告无门。另外，平时不注重搜集与索赔有关的依据和资料，如承发包双方依法签订的施工合同和相关的法律、法规以及施工图、施工组织设计、招标文件、标底、定标书、图纸会审纪要、设计变更通知单、施工现场签证、施工进度表、施工备忘录、有关工程的工程照片、隐蔽记录、验收证明书以及业主指派的施工现场工程师的指令书和双方来往的书信等，熟悉和了解施工现场，参加必要的工程例会。更重要的是不会处理索赔，分不清那些属于施工中的索赔，在什么情况下可以索赔，怎样计算索赔，以致不能及时提出索赔报告。

（4）施工合同与招标文件和投标书内容相背离。

在工程项目招投标中，招标文件是建设单位向施工企业发出的订立施工合同的要约，投标文件是施工企业回复建设单位要约中全部条款的承诺，是施工企业向建设单位作出按要约签订施工同的意思表示。由此看来，招投标文件是签订施工合同的主要内容之一。但由于当前的建筑市场处于买方市场状况，一些业主借助其优势地位或者要求附加条款，或者强调施工企业一次包死，不计风险包干费，使最终签订的施工合同与招标文件及投标书出现较大的背离，从而为施工合同的执行带来很大困难。合同条款中责任不明，一旦发生纠纷缺乏据理力争的依据，造成承包方承担巨大风险。近几年来，建筑市场内的法律法规不断健全、完善。尤其是《建筑法》《招投标法》及《合同法》的发布实施，各级政府对一定数额以上的建筑项目明确要求应按建筑程序办事。然而，仍有一些单位对个别项目不报建、不招标，或先招标后报建，或明招、暗定，较普遍的存在强行要求施工企业垫资施工，随意压减工期，压减造价，提高质量要求等。最终都使施工合同的管理及执行得不到有效保障。

（5）施工合同中用词错误、矛盾及二义性问题，导致合同履约率较低。

工程项目合同是以建设工程施工合同为主体，包括为实现该主体所签订的"工程分包合同""物资采购合同""设备购置合同""保险合同""技术合同""租赁合同"六个附属合同，它是由一个主体合同和六种附属合同组成的系统合同。由于建设工程施工合同文件组成及条款较多，各组成文件间可能会出现矛盾或二义性。按照建筑施工合同的一般解释原则，承包商应对施工合同的理解负责，业主应对合同文件的正确性负责。但是在实际工作中，往往是施工单位根据业主的意思，依据《建设工程施工合同》示范文本草拟合同协议条款，经业主认可后签署，往往几经确认，最后招、投标文件中相应的合同条款已相差很远。究其原因：一方面是施工单位不重视，认为合同只是一种表面形式，重要的是与甲方代表及上面领导的"沟通"，造成在合同文字表述错误和矛盾用词大量出现，甚至一些施工单位被迫有意使合同用词错误、矛盾，或设置二义性问题，留待事后通过"沟通"解决；另一方面，承包商常常被迫在合同签署上过分迁就业主，主要表现在"质量等级"要求提高，"工程进度"要求缩短，

"工程造价"要求让利,最终或违反自然的建设规律,或低于工程成本,使得工程质量无法保证,合同执行必然受阻,导致建设工程施工合同履约低。另外,确有一些施工企业在承接工程后放松管理,不能按照施工组织设计进行施工,或材料、机械资源从不同项目工地互相拆借,或资金投入不足,或部分资金转移,拆了东墙补西墙,使工程质量得不到保障,工期拖延。

(6)"口头协议""私下合同"屡禁不止。

在建设工程实施过程中,承包商经常为迎合业主代表或工程监理要求,存在并执行着"口头协议""私下合同"。所谓"口头协议""私下合同",是相对于"正规合同"而言的,在同一个建设工程项目中,往往合同与私下协议并存,正式合同用《施工合同示范文本》,但双方当事人并不履行,只是用作对外检查,以应付各级管理部门的检查。实际执行是以合同补充条款形式或干脆用君子协定、口头协议,此类条款常常是私下合同,秘而不宣,它起到偷梁换柱、瞒天过海的微妙作用,这样把招投标产生的中标合同部分或全部推翻,换成违法或违反国家及政府管理规定的内容。这种违法协议通常表现在工程进度不合理压缩,工程设计的局部变更,工程材料及设备的替换等方面。

(7)合同法律环境不完善。

一是我国有关建筑行业的合同法律体系还不够完善,部分法律条文不够严谨,仍然有漏洞可钻。二是有法不依的现象十分严重,执法不严的问题时有发生。三是我国目前还缺乏统一的分包合同示范文本,总承包商与各专业分包商以及各分包商之间常因合同界面不清,责任权利不明确导致纠纷,或相互推诿,影响工程建设的顺利进行。四是劳务分包制度不完善,劳务分包还未全面纳入社会监督。

(8)合同意识淡薄。

我国建筑施工企业,特别是老的国有企业,大多数是从经济时期走过来的,不少企业领导及管理人员的思想方法,管理方式和管理制度还不同程度有计划经济的色彩,还受着计划经济体制的影响,不习惯按照合同办事。有的企业对合同的签订虽然非常重视,但合同签订后就束之高阁,忘记了合同履行过程是实现权利义务的过程,而仅仅把它看成是生产的过程。许多建筑施工企业不设合同管理部门,缺乏可行有效的合同管理体系和具体的操作流程,不能对合同从签订到履行权过程进行有效的监督。

(9)业主行为不规范。

目前建筑市场十分激烈,业主常常提出比较苛刻的合同条件,而承包商迫于生计不得不接受。有些承包商希望进行严格的合同管理,但在实际工作中往往由于业主的不规范行为而难以实施。主要表现是:一些业主单位凭着买方优势地位,在签订施工合同时背离招标文件,或是要求附加条款,或强调施工企业一次包死,不计风险包干费,使最终签订的施工合同与招标文件及投标书出现较大的背离,给施工合同的执行带来很大困难;少数业主单位对别个项目部报建,不招标,或先招标后报建,或明招暗定。

第三节 加强施工合同管理的对策措施

1. **大力推行施工合同示范文本，规范合同表述形式**

FIDIC 合同条款之所以能够在世界范围内得以广泛应用，一方面是由于 FIDIC 合同条款本身的严密和完善，同时它能给工程管理带来便利，可减少合同履约过程中的争议。我们有理由相信随着我国施工合同示范文本的不断完善，广大业主及施工企业将能提高对合同示范文本的认识，大力推广建筑工程施工合同示范文本，规范合同的表述形式，它必将从根本上改变同管理的现状，减少合同中的矛盾与错误，提高合同履约率，进而提高工程施工现场管理水平。

2. **严格合同管理，规范合同的签订和执行**

工程施工合同是双方为明确权利和义务以达到各自的经济目的而订立的协议文书，具有很强的法律依据，因此施工企业要严格合同管理。企业的经营管理人员一定要熟悉合同法规和条款，吃透其精神。对中标工程项目合同的签订必须符合法律的规定，合同的内容要反复推敲，考虑周全。凡是涉及验工计价时间、方式及工程款结算的违约条款，各自应承担的经济责任等必须填写清楚，切忌模棱两可，尽量避免和消除可能出现的经济纠纷隐患。对于那些一开工就需要施工企业垫付大笔资金的项目，一定要谨慎行事，以防合同一签订就出现工程款拖欠的局面。作为施工企业应模范遵守和执行合同，要确保工程进度和施工质量，切不可因违约而将自身置于被动地位。

3. **加强承、发包商双方对合同的法律认识，增强索赔意识**

通过深入贯彻《中华人民共和国建筑法》《中华人民共和国合同法》《中华人民共和国招投标法》，通过不断的宣传、学习培训，使合同的承发包双方切实认识到法律是保障施工顺利实施，保护双方合法权利的必备工具，是走向市场经济中科学管理的坦途和桥梁。依法运用施工合同监督、评审等管理手段在施工进程中可以减少或避免施工进度、质量、造价等方面出现的偏差和问题，从根本上避免可能引起的合同矛盾纠纷，减少由此带来的经济损失。把工程施工合同履约这一管理意识作为约束建筑市场经济行为的普遍准则，真正建立起社会主义建筑市场经济所需要的法律法规体系，加大合同履约的行政监督及法律处罚力度，充分体现法律的威慑能力，从而可以把招投标管理与合同管理落到实处。平时要善于收集、整理与施工索赔有关的依据和资料，一旦发生纠纷，要用法律武器向对方进行施工索赔。

4. **采用工程量清单计价法，实行量价分离、市场定价**

施工阶段要理顺招、投标与施工合同管理的关系。尽管施工合同中的合同条件就是招、投标文件的组成部分，但是"经济标"部分工程造价是依据社会的平均生产能力及社会人、材、机的市场平均价格综合编制而成，这种静态的工程造价体系是多年不变，已远远不能适应一般施工企业的现场施工管理要求，与企业的施工定额及市场"工、料、机"价格相背离。因此，在实际施工中企业不得不放弃投、投标中的造价相关条款，重新编制施工预算，修改施工组织设计。然而，工程造价实现量价分离后，工程量清单将由投资商或业主委托设计单位依据设计图纸直接计算给出，可减少图纸理解错误，并大大减少工程量计算的重复劳动。施工单位在投标中只负责审核，并根据自身的管理水平及采购能力等报出适合自己企业的工程单项报价，在以后的施工中得以严格贯彻执行，这样就真正顺了招、投标管理与施工合同管理二者之间的关系。以工程量清单中的单项报价及招投标文件中质量、进度条款作为施工合同执行的监控依据，同时引进监理工程师及造价工程师等中介管理机构参与工程管理。随着工程造价改革的不断深入，量价分离、市场定价的建筑工程成本管理机制的建立和不断完善，招投标文件及施工合同的管理必将成为施工管理的有效工具，以工程量清单中的单项报价及招投标文件中质量、进度条款作为施工合同执行的监控依据。同时，由于在建设工程中引进监理工程师及造价工程师等中介管理机构，他们受业主委托进驻现场，参与工程管理，将彻底改变过去那种外行管理内行、合同管理依据不足等现象。根据监理工程师随工程进度提出的质量、进度报告，造价工程师依据单项清单报价进行合同进度经济指标的控制与审核，由业主确认后，施工单位获得工程进度款。因此保证了施工合同中质量、进度、投资的动态控制，这将从根本上解决建设工程从工程招投标管理到工程施工合同管理的施工全过程的动态管理与监控，从源头上控制工程实体形成过程投资的合同过程管理。

5. 加强中标承包合同的价格管理

随着工程造价改革的不断深入，量价分离、市场定价的建筑工程成本管理机制的建立和不断完善，招投标文件及施工合同的管理必将成为施工管理的有效工具，以工程量清单中的单项报价及招投标文件中质量、进度条款作为施工合同执行的监控依据。同时，由于在建设工程中引进监理工程师及造价工程师等中介管理机构，他们受业主委托进驻施工现场，参与工程管理，将彻底改变过去那种外行管理内行、合同管理依据不足等现象。根据监理工程师随工程进度提出的质量、进度报告，造价工程师依据单项清单报价进行合同进度经济指标的控制与审核，由业主确认后，施工单位获得工程进度款。因此保证了施工合同中质量、进度、投资的动态控制，这将从根本上解决建设工程从工程招投标管理到工程施工合同管理的施工全过程的动态管理与监控，从源头上控制工程实体形成过程投资的合同过程管理。

6. 借助信息网络技术，加强合同的动态控制管理，提高履约率

在建筑行业内多少年来一直强调建筑产品具有单件性和期货性的特征，给管理系

统化、程序化带来困难。但是，由于高新技术手段的不断成熟，尤其是计算机技术的不断发展，大量的计算、数据统计分析处理变得非常简单，再加上 Internet 技术的成熟和在建筑行业的广泛应用，它将彻底改变时空概念，相信在不远的将来某一项目中各行专家可同时实施专业监控，相互密切配合，使管理成本降至最低，并使各专业分包、专业技术、技能达到最高，实现进度、质量、投资达到最优配置。那时，施工合同必将成为工程管理的有效手段，劳务专业分包管理的重要工具，它将带动建筑行业管理出现质的飞跃。

第十一章　高速铁路工程竣工验收

一、总　则

第一条　为加强高速铁路建设管理，规范高速铁路竣工验收工作，全面考核建设成果，根据国家有关规定，制定本办法。

第二条　本办法所称竣工验收是指高速铁路按设计要求建成后，由验收机构对其进行检查评价的过程。

第三条　本办法适用于新建高速铁路建设项目。其他专门用于旅客运输的铁路建设项目按照执行。

第四条　高速铁路竣工验收分为静态验收、动态验收、初步验收、安全评估、正式验收等五个阶段。

初步验收合格后进行安全评估，安全评估通过后可开通初期运营；正式验收合格后投入正式运营。

二、竣工验收阶段、依据和内容

第五条　竣工验收阶段

1. 静态验收。这是对建设项目的工程按设计完成且质量合格、设备安装调试完毕且质量合格进行检查确认的过程。

2. 动态验收。这是在静态验收合格后，通过联调联试、动态检测对列车运行状态下工程质量全面检查和确认，并通过运行试验对整体系统在正常和非正常运行条件下的行车组织、客运服务以及应急救援等进行检验的过程。

3. 初步验收。这是在动态验收合格后，对工程建设情况，以及静态验收、动态验收情况进行确认的过程。

4. 安全评估。这是经初步验收合格后，且初步验收发现的影响运营安全的问题得到解决后，对安全管理、设备设施、规章制度、人员素质等是否具备开通安全运营条件进行检查评价的过程。

5. 正式验收。这是在开通初期运营一年以上由国家主管部门或委托中国铁路总公司组织对建设项目整体情况进行检查和评价的过程。

第六条　竣工验收依据

1. 国家有关法律、法规。

2. 经批准的可行性研究报告。

3. 经批准的初步设计（含变更设计）文件。

4. 审核合格的施工图。

5. 设备技术说明书。

6. 国家和中国铁路总公司颁布的设计规范、工程施工质量验收标准。

第七条 竣工验收主要内容

1. 检查工程是否按批准的设计文件建成，配套、辅助工程是否与主体工程同步建成。

2. 检查工程质量是否符合国家和中国铁路总公司颁布的相关设计规范及工程施工质量验收标准。

3. 检查工程设备配套及设备安装、调试情况，国外引进设备合同完成情况。

4. 检查概算执行情况及财务竣工决算编制情况。

5. 检查联调联试、动态检测、运行试验情况。

6. 检查环保、水保、劳动、安全、卫生、消防、防灾安全监控系统、安全防护、应急疏散通道、办公生产生活房屋等设施是否按批准的设计文件建成、合格，精测网复测是否完成、复测成果和相关资料是否移交设备管理单位，工机具、常备材料是否按设计配备到位，地质灾害整治及建筑抗震设防是否符合规定。

7. 检查工程竣工文件编制完成情况，竣工文件是否齐全、准确。

8. 检查建设用地权属来源是否合法，面积是否准确，界址是否清楚，手续是否齐备。

第八条 建设项目基本符合竣工验收标准，且达到开通运营条件、确保运营安全的情况下，零星土建工程和少数非行车设备尚未按设计规定的内容全部建成，可进行静态、动态和初步验收，零星土建工程和少数非行车设备必须在正式验收前完成施工和安装。

三、验收组织

第九条 竣工验收采用先期验收、专家检查、政府验收的组织方式。先期验收包括各地方铁路集团公司和建设单位组织的静态验收和动态验收；专家检查包括对静态验收、动态验收结果进行评审，为初步验收、正式验收提供专家意见；政府验收包括初步验收和正式验收。

第十条 静态验收由各地方铁路集团公司组织，建设单位配合，在施工单位自检合格、监理单位确认的基础上进行。

各地方铁路集团公司牵头成立由各地方铁路集团公司负责人为组长，建设单位负责人为副组长，各地方铁路集团公司和建设单位处室（部门）负责人和监理、勘察设计、施工单位负责人参加的静态验收领导小组，负责静态验收工作。

静态验收领导小组下设工务、通信、信号、信息、电力、牵引供电、房建、客服设施、土地、环水保等专业验收组；专业验收组由各地方铁路集团公司处室负责人任组长，建设单位部门负责人为副组长，各地方铁路集团公司处室人员，以及勘察设计、施工、监理单位现场或专业负责人参加。

第十一条 动态验收由各地方铁路集团公司组织、建设单位配合，在静态验收合格后进行。

各地方铁路集团公司牵头成立由各地方铁路集团公司负责人为组长，建设单位、检测单位负责人为副组长，各地方铁路集团公司和建设单位处室（部门）负责人、检测单位部门负责人参加的动态验收领导小组，负责动态验收工作。

第十二条 初步验收由中国铁路总公司初步验收委员会组织，在动态验收合格后进行。初步验收委员会由中国铁路总公司领导、有关业务部门负责人、质量监督机构负责人、验收专家组及专业验收组正副组长，建设单位、运营单位负责人以及其他专家组成。

第十三条 安全评估在初步验收合格后进行，安全评估按中国铁路总公司有关规定组织。

第十四条 正式验收由正式验收委员会组织，在初期运营一年后进行；正式验收委员会由国家主管部门或中国铁路总公司按相关规定成立。

第十五条 建设项目跨越两个及以上地方铁路集团公司的，各地方铁路集团公司负责管内部分的静、动态验收工作，以及初步验收、正式验收的配合工作；中国铁路总公司工程管理中心指定一个牵头地方铁路集团公司，牵头各地方铁路集团公司做好牵头工作。

中国铁路总公司可以委托各地方铁路集团公司对建设项目的单位工程先行组织初步验收，初步验收报告报中国铁路总公司备案。

第十六条 中国铁路总公司成立由中国铁路总公司总工程师为组长的高速铁路验收专家组；验收专家组下设工务工程、供电工程、电务工程、信息工程、房建工程、客服设施、环水保专业专家组。验收专家组对静态、动态验收情况及验收报告进行审查，对是否进行下一步工作提出意见。

工务工程专业专家组由运输局为组长单位、工管中心为副组长单位，供电工程专业专家组由运输局为组长单位、工管中心为副组长单位，电务工程专业专家组由运输局为组长单位、工管中心为副组长单位，信息工程专业专家组由信息办为组长单位、运输局和工管中心为副组长单位，房建工程专业专家组由工管中心为组长单位、运输局为副组长单位，客服设施专业专家组由运输局为组长单位、工管中心为副组长单位，环水保专业专家组由计划司为组长单位、工管中心为副组长单位，专业专家组组长单位和副组长单位共同组建专业专家组。

第十七条 建设项目的勘察设计单位、施工单位、监理单位参加初步验收和正式验收。

四、静态验收

第十八条 静态验收条件
1. 主体工程及其配套工程、辅助工程已按设计文件建成；
2. 环境保护设施、水土保持设施与主体工程同步建成；
3. 劳动、安全、卫生及消防设施与主体工程同步建成；
4. 承包单位按有关规范、标准对工程质量和系统功能自检合格；
5. 精测网复测已经完成，复测资料完备，复测成果已移交；
6. 辅助工程（含公路立交桥）已经移交完毕；
7. 监理单位对工程质量评定合格；
8. 建设用地经依法批准；
9. 竣工文件已按规定的编制内容和标准基本完成。

第十九条 静态验收程序
1. 施工单位按照施工图和合同约定完成除第八条外的全部工程施工和设备安装、调试并经自检合格，经监理单位同意后，向建设单位申请验收，并报送《工程验收申请表》。

2. 静态验收领导小组审查达到验收条件后，各地方铁路集团公司和建设单位向工管中心申请开展静态验收；申请报告内容包括项目完成情况、验收方案、验收组织（根据建设情况，可分段分专业安排验收），以及零星土建工程和少数非行车设备未完成施工情况等；工管中心审查后向建设单位下达开始静态验收通知，通知抄送建设司、运输局。

3. 接到同意验收通知后，静态验收领导小组组织专业验收组按照有关规定进行验收。

4. 专业验收组应在确定的时间内完成检查，对检查发现的问题提出处理意见、整改期限、复检时间等，建设单位组织相关责任单位进行整改，专业验收组对整改问题进行复查，复查合格后填写专业工程验收记录。静态验收领导小组协调专业间接口验收。

5. 静态验收领导小组完成验收工作后编制静态验收报告。静态验收报告报建设司，抄送计划司、安监司、运输局、信息办、工管中心。

《静态验收报告》应包括静态验收过程、验收人员组成、验收程序、存在问题及整改情况、遗留的零星土建工程和少数非行车设备、验收结论等内容，并附相关数据和试验报告。

第二十条 建设司将静态验收报告分送部专业专家组正副组长单位。专业专家组对静态验收情况及报告进行审查，审查意见送各地方铁路集团公司和建设单位，抄送建设司、工管中心。各地方铁路集团公司和建设单位按照审查意见进行整改。整改结束后，各地方铁路集团公司和建设单位编写整改报告，整改报告报建设司，抄送计划司、安监司、运输局、信息办、工管中心。

五、动态验收

第二十一条 动态验收条件

1. 静态验收存在的问题整改完毕，静态验收合格。
2. 联调联试、动态检测和运行试验大纲已经批准。
3. 工机具、常备材料、交通工具已按设计文件配备到位。

第二十二条 动态验收程序

1. 建设单位组织编写联调联试、动态检测和运行试验大纲，在静态验收完成30日前报各地方铁路集团公司；各地方铁路集团公司组织初审，初审后报工管中心；跨地方铁路集团公司项目，工管中心要指定一个地方铁路集团公司作为牵头单位，牵头各地方铁路集团公司会同其他地方铁路集团公司对大纲联合初审后上报工管中心。

工管中心牵头、有关部门参加，对大纲进行集中审查，由中国铁路总公司总工程师签发铁工管函批复。

2. 各地方铁路集团公司根据批准的大纲、既有线和高速铁路管理相关规定，组织编制动态验收期间的行车和施工作业管理细则。

跨地方铁路集团公司的建设项目，由牵头地方铁路集团公司组织编制。

3. 各地方铁路集团公司确认具备动态验收条件后，动态验收领导小组按照批准的大纲和管理细则启动动态验收。

跨地方铁路集团公司的建设项目，各地方铁路集团公司分别负责管内部分的动态验收工作，牵头各地方铁路集团公司负责组织全线拉通调试和运行试验等工作。

工管中心牵头、运输局等相关部门参加，对动态验收工作进行协调指导。

4. 动态验收领导小组就动态检测中发现的问题进行研究，由建设单位组织整改；整改问题复查合格后，填写"动态验收记录表"，检测单位编制动态检测试验报告。

5. 动态验收完成后，各地方铁路集团公司和建设单位编制动态验收报告；动态验收报告报建设司，抄送计划司、安监司、运输局、信息办、工管中心。

《动态验收报告》应包括动态验收组织及人员、存在问题及整改情况，验收结论等内容，并附相关数据和检测试验报告。

第二十三条 建设司将动态验收报告分送专业专家组正副组长单位，专业专家组对动态验收情况及报告进行审查，审查意见送各地方铁路集团公司和建设单位，抄送建设司、工管中心。

各地方铁路集团公司和建设单位按照审查意见进行整改，工管中心对整改工作进行监督；整改结束后，各地方铁路集团公司和建设单位编制整改报告，整改报告报建设司，抄送计划司、安监司、运输局、信息办、工管中心。

六、初步验收及安全评估

第二十四条 初步验收条件

1. 静态验收、动态验收合格。
2. 环境保护设施、水土保持设施经主管部门检查认可。
3. 劳动、安全、卫生及消防设施经相关部门检查认可。
4. 竣工文件按规定编制达到档案验收标准。

第二十五条 初步验收程序

1. 动态验收合格并达到初步验收条件后，建设单位会同各地方铁路集团公司向建设司报送初步验收申请报告（附初步验收申请表）。
2. 工程质量监督机构向建设司提交《建设项目工程质量监督报告》。
3. 建设司组织部内相关部门进行研究，认为达到初步验收条件的，向中国铁路总公司提出初步验收建议及初步验收委员会组成建议。
4. 初步验收委员会组织检查资料和现场确认，召开初步验收会议，提出《初步验收报告》，明确验收结论。

第二十六条 初步验收合格且初步验收发现的影响运营安全的问题得到解决后，按照中国铁路总公司有关规定进行安全评估，形成《安全评估报告》。

安全评估办法由中国铁路总公司安全监察部门另行组织制订。

第二十七条 安全评估通过后，按中国铁路总公司规定开通初期运营。

七、正式验收

第二十八条 正式验收条件

1. 初步验收合格且初期运营一年后。
2. 初期运营中发现的问题整改完毕，初期运营状态良好。
3. "国有土地使用证"已经全部领取。
4. 环境保护、水土保持经相应行政主管部门验收合格。
5. 建设资金已全部到位，按合同与建设各方完成费用结算。
6. 竣工决算已经编制完成并上报主管部门审查。
7. 档案验收工作已完成。

第二十九条 正式验收程序

1. 具备正式验收条件后，建设单位会同各地方铁路集团公司向中国铁路总公司上报正式验收申请报告。
2. 建设司组织部内相关部门进行研究，经确认符合正式验收条件的，向中国铁路总公司报告申请正式验收。

3. 国家主管部门或中国铁路总公司组建高速铁路项目正式验收委员会。

4. 高速铁路项目正式验收委员会检查资料和文件，组织现场检查，召开正式验收会议，对工程质量、初步验收结论以及初期运营情况进行整体评价，形成正式验收结论，出具"正式验收证书"。

八、相关工作

第三十条 初期运营期间，建设项目设计、施工、设备安装单位和设备供应商在建设单位组织下，配合运营单位做好设备维修和应急处理工作，及时处理可能出现的问题，共同保证初期运营工作顺利进行。所需人员、设备、时间根据需要确定，因责任方引起的各项修理、返工等费用和损失由责任方承担，正常维修和应急处理费用纳入运营成本。具体各方权利和责任在运营配合合同中明确。

九、附　则

第三十一条 违反本办法组织高速铁路验收的，责令改正，并按国家和中国铁路总公司规定追究责任单位和责任人员的责任。

第三十二条 本办法由中国铁路总公司建设管理司负责解释。

参考文献

[1] 岳祖润. 高速铁路施工技术与管理. 北京：中国铁道出版社，2010.

[2] 安国栋. 高速铁路施工组织设计. 北京：中国铁道出版社，2009.